בס"ד

to makeove

ספר הלכות יום טוב זכרון יהודה ליב

Yom Tov
in Halachah

YOM TOV

Feldheim Publishers

JERUSALEM / NEW YORK

in Halachah

ספר הלכות יום טוב זכרון יהודה ליב

A comprehensive guide to the
Halachos of Yom Tov
and their application to everyday life.

BY RABBI YISROEL NADOFF
WRITTEN WITH AVROHOM MEPPEN

ISBN 0-87306-817 3

copyright © 1997
by
Yisroel Nadoff
140 West Caranetta
Lakewood, NJ 08701

Published and Distributed by
Feldheim Publishers
200 Executive Park
Nanuet, NY 10954

POB 35002/Jerusalem, Israel

First printing: Adar 5757 - March 1997

typesetting and design by
Sefer-Tech / Lakewood, NJ
tel: (908) 363-4941 / fax: (908) 363-4237

Printed in Israel

Rabbi CHAIM P. SCHEINBERG

Rosh Hayeshiva "TORAH-ORE"

and Morah Hora'ah of Kiryat Mattersdorf

הרב חיים פינחס שיינברג

ראש ישיבת "תורה-אור"

ומורה הוראה דקרית מטרסדורף

בס"ד, ח' בטבת תשנ"ז

מכתב ברכה

הנה הביאו לפני ספר יקר, רב הכמות ורב האיכות
העוסק בהלכות יום טוב, שחיברו הרה"ג ר' ישראל יצחק נדב
שליט"א. והנה הרב המחבר ערך והעלה לפנינו חיבור נפלא,
פרי עמלו ויגיעו בתורה, והשכיל לעיין היטב בכל פרטי
ההלכות, ועמל הרבה בדברי הפוסקים הראשונים והאחרונים
הנוגעים למעשה בכל הלכה והלכה. וגם ערך הדינים בלשון
קצרה צחה ומתומצתת, והדברים ערוכים בצורה נאה וברורה,
ומתוך הדברים ניכר רוב עמלו ויגיעתו בלימוד התורה
בכלל, ובבירור ההלכה לפרטיה ודקדוקיה בפרט.

והנה זה זמן רב שאיני יוצא בהסכמות לספרים, ובפרט
לספרים הנוגעים בעיני הלכה, אמנם ניכר מן הדברים גודל
יגיעתו של המחבר לסדר הדברים בצורה נאה וברורה עד
מאוד. ועי"כ אברכהו שחפץ ה' בידו יצלח, ויזכה להרבות
תורה ולהאדירה, ולאסוקי שמעתתא אליבא דהלכתא מתוך
מנוחת הנפש והרחבת הדעת.

הכו"ח לכבוד התורה ולומדיה

חיים פינחס שיינברג

רחוב פנים מאירות 2, ירושלים, ת. ד. 6979, טל. 371513-(02), ישראל

2, Panim Meirot St., Jerusalem, P. O. B. 6979, Tel (02)-371513, Israel

אברהם פאם
RABBI ABRAHAM PAM
582 EAST SEVENTH STREET
BROOKLYN, NEW YORK 11218

בס"ד

הנה הרב המופלג מוהר"ר ישראל בן ידידי היקר מוה"ר בנימין נבר שליט"א הראה לי חבורו על הלכות יו"ט שמכין לדפוס. עיינתי בו קצת פה ושם [illegible] ושמחתי לראות כי הוא ירד לעומקה של הלכה ובר חילו דמקלע בהוראה לאסוקי שמעתתא אליבא דהלכתא. הספר מלא וגדוש בידיעות נכבדות ומסקנות הלכה למעשה, ע"פ גדולי הפוסקים ראשונים ואחרונים, לרבות הפוסקים המפורסמים בזמננו, וגם מראה מקומות ומקורות לכל הלכה, למען ידע המעיין מאין חצבים אלה. גם הוא מסודר יפה בסדר נאה וטוב ובשפה ברורה וקלה, להקל על המעיין למצוא דברי חפץ.

מובטחני שדבריו יאותו לאוזני ויחזיקו טובה למחבר בתשואות חן. זכות זיכוי הרבים תעמוד לו למחבר להתברך בשפע ברכה והצלחה, ויזכה לשבת באהלה של תורה לאוי"ט ולהפיץ מעינותיו חוצה.

החותם לכבוד התורה והוגים בה, היום י"ד טבת תשנ"ג

אברהם יעקב הכהן פאם

ישיבה דפילאדעלפיא

בס"ד

TALMUDICAL YESHIVA OF PHILADELPHIA

ישיבה דפילאדעלפיא

בס"ד צום העשירי יהפך לששון ולשמחה תשנ"ג

למע"כ יקירי חביבי ונכבדי ידיד הרב
הגאון ר' ישראל יצחק [illegible] שליט"א
אחד שהגיע בדרגה עמוקה עד בלי די

שמח אני מאד שהנך מוכן להוציא לאור ליקוט
הלכות בהלכות יו"ט דבר טוב עשית ואחרי זה דבר
מוכן ושוה לכל נפש, שמועיל לכל אחד וכל דבר ודבר עם
מקורו הטהור. דבר נאה ומתקבל.

כשעברתי על העלים לדוגמא נהניתי מכל מלאכת
מחשבת ועבודה רבה שהשקעת בעבודת הקודש. ניכר
הי' נראה בעיון שירדת לעומקו של דבר בכל מה
שלמדת. ומוכח וניכר כמה יגיעות יגעת להוציא מרגניתא
טבא פנינים יקרים דבר שלם ומתוקן.

יתן השי"ת שתזכה להמשיך בהרבצת התורה וגם
לזכות רבים רחוקים ותזכה להמנות ממזכי הרבים
שצדקתם עומדת לעד.

בחיבה וברכה

שמואל קמנצקי

בע"ה

RABBI ARYEH MALKIEL KOTLER
BETH MEDRASH GOVOHA
LAKEWOOD, N.J. 08701

אריי מלכיאל קוטלר
בית מדרש גבוה
לייקוואוד, נ. דז.

יספת לגוי נכבדת וגו' (ישעיה כ"ו ט"ו) ובילק"ש ד"א רבנן אמרין
עובדי אלילים אם אתה מרבה להם ימים טובים הם אוכלים ושותים
ופוחזים ונכנסים לבתי טרטיאות ולבתי קרקסיאות ומכעיסים אותך
וכו' אבל ישראל אוכלים ושותים ושמחים ונכנסים לבתי כנסיות ולבתי
מדרשות וכו' עכ"ל. המועדים בכלל ישראל ושמחתם, כולל גם שמחת
האכילה ושתיה היא מרומם את הכלל ישראל ומתקרבים לבה"כ ובה"מ
ובמאמ' בסתים מבואר שגם חלק הבית מדרש הוא חלק משמחת היו"ט וזהו
רוממות הכלל ישראל ושמזה יוצא כבוד שמים בבחינת ונכבדת.

הנה ידידי הרה"ג נו"נ נאמן בחברות ה' שתול מתלמידי בית
מדרש גבוה. המובהק כמדרשו מבני העליה, ה"ה הרה"ג ר' ישראל נדב
שליט"א הוסיף בכבוד שמים וחיבר חיבור שלם על הלכות יו"ט בנוי על
דברי הפוסקים ובבירור ההלכות בכללותה ובפרטותיה מסודר דבר דבר
על אופניו, בחכמה בתבונה בטוב טעם ודעת, נכתב בשפה המדוברת
לתועלת המעיינים, והרי הוא פרי עמלו אשר עמל רבות בזמנים
אלו וגורר המעיינים ביגיעה ולימוד לאסוקי שמעתתא, וחיבורו מעוטר
בהסכמות מגדולי הפוסקים המעידים על חשיבותו וחשיבותו של חיבור
זה, יה"ר שיזכה לברך על המוגמר בהוצאתו לאור עולם לתועלת
הרבים ויפוצו מעינותיו להגדיל תורה ולהאדירה

הכו"ח לכבוד התורה ולומדיה
אריה מלכיאל קוטלר
ביהמ"ד הגבוה לייקוואוד

Table of Contents

was kneaded on *Yom Tov*/ Dough that was kneaded before *Yom Tov*/ Practical applications flame/ Causing a *melachah*/ What is considered causing/ Practical applications to say *b'dain*/ When to make the *eruv*/ Making an *eruv* for someone else/ Who is included/ The *Rav's eruv*/ Restrictions applying to *eruv tavshilin*/ Food cooked for *Shabbos* must be edible on *Yom Tov*/ Forgot to make an *eruv*/ No longer home/ How late in the day can it still be made/ If one did not make an *eruv*/ If the *eruv* was eaten or lost/ *Eruv tavshilin* only permits meal preparations/ Exceptions/ One who does not wish to cook on *Yom Tov* for *Shabbos*

A very special thank you must be extended to my dear friend, Avraham Meppen. From the very onset of this project he has worked with me side by side editing, typing, and perfecting the entire English text. His professionalism and expertise are readily apparent. May we continue to study together and grow in the service of *Hashem*.

Preface

The laws of *Yom Tov* are among the most misunderstood, and consequently, improperly fulfilled *halachos*. This is due largely to the many similarities between the laws of *Shabbos* and those of *Yom Tov*, although in actuality many differences between the two do exist. Because these differences are often minute, knowledge of the laws of *Yom Tov* has to a large degree remained superficial.

Hence, the necessity was felt for a book which would encompass the laws pertaining to *Yom Tov* explained in a clear, straight-forward fashion, making them truly accessible to scholar and layman alike.

Since a significant portion of this book deals with the contrast between the laws of *Shabbos* and those of *Yom Tov*, some knowledge of hilchos *Shabbos* is necessary in understanding how they apply to *Yom Tov*. Although every attempt was made to provide all information necessary for a clear understanding of *Yom Tov* laws, a thorough exposition of the laws of *Shabbos* was beyond the scope of this book.

In writing this work I have not attempted to decide any halachah on my own. I have rather recorded the *halachos* as they have been decided by the *poskim* of past and present generations. In general the *halachic* decisions rendered in this *sefer*, except where otherwise noted, follow the opinion of the *Mishnah B'rurah*. In cases unique to modern day living which were not addressed at all by the *Mishnah B'rurah*, recognized poskim were consulted, and their rulings were followed.

The footnotes, in addition to citing the sources of each *halachah*, also contain extensive discussions pertaining to the broader concepts and underpinnings of the halachos. It was therefore felt that although the text of the book is in English, the objective of the footnotes would be most effectively achieved by leaving them in the original Hebrew.

It is my fervent wish that this book will accomplish its purpose: to increase awareness and knowledge of the laws of *Yom Tov*, and thereby to promote and enhance its observance.

Acknowledgements

It is with an overwhelming sense of gratitude to *HaShem Yisborach* that I present this *sefer* to the English speaking public.

Words cannot express my tremendous feelings of *hakaras hatov* to my dear and esteemed parents, הרב בנימין שליט״א and מרי מרים שתחי׳, both of whom have dedicated their lives to learning and teaching the Word of *HaShem*. Years ago, when the city of Pittsburgh was a far cry from what it is today, they set out selflessly to educate and guide Jewish children and adults alike, showing them the beauty of *HaShem* and his *Torah*. Many years later the fruits of their tremendous labor are so obviously apparent in the spiritual renaissance of the community. To grow up in such a home was to truly live in a *mikdash me'at* permeated with untold *hasmadah* in *Torah*, *Kedushah*, and *Gemilus Chasodim*. Without their unflagging support and input, not the least of which was editing the entire manuscript, this sefer would not have been possible. May *HaShem* grant them, along with my beloved grandmother, Mrs. Rochel Dunn, many more healthy and happy years together, full of endless *nachas* from their children and grandchildren, and the *z'chus* to see the coming of *Moshiach* speedily in our days.

It is my great privilege to dedicate this sefer לזכר נשמת my esteemed father-in-law ר׳ יהודה ליב ב״ר אברהם, whom, unfortunately, I never had the opportunity to meet. Rabbi Yehudah Neuhaus זצ״ל, was renowned for his tremendous *ameilus b'Torah* as well as his genuine warmth and caring which greatly endeared him to his many hundreds of talmidim. Together with תבלחט״א my devoted mother-in-law, Rebbetzin Sarah Neuhaus שתחי׳, daughter of Rabbi and Reb. Godlewsky ז״ל, they created a home that is, *bli ayin horah*, a shining example of dedication to *Torah* and all of its values. They instilled these values in my wife, Basya, who is completely supportive and selfless under any and all circumstances. It is only due to her constant encouragement that I have succeeded in my learning and that this *sefer* became a reality. May *HaShem* grant us much nachas from our children in having them grow in *Torah* and *Yiras Shomayim*.

It is also appropriate at this point to express a special thank you to all the members of the Newhouse family, and particularly Rebbetzin Rivka ("Bubby") Newhouse, for their support in every conceivable manner. They have truly enabled us to remain in the tent of *Torah* with menuchas hanefesh and harchavas hada'as.

I feel deeply indebted to the great citadels of *Torah* at which I had the *z'chus* to study. Firstly the Yeshiva of Pittsburgh, an elementary school of the highest caliber. I then went on to study in the Yeshiva of Philadelphia under the leadership of the *Roshei HaYeshiva*, Hagaon Rav Elya Svei שליט״א and Hagaon Rav Shmuel Kaminetzky שליט״א. It was in this great *makom Torah* that I was introduced to true in-depth *Torah* study. I was also taught, through example, to what great heights a person could strive. Presently I have the privilege to study in the world's largest *makom Torah*, Beth Medrash Govoha of Lakewood. The unparalleled scale of *Torah* study and the accomplished *talmidei chachomim* make it a place to truly grow to one's full potential. May *HaShem* grant the *Roshei HaYeshiva* strength to continue to lead this great citadel of *Torah* and its production of *talmidei chachomim*.

Since coming to Lakewood, I have enjoyed a special closeness to Hagaon Rav Shmuel Felder שליט״א, an outstanding *Posek* and *Talmid Chochom*. This entire *sefer* bears his imprint as each of its *halachos* was discussed and clarified with him. He also reviewed the entire manuscript editing and correcting wherever necessary.

Without the help of one of Lakewood Yeshiva's noted *Rosh Chaburos*, Rabbi Ya'akov Tzvi Rubin, this *sefer* would never have been possible. He reviewed the entire text and offered his keen insight and comments along with much needed support at every step of the way.

A special thank you must be extended to my *chavrusos*, R' Menachem Mendel Rabinowitz and R' Shimon Taub with whom I learned most of these halachos.

I would like to thank Rabbi Ya'akov Moshe Shurkin who ably edited the Hebrew footnotes. His tremendous talent is readily apparent in the clarity of the text.

Rabbi Hillel Danziger, a noted *talmid chochom* and superb editor, gave generously of his precious time to edit various parts of the manuscript. My *chavrusa*, Moshe Mendlowitz, must be credited for helping turn this *sefer* from an idea into a reality.

A special thank you goes to a patient, meticulous, and most helpful individual, Moshe Flohr, who typed and typset virtually the entire manuscript and molded it into its final form. His acute attention to all details and his tremendous efforts to see this project to its completion in a timely fashion are things for which I will forever appreciate and be grateful for.

I must also mention and thank my publisher, Rabbi Yitzchock Feldheim, for his persistent and energetic input, and Mrs. Deenee Cohen for her exquisite and professional cover design.

ואסיים בתפילה

יהי רצון שלא ימוש התורה מפי ומפי זרעי וזרע זרעי מעתה ועד עולם. ושאזכה לישב באהלה של תורה כל ימי חיי, ללמוד וללמד, לשמור ולעשות ולקיים, את כל דברי תלמוד תורתך, באהבה.

Yisroel Nadoff

Every work by a writer represents a part of his life.

This book is a reflection of Hashem's kindness and patience to me and my small way of saying, "Thank You!" I made an opening the size of a needle, Hashem opened the door wide for me.

I am privileged to learn with Rabbi Sruli Nadoff. To be given such a chavrusa is truly a blessing.

The memory of my late father-in-law, Yaakov Widelitz, a true Novarodoker, inspired my efforts in the writing of this book. I dedicate my part in it to him and to his effort to keep the flame of Torah alive for his family.

My deepest gratitude is to my wife, Chavah Leah; *Hashem* has truly given me my best friend in life. May He grant that we both merit to see our children continue the flame of Torah.

Avrohom Meppen

Overview

Mikro'ay Kodesh

The cycle of holidays, *mo'adim*, that grace the Jewish calendar year are far more than just days of celebration, or a mere memorial to historic events of a time past. Each holiday marks a moment of powerful spiritual opportunity which is unique to that individual *Yom Tov*. It is a period when that opportunity can be reawakened and brought forth to affect us as individuals and as a nation. This is because the revelation and manifestation of G-dliness in each of these historical moments were not just events of the past, but are what constitute the true essence of each of these days.

For example, we refer to the month of *Nissan* as *z'man cheruseinu*, the time of our freedom. On a simple level this means that since many years ago we were redeemed from Egypt in this month, it is our time of freedom. However, the Sages teach us that *b'Nissan nigalu u'bNissan asidin l'higael*, in the month of Nissan we were redeemed (from Egypt) and in the month of Nissan we will again be redeemed from our present *golus* and returned to the land of our fathers. This causes us to search for a deeper understanding: What is the connection between our redemption from Egypt so many years ago and the final redemption? Clearly the connection lies in the understanding that we were redeemed in *Nissan because* this month holds within it the quality of redemption. This is its makeup and its very essence. Therefore, when the time for our final redemption arrives it will be this month that has the ability to bring it forth.

This concept is not limited to the month of *Nissan* alone. Every special holiday has within it its own spiritual potential. Judgment is inherent in *Rosh Hashanah*, the beginning of the new year. The very nature of the tenth of *Tishrei* is forgiveness and atonement. This idea was first manifest when *Moshe Rabbeinu* acquired forgiveness for the Jewish people on that day for the sin of the golden calf. Likewise, the Torah teaches us to make use of this day's power every year as a time of forgiveness and spiritual cleansing. As someone once observed "we don't put on our winter coats in December as a memorial to last year's frost. We put on our coats in December because that's when we are cold".

Holiness Encased in Time

Truly, all *mo'adim* have certain factors in common. The first factor is that the holiness of the moed interrupts our daily activities and offers us the opportunity to focus on the purpose of our existence. It's a time when we must abandon our mundane chores and reflect on our connection with the Creator and the mission we must fulfill. Specifically, each *mo'ed* has its own message which we must derive to assist us in fulfilling this goal.

The second aspect our *mo'adim* share is that they endow us with spiritual strength for the remaining activities of our everyday life. They enable us to inject into our actions this holiness, elevating them above the mundane. Indeed, this is why they are termed *mo'adim* "meeting places" carved into time: meetings with holiness, just as the *ohel mo'ed*, the tabernacle, was a holy meeting place.

The Light of Torah

So our Torah gives us instructions about what we should do to celebrate the *Yom Tov*. The Torah also provides us with restrictions, guiding us away from that which will profane the holiness of the day.

The word Torah comes from the same root word as *he'arah*, which means enlightenment. This suggests an interesting comparison with "light". Just as a focused, concentrated beam of light - laser light - can cut away obstructions, so too the light of Torah rulings can cut away the husks of the mundane, and reveal the holiness of the day. It is through the observance of *halachah*, instructions and restrictions, that the holiness of *Yom Tov* becomes part of our life. It is through careful attention to all its details that the *Yom Tov* really comes alive. In the light of Torah we find ourselves really living the good day.

The Life of a Jew

Each of us is sent into the world with a twofold mission: to develop our own personal potential and to develop the potential of the world around us. When we come to a *Yom Tov*, when we are "called" by its holiness, we are being invited away from our duty to use the creative forces that *HaShem* has granted each of us in altering and improving the world. It is a time to concentrate on strengthing our bond with *HaShem* and raising ourselves and our personal potential. Every individual Jew is to feel that his own personality is really valuable and is to show this in his general appearance. This idea finds material expression in a raised standard of living, in nicer clothes, and finer foods.

However this invitation to holiness that *Yom Tov* announces is not extended to the individual alone. Each Jew must see himself not as a sole invitee but as being invited along with all his fellow Jews. It is an invitation to the nation as a whole to become holy. *(Based on the writings of Rabbi Samson Rafael Hirsch zt"l.)*

The words still ring in my ears from that ne'ilas ha'chag, the last festive gathering before Yom Tov draws to an end when the speaker got up and said... "Another Yom Tov has passed us by. We must get back to our everyday lives and the routine that it brings... And truly for those who did not take time out during the Yom Tov to experience its holiness and delve into its meaning, - yes another Yom Tov has passed. But for those who attached themselves to the Yom Tov and for those who will attach themselves to future Yomim Tovim to experience their holiness and derive from their meaning then Yom Tov will not pass us by. On the contrary it will carry us along throughout the year until we are called upon to meet again at the next appointed time..."

As the great chassidic *Rebbe*, Rabbi Yitzchock Meir of Gur, the *Chidushei HaRim*, once said "*Eileh mo'adei HaShem* - it is these holidays of *HaShem - Mikro'ay Kodesh* - that call aloud to each and every Jew, "It is up to you to be holy".

Yom Tov in Halacha

1/ The *Melachos* of *Yom Tov*

Introduction: Before discussing the actual *halachos* of *Yom Tov,* it would be worthwhile to give a background of the *melachos* as they pertain to *Yom Tov* in general. This will encompass the first two chapters.

In this chapter, we will discuss which of the 39 categories of *melachos* that apply on *Shabbos* are permitted on *Yom Tov,* and which are forbidden[1].

I. What Is Permitted on *Yom Tov*

The Torah teaches us that there are certain days of the year that are termed *mikro'ay kodesh,* "a holy convocation[2]." These days are:

---

1. הנה בענין היתר מלאכה ביו״ט מוכח מהרבה פוסקים שאע״פ שיש אופן להשלים חפצו ורצונו בדרך שאינו עובר שום מלאכה אינו צריך לעשות כן אלא הכלל הוא שבכל אופן שיש היתר מלאכה ביו״ט לא מהדרינן כלל אהתירא ומבואר דבר זה בט״ז סי׳ תק״י סק״ב, שכתב שם בענין ברירת קטניות שהדין הוא שצריך לעשות באופן שממעט בטרחא, שאם כל אופן ברירה שוה בטרחא אז אינו צריך ליקח דוקא האוכל מתוך הפסולת אלא יכול ליקח איזה מין שירצה אפילו פסולת מתוך אוכל שהוא מעשה ברירה, והובא דבר זה במ״ב שם ס״ק ח׳. וכ״כ בהדיא בפמ״ג סי׳ תצ״ח בא״א ס״ק כ״ג שמותר למרוט הנוצות מהעוף אחר שחיטה שהוא בכלל מלאכת גוזז אע״פ שיכול לעשות ע״י מליגה בכלי שני (פי׳ באופן שאינו עובר על המלאכה) והטעם, כיון שמלאכה הותרה ביו״ט אין צריך לאהדורי לאופן אחר, דומיה דטומאה הותרה בציבור עכ״ל. וכ״כ בשו״ע הרב סי׳ תק״י בקונט׳ אחרון ס״ק ב׳. וכן כתב בספר מלאכת יו״ט בהשמטות לסי׳ קנ״ח, אלא שסיים שם שזהו דוקא אם יש צורך להמלאכה אז אינו צריך לעשות דוקא באופן היתר אבל לעשות מלאכה בחינם, פי׳ שאין צורך להמלאכה כלל, אסור וע׳ בפ׳ י״ד הע׳ 5 שהארכנו בחילוק זה.

2. ויקרא פרק כג: וכתב הרמב״ן שם (פסוק ב) וז״ל וטעם מקראי קודש, שיהיו ביום הזה כולם קרואים ונאספים לקדש אותו, כי מצוה היא על ישראל להקבץ

A. The first and last day of *Pesach.*
B. *Shavuos.*
C. *Rosh Hashanah.*
D. The first and last day of *Succos.*

Concerning each of these days, the Torah tells us that we must observe them much the same way that we observe the *Shabbos,* as it states *kol meleches avodah lo sa'asu*, "all work that is *avodah* is forbidden".

Yet the Torah provides an important distinction and says *ach asher yei'ocheil lichol nefesh hu levado yei'oseh lochem*, "anything which is eaten by any person, only that [labor] may you do." Thus, our Sages derive that even though *melachah* is forbidden on *Yom Tov* as on *Shabbos,* those *melachos* involving food preparation are permitted[3].

II. The Permissibility of Food Preparation

Even though the Torah permits *melachah* on *Yom Tov* for food preparation, nevertheless it does not permit all *melachos*.

The Torah permits only those *melachos* which are commonly involved with food preparation (e.g. *bishul*: cooking and *losh*: kneading). *Melachos* not normally used in the process

---

בבית ה׳ ביום מועד לקדש היום בפרהסיא בתפילה והלל לה׳ בכסות נקיה ולעשות אותו יום משתה ושמחה כמו שנאמר וכו׳ והנה מקרא קודש מלשון קרואי העדה עכ״ל.

3. חינוך מצוה רצ״ז וז״ל וכל מה שנאמר בתורה מקרא קודש פי׳ ז״ל קדשהו וענין קדושתו הוא שלא נעשה בו מלאכה אלא מה שמיוחד לאכילה עכ״ל. ובמצוה רצ״ח כתב ז״ל ואמר הכתוב כאן מלאכת עבודה ולא אמר כל מלאכה לפי שצרכי אוכ״נ הותרו לעשות ביו״ט כמ״ש הכתוב במקום אחר אך אשר יאכל לכל נפש הוא לבדו יעשה לכם וזה פי׳ מלאכת עבודה כלומר שאינו לצורך אוכ״נ... אבל המלאכה שהיא לאוכ״נ כמו הבישול וכיו״ב מלאכת הנאה היא (ולא עבודה) עכ״ל.

of preparing food (e.g. *kosaiv*: writing) are forbidden by the Torah on *Yom Tov*, even in instances where they are used for food preparation[4]. Therefore, for example, one may not use frosting to write on a cake to enhance its appearance on *Yom Tov*, since this is forbidden under the above mentioned *melachah* of *kosaiv*[5].

Similarly, if letters were written on a cake with frosting before *Yom Tov*, it is forbidden to cut the cake on Yom Tov if this will destroy the letters[6]. The prohibition in this case is *mochaik* / erasing. Since this *melachah* is not generally used in food preparation, the cake must be cut between the letters just as

---

4. עיין במגיד משנה הל׳ יו״ט (פ״א ה״ד) [מובא בב״י סי׳ תצ״ה, ובמ״א ריש סי׳ תקי״ח) שפי׳ כן בדעת הרמב״ם. והנה האחרונים הקשו סתירה בדברי הרמב״ם. בפ״א ה״ד כתב שבנין בכלל המלאכות שאינם באוכ״נ ולוקה עליו. ובפ״ג הל׳ י״ב כתב שאסור לגבן ביו״ט משום שאפשר לעשותה מאתמול. ומקורו מהגמ׳ במס׳ שבת דף קל״ד שמגבן אסור ביו״ט אע״פ שלישה מותרת מטעם שאפשר לעשותה מאתמול. והנה הרמב״ם בהל׳ שבת כתב דמגבן אסור משום בונה, א״כ לשיטת הרמב״ם למה מגבן אסור רק משום דאפשר לעשותה מאתמול ולא מעיקרא דדינא. ועיין בפנ״י (ביצה יב.) שתירץ דהא דאמרינן דמגבן חייב משום בונה, היינו במגבן לאוצר לייבש ולהצניע לימים רבים דכי האי גוונא מכוון לעשותן כעין בנין. אבל מגבן לעשות גבינת ליו״ט כוונתו לאוכלו לאלתר ובכה״ג אינו בכלל בנין כלל. עיין בפמ״ג בפתיחה להל׳ יו״ט (ח״א פ״א אות ט׳) שכתב דבר חדש וז״ל האי מגבן שעושה באוכ״נ גופא ומשווהו אוכל בפעם זה עדיף משחיטה ואפיה ובישול ושרי מה״ת... עכ״ל. וביאור דבריו שמלאכה המשוה לאוכל מה שלא היה מקודם, קרוב יותר לאוכ״נ מבישול ושחיטה שרק מתקנים האוכל. ולכן מותר אפילו במלאכה שאינם בדרך כלל לצורך אוכ״נ.

5. בשו״ת שבות יעקב ח״ב סי׳ כ״ו התיר לכתוב אותיות על בשר לסימן כיון שהוא לצורך אוכ״נ. אבל עיין במאירי (ביצה כח.) שאסר והתיר רק לחתוך הבשר על תלת קרנא לסימן. וכן כתב הא״ר סי׳ ת״ק בשם המהרי״ל. ועיין במ״ב שם בשער הציון אות כ׳ שכ׳ שפשוט הוא שכל מלאכה שאינו רגיל להיות באוכ״נ אסור. ואפילו השבותים שלהם. ועל כרחך השב״י לא ראה דברי המאירי והא״ר.

6. מ״ב סי׳ תע״ה ס״ק מ״ז בשם שו״ת רמ״א סי׳ קי״ט.

on *Shabbos*[7]. (It is, however, permitted to bite into the letters since this is permissible even on *Shabbos*[8]).

III. *Melachos* Involving Food Preparation That Are Forbidden

In some cases, even *melachos* that are normally involved in food preparation are also forbidden on *Yom Tov*. These *melachos* generally involve the preparation of large quantities of food at one time[9].

An example is *kotzer* / harvesting, because one who harvests his field usually harvests the whole field at one time (i.e. more than his immediate need). Therefore, this *melachah* is totally forbidden, and one may not harvest even a small amount for an immediate *Yom Tov* need (such as picking one apple off a tree to eat immediately)[10].

Such *melachos* are forbidden in order to prevent one from spending the whole *Yom Tov* doing weekday work[11]. There is

---

7. הגאון רש"ז אויערבך זצ"ל מובא בס' שש"כ פ"ט הע' מ"ח.

8. מ"ב סי' ש"מ ס"ק י"ז.

9. עיין הערה 14. הבאנו מחלוקת הראשונים בזה.

10. מגיד משנה הל' יו"ט פ"א ה"ה

11. רמב"ם הל' יו"ט פ"א ה"ה, הובא בטור סי' תצ"ה ובמ"ב שם ס"ק י"ג. אבל בר"ן ר"פ אין צדין נתן טעם אחר שכיון שהני מלאכות נעשות לזמן מרובה הוה זילותא דיו"ט ועי' ברא"ש שם שכתב דהוה עובדא דחול. והנה בפמ"ג סי' תצ"ה מ"ז ס"ק ב' הקשה למה צריך כל הני טעמים חדשים הלא אם עושה מלאכה יותר ממה שצריך לאותו היום אסור מן התורה. ותירץ שכיון שיש סברה של הואיל אין בו איסור תורה. אבל עדיין אינו מבואר שמ"מ אסור מדרבנן ולמה צריך טעמים חדשים. ובספר ברכת יו"ט עמ' כ"ז תירץ לזה שמשום האי איסור דרבנן לבד לא הוה גזרינן כשרק עושה מעט לצורך היום אטו אם עושה הרבה גם שלא לצורך היום שכיון שרק אסור מדרבנן לא גזרינן בשבילו. אבל בשביל הני טעמים הנ"ל שהוזכר בראשונים אסור גם כשרק עושה לצורך היום בלבד כיון שטעמים אלו נוגע להמלאכה בכלל.

disagreement amongst the early authorities as to whether these *melachohs* are prohibited by the Torah itself or by enactments of the Sages. However, all agree that they are forbidden on *Yom Tov*[12].

---

12. נחלקו הראשונים איזה מלאכות הותרו משום אוכל נפש. מקור פלוגתתם מהא דתנן במס׳ ביצה (כ״ג:) אין צדין דגים מן הביברים ביו״ט. כתב רש״י ז״ל אע״ג דשחיטה ואפייה ובשול מאבות מלאכות הן והותרו לצורך יו״ט טעמא משום דא״א מערב יו״ט דשחיטה חייש למחמר בשרא פן יתחמם ויסריח אבל צידה אפשר לצודו מבעוד יום ויניחנו במצודתו במים ולא ימותו ולמחר יטלהו עכ״ל. מבואר מדבריו דכל מלאכה שאפשר מאתמול אסור לעושת ביו״ט מן התורה. וכן פירש היש״ש והפנ״י בדבריו, וע״ע בר״ן שם. אבל בתוס׳ (ד״ה אין) ובר״ש ובר״ן תמהו, דלא מצינו שמפלגינן באוכל נפש בין אפשר לעושתו מאתמול לא״א ורק במכשירין שפליגי ר״י ורבנן אם מותרים ביו״ט כו״ע סוברים אם אפשר לעושתו מאתמול אסור משום דדרשי ״הוא״ להוציא מכשירין שאפשר מאתמול. הא במקום שאין דרשה לאסור כו״ע סברי דמלאכה דאפשר מאתמול מותר.

ועיין בר״ן שהביא שיטת הרמב״ן בזה, וז״ל. שלא כל המלאכות הותרו ביו״ט אלא הכשר המאכלין לאוכלן כגון אפייה ובישול וכיוצא בהן אבל לצוד בע״ח שאינן ברשות בנ״א... אסורין והרי הן בכלל מלאכת עבודה עכ״ל. הרי שסובר דרק המלאכות המכשירים את הדבר לאוכלה מיד מותרין משום אוכל נפש, והן ממלאכת לישה ואילך. ושאר מלאכות אסורים מן התורה. וכן הביא שם מהירושלמי שדרשה זה מקרא.

אבל הר״ן תמה על הני שיטות דסברי דהמלאכות קודם לישה אסורים מה״ת. דהגמרא דילן לא משמע כן. דלדבריהם טחינה ביו״ט אסור מה״ת ולמה התירו לשחוק פלפלין ברחיים שלהם הרי שחיקה היא תולדה דטוחן ובאיסור תורה לא מחלקינן. לכן פירש הר״ן דהמלאכות דקודם לישה אסורים רק מדרבנן. וטעם איסורם, דחז״ל אסרי המלאכות הנעשות לימים רבים כגון קצירה וטחינה. לכן טחינה שנעשה לימים רבים אסור. ושחיקת פלפלין דהוה ליומא מותרת עי״ש. ועיין ברא״ש שכתב טעם אחר, מאחר דמלאכות אלו נעשים הרבה ביחד דומים הם לעובדה דחול. וכן משמע שיטת הרמב״ם [הל׳ יו״ט פ״א] דמלאכות אלו אסורים מדרבנן, וכן נפסק בשו״ע סימן תצ״ה סעיף ב׳. אבל עיין ביאור הגר״א שם שמביא בשם הרשב״א דהתורה מסרה לחכמים לקבוע איזה מלאכות אסורות ביו״ט. וכן כתב בקרבן נתנאל ריש פרק אין צדין אות ג׳.

IV. The 39 *Melachos* on *Yom Tov*

We will now list the 39 *melachos* and divide them into four categories:

A. Those *melachos* that are always permitted on *Yom Tov*.
B. Those that are forbidden by the Torah since they are not common in food preparation.
C. Those that are common in food preparation but are forbidden (either by the Torah or by the Sages) since they are usually done in large quantities.
D. Those *melachos* that for various reasons are sometimes permitted and sometimes forbidden.

A. *Melachos* Permitted on *Yom Tov*

The following is a list of *melachos* that are permissible on *Yom Tov*:

losh / kneading[13]
hotza'ah / carrying[14]
bishul / cooking, baking[15]

---

13. שו״ע סי׳ תק״ו סעי׳ ג׳

14. שו״ע סי׳ תקי״ח סעי׳ א׳. והנה בענין היתר תחומין ביו״ט עי׳ בחידושי רע״א פסחים (צג:) שהקשה שאף אם איסור תחומין דאורייתא למה גרע מהוצאה ושאר מלאכות שמותר לצורך אוכל נפש וכן הקשה במהרש״א בכתובות (ז.) ד״ה והא. ובקרני ראם שם תירץ דהליכה חוץ לתחום לקרב עצמו אל המאכל דומה למכשירין כמו כיבוי הנר שאסור ואינו דומה למה שמקרב המאכל אליו דשרי ועי׳ בשו״ת חת״ס או״ח סי׳ קמט שכתב דבר חדש דדוקא מה שהוא בכלל מש״כ התורה לא תעשה מלאכה הותר לצורך אוכל נפש אבל תחומין הוה איסור בפני עצמו ואינו אסור מטעם מלאכה שהרי לא היה במשכן וא״כ אין לו היתר ביו״ט לצורך אוכ״נ.

15. שו״ע סי׳ תק״ג סעי׳ א׳.

shechitah / slaughtering[16]
hav'arah / kindling a fire[17]

B. *Melachos* Forbidden on *Yom Tov*

The following is a list of the *melachos* that are forbidden
by the Torah on *Yom Tov*[18]:

zeri'ah / planting
choraish / plowing
melabain / whitening
menapetz / combing
tzovay'a / dyeing
t'viah / spinning
maisach and *oseh batai nee'rin* / arranging the loom
oraig / weaving
potzay'a / undoing something woven
koshair / tying knots
matir / untying
tofair / sewing
koray'a / tearing
mesartait / carving guide lines
mechataich / cutting to size
kosaiv / writing
mochaik / erasing
boneh / building (according to some opinions) [19]

---

16. שו"ע סי' תצח סעי' ב'. וע' בח"א כלל פט ס"ו שנוהגין שאין שוחטין בהמות ביו"ט שמא ימצא טרפה ורק בעופות נוהגין היתר הובא דבריו במ"ב סי' תצ"ח ס"ק מ"ט.

17. שו"ע סי' תק"ב סעי' א'.

18. בשו"ע סי' תצ"ה סעי' א' כתב כל מלאכה האסורה בשבת אסורה ביו"ט.

sosair / breaking

makeh b'patisch / completing an object

C. *Melachos* Done for Food in Large Quantities

Below is a list of *melachos* which are forbidden because they are usually done in large quantities:

kotzair / harvesting[20]

me'amair / gathering[21]

dosh / threshing[22]

zoreh / winnowing[23]

tzaidah / capturing[24]

D. *Melachos* That Are Sometimes Permitted

Below is a list of *melachos* that, for various reasons, are only sometimes permitted. Some will be explained in detail in other chapters.

borer / sorting

tochen / grinding

---

19. עיין במגיד משנה (הל' יו"ט פ"א ה"ד) שכתב בדעת הרמב"ם שבונה אסור מה"ת, אבל מתוס' במס' שבת דף צה ע"א (ד"ה והרודה) לא נראה כן שהקשה למה אינו מותר לבנות בית ביו"ט כשנפל היום מטעם מתוך ממה שמותר לגבן ביו"ט, ע"ש. ועי' פמ"ג בפתיחה פ"א אות ז מה שהקשה על זה.

20. שו"ע סי' תצ"ה סעי' ב'.

21. שו"ע סי' תק"א סעי' ג' ובמ"ב שם ס"ק י"ב.

22. שו"ע סי' תצ"ה סעי' ב'.

23. חיי אדם, כלל פב סעי' א'.

24. שו"ע סי' תצ"ה סעי' ב. ועיין בטור שם שכתב שצידה אסורה מטעם עובדא דחול שפעמים תעלה במצודתו דגים הרבה. אבל הר"ן פי' שדרך לצוד בשביל מחר מאחר שאינו בטוח כל יום שתעלה למצודתו.

me'rakaid / sifting
gozez / shearing
hefshet / skinning
me'abed / tanning
me'machaik / smoothing
me'chabeh / extinguishing

V. *Melachos* That Could Have Been Done Before *Yom Tov*

Even when food preparation is permitted on *Yom Tov* by Torah law, the Sages still required the food to be prepared before *Yom Tov* unless doing so would impair its taste[25].

An example is jello or pudding, which requires heating water (i.e. *bishul* / the *melachah* of cooking) to prepare, but which does not lose its taste if made in advance[26]. The Sages enacted this decree because they did not want the whole day spent preparing food, not leaving any time to enjoy the *Yom Tov*.[27] (This is provided however, that there is enough storage space in the refrigerator. Otherwise, it may be made on *Yom Tov*.[28])

---

25. רמ"א סי' תצ"ה סעי' א'. ויש להעיר למה לא הצריכו לחמם מים מאתמול ולהניחו ע"ג האש מאחר שאין טעמו פג. ועי' בשמירת שבת כהלכתה (פ"ב הע' ו') שמביא בשם הגרש"ז אויערבך זצ"ל כמה טעמים בזה דיש בזה משום הוצאת כסף להשאיר הגאז דלוק כל יו"ט. וגם המים הולכים ומתחסרים. ועוד טעם שאין קבע לשתיה. ולכן מותר לחמם מים ביו"ט עצמו בלי שינוי.

26. פסק הגאב"ד מדעברעצין שליט"א מובא בספר פסקי הל' יו"ט סי' ל' אות יב.

27. מ"ב סי' תצ"ה ס"ק ז'.

28. שו"ת באר משה (ח"ח סי' רכ"ד). והנה לענין דבר שישמור טעמו ע"י המקרר אם זה נחשב אפשר לעשות מאתמול. עיין בשעה"צ סי' תק"ד אות ל"ג שמשמע שצריך לחפש פעולות שלא יפיג טעמו ועי' שו"ת באר משה הנ"ל שצריך להשים

Nevertheless, a regular vegetable salad, which can involve the *melachah* of *tochen* / grinding (i.e. if the vegetables are cut very finely), or an egg salad, which can involve the *melachah* of *losh* / kneading may be made on *Yom Tov*. This is because if these salads were prepared beforehand they would not taste as fresh.

Similarly, cooked foods such as chicken and kugel, which generally taste better when prepared immediately before eating, may certainly be prepared on *Yom Tov*.

If One Did Not Prepare These Foods Before *Yom Tov*

Foods that do not lose any of their taste, but were not prepared before *Yom Tov*, may be prepared on *Yom Tov* by using a *shinui* (i.e. a change in their usual manner of preparation)[29]. For example, one who usually peels vegetables directly onto a table should peel them onto a plate or towel[30]. The use of a *shinui* is only necessary if one forgot to prepare these foods beforehand or if one ran out of time before *Yom Tov*.[31]

האוכל במקרר אם זה יועיל שלא להפיג הטעם. אבל בשמירת שבת כהלכתה ח"ג (מבוא להל' שבת פ"ג הלכה כ"ו) כתב כיון שבימי חז"ל ד"ז נחשב מפיג טעמו, אף דבזה"ז יכולין לשמור טעמו במקרר אינו נחשב אפשר לעשותה מאתמול. וכ"כ בספר הל' המועדים פרק ב' סעי' ה' ועיין שם שהוסיף בשם הגרי"ש אלישוב שליט"א שאפילו מאכלים הנעשים בשביל סעודת הלילה שוודאי לא יפיג טעמם, מותר שלא חלקו חכמים בין סעודת יום לסעודת לילה. אבל ע"ש שהביא בשם מהר"ח אור זרוע סי' ל"א שכל שאפשר לעשותו מבעוד יום מחויב לעשות בשינוי.

29. רמ"א סי' תצ"ה סעי' א'.

30. חיי אדם כלל פ"ה סעי' ז'.

31. שו"ע הרב סי' תצ"ה סעי' ה'. ובחיי אדם כלל פ' סעי' א'. וכן משמע במ"ב שם ס"ק י'.

However, it is permitted to prepare foods on *Yom Tov* even without a *shinui* when the desire for these foods occurs during *Yom Tov* itself or if one has an unexpected situation that makes it impossible to prepare the food before *Yom Tov*[32].

Since there is disagreement amongst the *poskim* as to whether one may purposely leave foods to prepare on *Yom Tov* with the intention of using a *shinui*, one should refrain from doing so[33].

Summary

Foods that keep their taste when prepared before *Yom Tov* should not be prepared on *Yom Tov* in a regular manner. However, one should not purposely postpone preparing these foods in order to prepare them on *Yom Tov* even in an irregular manner. If one was unable to prepare them before *Yom Tov*, they may be prepared on *Yom Tov* even in their regular manner.

---

32. מ״ב שם ס״ק י׳ ועיין בס׳ שמירת שבת כהלכתה פ״ב ה״ב.

33. מ״ב שם.

2/ Principles of *Yom Tov* *Melachah*

There are some basic principles that govern all permitted *melachos* of *Yom Tov*. In this chapter, we will try to outline these underlying principles so they will be understood when they are applied to the actual *melachos* in future chapters.

I. *Melachah* Must Provide for a *Yom Tov* Need

When the Torah permits *melachah* on *Yom Tov* it does so only for something that will be of benefit on *Yom Tov* itself. To do even a permitted *melachah* on *Yom Tov* for benefit on another day, whether it be a weekday or even the second day of *Yom Tov* can at times be transgressing a Torah prohibition[1].

This is true even with regard to the two days of *Rosh Hashanah*. Even though in regard to other laws we are stringent and consider both days as one long day, it is forbidden to prepare on one day for the next[2].

---

1. שו"ע סי' תק"ג ס"א. ומה שכתבנו שיכול להיות איסור תורה, היינו באופן שלא שייך סברא דהואיל ואי מקלעי אורחים, אבל היכא שי"ל סברא דהואיל אינו אלא איסור דרבנן עי' ביאור הלכה שם בד"ה ואפילו וכו'.

2. מ"ב שם ס"ק ד'. והנה בשו"ע סי' רצ"ט סעי' י' כתב דאסור לעשות מלאכה במוצאי שבת קודם שיבדיל בתפילה או על הכוס או שאומר ברוך המבדיל בין קודש לחול וע"ש במ"ב ס"ק מ' שכתב ולהביא יין ביו"ט שני אחר שחשכה אף שלא התפלל עדיין וגם לא קידש אפ"ה שרי דהא אין בזה משום מלאכה רק משום הכנה מיו"ט לחבירו וכיון שנתקדש היום שרי ומשמע מזה שלענין מלאכה ממש גם ביו"ט אסור עד שיקדש או שיבדיל וכן הבין בשו"ת מחזה

Thus, for example, it is prohibited to cook food on the first day if one plans to eat it only on the next day.

A. *Melachah Bein Hashmashos*

The time period from after sunset until night is referred to as *bein hashmashos*. The point during *bein hashmashos* at which the transition from one day to the next occurs is a matter of *halachic* uncertainty.

Therefore, it is forbidden to do a *melachah* on *Yom Tov* before sunset from which benefit will be derived only after sunset. Similarly, one may not do a *melachah* after sunset from which benefit will be derived only after dark. For in either case, one may, in fact, be doing a *melachah* on *Yom Tov* for the next day[3].

B. *Melachah Bein Hashmashos* for Immediate Benefit

There is a question as to whether it is permitted to do *melachah* during an earlier part of *bein hashmashos* for use at a later part of *bein hashmashos* itself. This is because with every passing moment of *bein hashmashos* we are in doubt as to

---

אליהו סי' נ"ט אות ד' בדבריו וא"כ צ"ע בנשי דידן שמתחילים לבשל ולעשות כל מלאכה קודם שמקדשין ולא מתפללים מעריב. ועי' בספר יו"ט שני כהלכתו בהוספות לפ"א הע' י"ז שכתב בשם הגרש"ז אויערבך זצ"ל שלא ראה מי שחשש לאיסור זה והביא שם מהגרפ"א פאלק שליט"א שיש באמת מחלוקת ראשונים בטעם איסור זה אם הוא משום איסור מלאכה קודם שיבדיל או משום שנמשך קדושת שבת עד שיבדיל וכנראה שהעולם סמך על טעם הראשון וא"כ ביו"ט שאין מבדילין אין חשש. וע"ע בקובץ בית אהרן וישראל שנה י' גליון ו'.

3. ביה"ל שם ד"ה ביו"ט וכו'.

whether the moment before was day and it has now turned to night.

This would be equivalent to doing *melachah* on *Yom Tov* for the next day, which is forbidden. One should, therefore, be stringent regarding Torah prohibitions, such as cooking and kindling, but may be lenient with rabbinic prohibitions, such as carrying in areas that are not a *rishus harabbim* / public domain[4].

---

4. ספק זה נפתח בחי׳ רע״א למס׳ נדרים (סט:) בד״ה מה דהקשה וכו׳, וז״ל ומזה יש לי לדון דאסור לבשל ביו״ט בבין השמשות דאפוקי יומא לאכול בין השמשות, דשמא בשעת בישול יום ובשעת אכילה לילה, ומדין ס״ס הנ״ל (דשמא בשעת אכילה הוא עדיין יום, ואת״ל בשעת האכילה לילה הוא שמא גם בשעת הבישול הי׳ לילה) לא מהני, דהא הוי דשלי״מ וכו׳ (וע״ש שהאריך קצת לחלק, שרק באיסור דאורייתא לא אמרינן ההיתר של ספק ספיקא בדבר שיש לו מתירין אבל בדין דרבנן יש להקל), ואם הדבר כן, יהא הדין דא״א להדליק נר בבין השמשות דאפוקי יומא להשתמש בו (מיד), דשמא בשעת הדלקה הוא יום ותיכף אחר הדלקה נעשה לילה, וחידוש כזה לא הוי שבקי הפוסקים להשמיענו וצ״ע עכ״ל. וע״ע בהגהותיו לשו״ע ס׳ תצ״ה שרמז לספק זה, והנה השאלה מצויה היא לענין הדלקת הנר בביה״ש כמ״ש רע״א הנ״ל וגם מצויה שאלה זו לאלו שמעשנים סיגריות בביה״ש, שעושים הבערה בשאיבת העישון לצורך הנאה של הרגע אח״כ.

ובהגדה של פסח מבית לוי ח״ב ע׳ ר״ה כתוב שנהג הגר״ח סולובייצ׳יק זצ״ל להחמיר בזה אפי׳ לענין הוצאה בביה״ש וכן בספר אורחות רבינו ח״ב עמ׳ ק״ד כתב שכן החמירו החזו״א והגרי״י קניבסקי זצ״ל. וע״ע בשו״ת חשב האפוד ח״ג סי׳ צ׳ דהעלה להחמיר, והביא כזה מהספר יהושע אלא דכ׳ שרק צריך להחמיר בביהש״מ של הגאונים.

ובס׳ תשובות והנהגות ח״ב סי׳ שכ״ה ובשו״ת להורות נתן ח״ז סי׳ ל״ג - ל״ה צידדו להקל בזה, יעו״ש בנימוקיהם. ובספר יו״ט שני כהלכתו בהוספות לפ״א הע׳ מ״ה הביא בשם הגרש״ז אויערבך זצ״ל להתיר בכל ענין, ותוכן דבריו, דפלא עצום הוא שהראשונים כמלאכים והשו״ע לא הזכירו כלל איסור זה, ולכן משמע דשרי. וטעם ההיתר אפ״ל לפי מה שכ׳ הר״ן שמלאכת אוכ״נ ביו״ט בגדר הותרה הן י״ל שכל האיסור לעשות מלאכה לחול הוא דוקא כשמכוין ליהנות לאחר זמן כשהוא חול, אבל אם כל כוונתו הוא ליהנות מיד ורק שבמציאות צריך פעולה לזה, אפשר שהיה פשוט להם דלא חשיב כלל לענין יו״ט כעושה מלאכה לצורך חול, (אע״פ שגלוי וידוע למקום שמעשה ההדלקה הוה ביום והנאה בלילה, מ״מ לא נתכוון העושה המלאכה לזה וכנ״ל ולכן אין בזה ענין

II. *Melachah* for a Non-Jew

It is forbidden to do a *melachah* on *Yom Tov* for a non-Jew[5]. For example, one may not heat up water to make a cup of coffee for a non-Jew. We will see later in Chapter 6 that it is even forbidden to invite a non-Jew for a meal on *Yom Tov* so that one should not come to cook for him.

III. *Melachah* for One's Animals

It is also forbidden for one to do any *melachah* for one's animals on *Yom Tov*. For example, one may not carry food in a place where there is no *eruv* to feed one's fish or bird[6].

הכנה לחול כלל). אבל למעשה בטל דעתיה לספיקת הגרע״א והחמיר בעניני דאורייתא, אלא שסיים שרוב הוצאות דידן הוו רק לכרמלית כמבואר בשו״ע ואינו אלא מלאכה דרבנן ולכן לענין הוצאה יש להקל. וע״ע בספר הזכרון מבקשי תורה לזכרו של רבינו הגרש״ז אויערבאך זצ״ל בסי׳ כ״ו תשובה מהגרח״פ שיינברג שליט״א שמאריך בענין הנ״ל.

5. שו״ע ס׳ תקי״ב ס״א וסי׳ תקי״ח ס״ב.

6. שו״ע ס׳ תקי״ב ס״ג. ויש מקשים, כיון שאמרינן מתוך שהותרה מלאכה לצורך הותרה נמי שלא לצורך למה אסור מלאכה בשביל עכו״ם וכן בשביל בהמה הא במה גרע זה מאם עשה שלא לצורך כלל. ובשלמא לשיטת התוס׳ ביצה (יב.) ד״ה ה״ג וכו׳ שרק מותר אם יש צורך היום קצת י״ל שצורך עכו״ם אינו נחשב צורך קצת כמו שכתב התוס׳ עצמם בכתובות (ז.) ד״ה מתוך וכו׳ לגבי עכו״ם, וה״ה לענין בהמה, אבל לשיטת רש״י (ביצה יב.) שמותר לעשות מלאכה אף בלא צורך כלל למה אסור מלאכה בשביל עכו״ם ובהמה? ותי׳ בשעה״צ ס׳ תקי״ב אות ל״ב שאפי׳ לרש״י יש עכ״פ איסור דרבנן. ועוד תי׳ בביה״ל שם ד״ה אין מבשלים וכו׳ שדבר זה אסרה לן התורה בפירוש, בזה שנאמר ״לכם״ דדרשינן ולא לעכו״ם ולא לבהמה, דבזה אין היתר דסברת מתוך. וכן תירץ התמים דעים להראב״ד סק״ב והערוה״ש ס׳ תקי״ב ס״ק א׳.

IV. *Mitoch*

A. Definition

Previously, we learned that the Torah permits certain *melachos* on *Yom Tov* for food preparation. The Sages further teach us that certain *melachos* that are usual in food preparation may be used for all other *Yom Tov* needs as well[7].

This is based on the principle of "*mitoch shehutrah litzorech ochel nefesh hutrah l'sha'ar tzrochim* / since the Torah permitted certain forms of labor for food preparation it permitted them for other needs as well." This principle is commonly referred to as "*mitoch.*"

To illustrate this, one may light a candle from an existing flame in order to have light in a room that is dark. Since the *melachah* of kindling is permitted on *Yom Tov* for food preparation, the principle of *mitoch* teaches us that it is permitted for non-food uses as well.

---

7. גמ' ביצה (יב.) וע"ש בפנ"י שהקשה מנלן זה ואיפוא רמיזא באורייתא. והביא מספר מגיני שלמה דנפקא להו מדכתיב אך אשר יאכל לכל נפש ואם כן פשטא דקרא הכי הוא, דאותן מלאכות דשייכי באוכל נפש הוא לבדו יעשה לכם והותרו לגמרי עכ"ל. ובאמת כבר הוזכרה הסברא זו בשיטה מקובצת כתובות (ז.) דכל אותן המלאכות שהותרו לצורך אכילה לא הוה בכלל לא תעשה כל מלאכה. וע' גם בנשמת אדם כלל פ' סק"א שכל מלאכה שהוה מיוחד לאוכ"נ לא אסרה תורה.

Another example is carrying a *lulav* to shul on *Yom Tov*. Even though the purpose is not food preparation, it is permitted under of the principle of *mitoch*.

B. The *Melachos* to Which *Mitoch* Applies

Below is a list of *melachos* to which we apply this principle[8]:

losh / kneading[9]
bishul / cooking[10]
hotza'ah / carrying[11]
hav'arah / kindling a fire[12]
shechitah / slaughtering[13]

---

8. כבר ביארנו בהערה 7 שהמלאכות שהן מיוחדות לאוכ״נ אמרינן בהן מתוך. אבל עוד אינו ברור איזה מלאכות הוה בגדר זה דמיוחדים לאוכ״נ. ואלו המלאכות שכתבנו למעלה פשוט שאמרינן בהם מתוך. ובנוגע מלאכת בורר ע׳ לקמן פ״ג הע׳ 25. ובענין כיבוי ע׳ בשעה״צ סי׳ תק״ז ס״ק ל״ז. ובנוגע טוחן הנה בפנ״י ביצה (י״ד) וכן בשו״ת אבנ״ז ס׳ שצ״ד כתבו שאמרינן ביה מתוך אבל בס׳ שמחת יו״ט ביצה (י״ד) וכן בערוה״ש ס׳ תצ״ה ס״ק י״ב כתבו שלא אמרינן מתוך. ובאיסור מוקצה אע״פ שכתב הרמ״א בס׳ תק״ט ס״ז שמותר לצורך אוכ״נ ע׳ בפמ״ג ס׳ תמ״ו בא״א ס״ק ג׳ שלא אמרינן ביה מתוך.

9. ע׳ סי׳ תק״ז במ״ב ס״ק מ״א שאע״פ שאמרינן מתוך במלאכת לישה אסור לילדים לעשות דברים מאפר ומים שיש גזירה שנראה כמגבל לבנין.

10. סי׳ תקי״א.

11. סי׳ תקי״ח.

12. סי׳ תקי״א.

13. מוכח מגמ׳ כתובות (ז.) בסוגית בעילת מצוה שאמרינן מתוך במלאכת שחיטה. ומקשים העולם לפי״ז ששחיטה מותר משום מלאכת אוכ״נ א״כ למה לא יהא מותר להרוג זבובים המצערים אותו ביו״ט? וע׳ בספר מלאכים אמניך פ׳ י״א הע׳ ד׳ שהביא מהגאון ר׳ יעקב קמינצקי זצ״ל שבאמת התיר דבר זה. וראה גם בקובץ בית אהרון וישראל חלק אב-אלול תשנ״ה שנדפס שם תשובה ממרן הגאון רש״ז אויערבך זצ״ל שצידד ג״כ להתיר ורק חשש שמא יהרוג גם שלא

18 CHAPTER TWO

C. There Has To Be Some *Yom Tov* Need

When the Torah permits certain *melachos* for uses other than food preparation it does so only if there is some sort of *Yom Tov* need. Where there is no *Yom Tov* need at all, such actions are forbidden. For example, even though we apply *mitoch* to the *melachah* of carrying, it is forbidden to walk outside on *Yom Tov* with an object in one's pocket for which one has no need[14].

There is disagreement amongst the early authorities as to whether one who does a *melachah* for no useful purpose is thereby transgressing a Torah prohibition or a rabbinic decree. However, most authorities do agree that it is forbidden[15]. This

---

לצורך, אלא שצ״ע ממה שהביא המ״ב ס׳ תקל״ג ס״ק כ׳ בשם שו״ת הרדב״ז להתיר להרוג זבובים בחול המועד דמשמע שביו״ט גופה פשיטה שאסור.

ועיין בחיי אדם כלל פט ס״א שכתב שכל דבר שאסור מטעם מלאכת שוחט אסור ביו״ט כבשבת חוץ משחיטת בהמה לאוכלו. ונראה מדבריו שלא סבר כלל לומר מתוך במלאכת שחיטה וצ״ע מהגמ׳ בכתובות הנ״ל, דבעילת מצוה ביו״ט לכאורה מותר מטעם מתוך שהותרה שחיטה. וע׳ בשש״כ פ״ב הע׳ ל״ו שכת׳ לפרש ע״פ מה שכתב בספר מאורי אש דף ס״ו שרק אמרינן מתוך כשנהנה מעצם המלאכה ולא כשרק מסלק מה שמפריע לו, די״ל שלכך אסור להרוג הזבובים שרק הוה בגדר מסלק המפריע ואינו נהנה מגוף המלאכה.

וראיתי בקונטרס להלכות יו״ט להרב הגאון ר׳ פסח אליהו פאלק שליט״א שכתב לפרש טעם האיסור לפי הראשונים דסברי שבהריגת בעל חי עובר גם משום צידה כשאינו ניצוד מקודם שזה אסור לכו״ע ביו״ט, ודוק היטב.

14. רמ״א סי׳ תקי״ח ס״א.

15. ברש״י ביצה (יב.) ד״ה אלא וכו׳ כתב וז״ל ש״מ דלכולי עלמא יש הוצאה ליו״ט אלא שמן התורה הותרה לצורך וב״ה אית להו כיון דהותרה לצורך הותרה מן התורה לגמרי אלא רבנן גזרו במידי דהוי טרחא דלא צריך כגון אבנים אבל בקטן וספר תורה דצריכין להו ביו״ט לא גזרו עכ״ל. הרי מבואר מדבריו דס״ל שמלאכה שלא לצורך הוה רק איסור דרבנן.

ובתוס׳ שם ד״ה ה״ג וכו׳ הקשו על שיטת רש״י מגמ׳ פסחים (מו:) דאיתא התם שהאופה מיו״ט לחול לוקה, ואפילו לרבה דלא לקי היינו מטעם הואיל ע״ש. והשתא אי אמרינן מתוך מן התורה אף במלאכה שלא לצורך כלל, למה לוקה כשעושה לצורך חול הא במה גרע זה משלא לצורך כלל. וברא״ש שם הקשה

principle will be illustrated further in Chapter 9 regarding kindling, Chapter 12 regarding bathing, and Chapter 14 regarding carrying.

Summary

Certain *melachos* that are permitted for food preparation are permitted for other purposes as well as long as they fulfill a *Yom Tov* need.

עוד דלשיטת רש״י למה אסור לשרוף קדשים ביו״ט, ועוד למה אסור לעשות מוגמר ביו״ט משום שאינו שוה לכל נפש, אם בכלל מותר לעשות מלאכה אפילו שלא לצורך כלל.

ומכח קו׳ אלו הסיקו התוס׳ והרא״ש שמן התורה רק הותרה מטעם מתוך דבר שיש בו קצת צורך יו״ט לכל הפחות ודוקא לצורך הדיוט ולא צורך גבוה.

ובקרבן נתנאל שם אות ל׳ כ׳ לתרץ שיטת רש״י, דלא אמרינן מתוך אלא בזמן האכילה שראוי לעשות בהם אוכל נפש ולכן תלתה התורה באוכל נפש, ר״ל הזמן ששייך לעשות מלאכה זו לצורך אוכ״נ דיו״ט, דהיינו ליו״ט, אז מותר אפי׳ שלא לצורך כלל, אבל בעושה לצורך חול שפיר גרע טפי דאפי׳ עשה לאכילה לא הו׳ לאוכ״נ דיו״ט, ע״ש. ובזה מתורץ למה אם יבשל לצורך חול לוקה. ולענין איסור דשריפת קדשים תירץ, שהוא גזירת הכתוב של לכם ולא לגבוה. ולענין מוגמר כתב שהוא גרע דהוי דבר שאינו רגיל וגרע מדבר הרגיל ואינו צורך כלל, יעוי״ש. ויש עוד שיטה אחרת בר״ן, שלפי רש״י וכן הרי״ף אפילו איסור דרבנן ליכא בהוצאה שלא לצורך כל שאינו מוציאו לצורך מחר ורק אסרו חכמים אבנים וכדומה שבלאו הכי מוקצה הם.

והנה בשו״ע סי׳ תקי״ח ס״א כתב המחבר בסתמא שמותר להוציא כלים, ולא כתב שצריך דוקא לצורך יו״ט, ורק דאוסר הוצאת אבנים ע״ש. ומשמע מסתימת דבריו דס״ל כדברי הר״ן, שמותר להוציא אפילו שלא לצורך כלל ורק אסור אם הוא מוקצה. אכן בסעיף ב׳ פסק שאסור לעשות מלאכה לצורך עכו״ם אע״פ דלכאו׳ זה לא גרע משלא לצורך כלל, והרי משמע דדעת השו״ע דבשלא לצורך כלל באמת אסור (הא מיהת מדרבנן). ומה דסתם בזה בסעי׳ א׳ כנ״ל צ״ל דסמך ע״ז שכ׳ כאן בסעי׳ ב׳. וכזה כתב בביה״ל שם ד״ה מתוך שע״כ דס״ל להמחבר שמלאכה שלא לצורך כלל אסור מדרבנן הוא ולהכי אסור לעשות מלאכה בשביל עכו״ם. וכן הסביר הביה״ל בשיטת הרמ״א. אלא שסיים שם שרוב ראשונים, וכמעט כולם, ס״ל עוד, שהעושה מלאכה שלא לצורך הוה אסור מן התורה ויש להחמיר כדבריהם.

V. *Shoveh Lechol Nefesh* / A Universal Need

When the Torah permits *melachah* on *Yom Tov*, it only permits it in situations where it fills a universal need[16]. This means that the *melachah* is done for a need of most normal people, such as cooking food to eat[17].

Even a permitted *melachah* such as cooking, when done for a purpose that is not considered a universal need, can involve a Torah prohibition[18].

Below are some situations that are not considered universal needs.

A. Washing One's Whole Body

To wash one's whole body is not considered a daily universal need[19]. For this reason, even though it is permitted to heat water on *Yom Tov* for needs other than cooking, one may not heat water to wash one's whole body. It is, therefore, forbidden to take a hot shower on *Yom Tov*. This will be

---

16. גמ' כתובות (ז.) אמר קרא אך אשר יאכל לכל נפש דבר השוה לכל נפש. ובמשנה ביצה (כא:) גבי להחם מים לרחיצה פי' תוס' ד"ה לא וכו' שאסור להחם מים בשביל רחיצת כל הגוף משום שאינו שוה לכל נפש. ועי' במ"ב סי' תקי"א סק"א. וז"ל הערוה"ש סי' תקי"א סקי"ב, ומותר להחם ביו"ט מים לרחוץ ידיו ורגליו אבל לא כל גופו וכו'. ופי' התוס' דהטעם הוא משום דבענין דבר השוה לכל נפש וכו'. ומעולם לא ריפרף אדם בטעם זה עכ"ל.

17. בביה"ל סי' תקי"א ד"ה אין וכו' משמע שלא צריך דוקא שיהא שוה לכל ממש אלא גם כשהרבה רגילין בזה חשוב דבר השוה לכל נפש, ע"ש ועי' בפמ"ג שם א"א סק"ד שכתב בהדיה שכל היינו רוב.

18. כן מוכח בשעה"צ סי' תקי"א אות ט' ואות ט"ז.

19. שו"ע סי' תקי"א ס"ב ומ"ב שם סק"י. ועי' פרק י"ב הע' 3 בענין רחיצת כל הגוף.

explained in more detail in Chapter 12 where we will discuss the *halachos* of bathing on *Yom Tov*.

B. A Sick Person's Needs

There is disagreement among the *poskim* as to whether the needs of a sick person are considered universal. Some hold that since most people are well they don't have the needs of sick people[20]. Others hold that getting well and staying well is a need of all people[21].

The *halachic* ruling is to abide by the stricter opinion[22]. Therefore, one may not carry medicine from a neighbor or heat up water for a compress (even where there is no problem of laundering or squeezing) for a sick person on *Yom Tov*.[a] [23]

[a] *This only applies to a sick person who is not in any danger. In the case of a life threatening situation one may do whatever is necessary as on Shabbos.*

---

20. בשו"ת ציץ הקודש סי' ל"ח הביא כן בשם הרמב"ן. וכ"כ בספר עמודי אור סי' כ"ט אות ה', ובשדי חמד מערכת יו"ט אות כ"ו, ובשו"ת חלקת יואב סי' כ"ו ד"ה גם דע וכו', ובשמירת שבת כהלכתה פי"ט ה"ג בשם הגרש"ז אויערבך זצ"ל.

21. שו"ת אבני נזר סי' שצ"ד אות ח'. אבל צידד שם לאסור מדרבנן. פמ"ג סי' תקי"א מ"ז סק"ב בשם הפנ"י שבת (לט:). ספר אורחות חיים סי' תקל"ב בהגהה מהמהרש"ם. ספר החיים להגר"ש קלוגר סי' שכ"ח.

22. שש"כ פי"ט הע' ג' בשם הגרש"ז אויערבך זצ"ל וכן שמעתי מהרה"ג ר' יחזקאל ראטה שליט"א.

23. שש"כ פ' ל"ג סי' כ"ה.

It is permitted, however, to heat up water to serve him a hot drink. Even though he is sick, he is no different than a healthy person who would also enjoy a hot drink[24].

C. Smoking on *Yom Tov*

There is disagreement among the *poskim* as to whether smoking is considered a universal need. See Chapter 9 where this is discussed at length.

D. When a Certain Element Makes It a Non-Universal Need

When something generally fills a universal need, such as food, yet there is a certain element that causes most people to

---

24. הנה בענין לקיחת תרופות לחולה ביו״ט למי שאסור ליקח בשבת עי׳ בשו״ע סי׳ תקל״ב ס״ב בהלכות חוה״מ כותב שכל רפואה מותר בחוה״מ. ובמ״א שם סק״ה, הובא במ״ב סק״ה, דייק מזה שביו״ט גופה אסור כל רפואה כמו בשבת גזירה משום שחיקת סממנים. ועי׳ בשו״ת אבנ״ז סי׳ שצ״ד אות ו׳ ובהגהות אורחות חיים מהמהרש״ם סי׳ תקל״ב שהקשו דהלא האיסור רפואה ביו״ט הוא משום גזירת שחיקת סממנים והרי מלאכת טוחן מותרת ביו״ט לצורך אוכ״נ, וא״כ מה שייך גזירה ביו״ט אטו שחיקת סממנים, אם זה הוה מלאכה המותרת. ותירצו ע״פ מ״ש המ״מ פ״א מהל׳ יו״ט ה״ה לבאר למה במלאכת קוצר השוה מדותיהם, ואסרו כל קצירה אפילו לזמן מועט, משא״כ במלאכת טוחן היתירו טחינה שהיא לזמן מועט כמו תבלין ואסרו רק טחינה לזמן מרובה כמו בתבואה, והטעם ביאר ה״ה שרק בתבלין הקילו שהוא לתקן דבר אחר ולא לאכול לבד, יעו״ש. ולפ״ז ניחא, דשחיקת סממנים לצורך רפואה שנאכל לבד אסור ביו״ט וממילא יש גזירת בכל רפואה. ובאמת כל הקושיא מעיקרא אינו אלא אם נניח שמותר לעשות מלאכה המותרת ביו״ט בשביל חולה, אבל אם נימא דצרכי חולה אינו שוה לכל נפש לא קשיא כלל דבפשיטות ששחיקת הסממנים אסורה ולק״מ שרפואה אסורה ביו״ט ועי׳ לעיל הע׳ 20 שהבאנו השיטות שצרכי חולה אינו שוה לכל נפש. וממילא אע״פ שיש מתירים ליקח רפואות ביו״ט, עי׳ ספר החיים, הובא במנחת יו״ט סי׳ צ״ח ס״ק קכ״א ושו״ת ציץ אליעזר ח״ח סי׳ ט״ו פ׳ ט״ז, מ״מ כבר כתבו הפוסקים להחמיר, עי׳ מ״ב הנ״ל בשם מ״א, פמ״ג סי׳ תקל״ב א״א סק״ב, חיי״א כלל ק״ג ס״א, וושש״כ פ׳ ל״ג סי׳ כ״ד.

refrain from it, nevertheless it is considered a universal need. For example, most people do not eat food that is very spicy or very expensive. Yet, this type of food is considered universal and permitted to cook since food in general is a universal need[25].

Summary

When the Torah permitted *melachah* on *Yom Tov*, it did so only if it fulfills a universal need. Special needs of a sick person are not considered universal and are only permitted as on *Shabbos*.

Similarly, bathing one's whole body is not considered a daily universal need. However, if the general need is universal, yet most people refrain from it because of certain elements it is also considered universal.

VI. *Marbeh B'shiurim* / Extra Amounts

There is a concept in the laws of *Yom Tov* called *marbeh b'shiurim* / extra amounts[26]. This means that one who is doing a

---

25. שש"כ פ"ב הע' ל"ו ובהלכות המועדים פ"ב סי' י' וי"א (ומקורם בגמ' פ"ק דכתובות ז.).

26. ביצה (יז.) באמת אמרו ממלאה אשה כל הקדירה בשר אע"פ שאינו צריכה אלא לחתיכה אחת ממלא נחתום חבית של מים אע"פ שאינו צריך אלא לקיתון אחד וכו'. ועי' בר"ן שם, וז"ל ומיהא משמע דלרבות בשיעורא ביום טוב מותר ודאמרינן לקמן דאין מזמנין את העכו"ם ביום טוב גזירה שמה ירבה בשבילו היינו שמא ירבה בשבילו בקדירה אחרת, עכ"ל.

והקשה הר"ן מהגמ' במנחות (סד.) בחולה שאמדוהו לשתי גרוגרות ואיכא שתי גרוגרות בשתי עוקצין ושלש בעוקץ אחד הי מייתינן (איזה יקצור), שתים מייתינן דחזיין ליה או דילמא שלש מייתינן דקא ממעט בבצירה, ואסיקנא דשלש מייתינן שתים לא מייתינן משום דמעוטי בצירה עדיף, ועד כאן לא איבעיא לן התם אלא כי האי גוונא דבשתים בשתי עוקצין איכא ריבוי בצירה אבל משמע דפשיטא לן בשנים בעוקץ אחד ושלשה בעוקץ אחר דשתים מייתינן

melachah for a permitted purpose may do it on a larger scale as long as the whole *melachah* is done at one time. This is because when the Torah permitted one to carry, it did not require one to calculate the exact amount needed, as long as all the carrying is done in one act. The fact that there are extra amounts is not considered a separate act of carrying.

An example is carrying an entire bag of candy outside when one plans only to eat a few. One may take the entire bag

---

שלש לא מייתינן דלרבויי בשיעורא אסור והרי משמע מכאן שאין היתר להרבות בשיעורים ורק שבאופן הנ״ל היה עדיף להביא יותר מלעשות ב׳ מעשה מלאכה, והביא הר״ן בשם הר״י לתרץ, שהגמ׳ במנחות מדובר בחולה בשבת וכיון שיש איסור סקילה הוא חמור יותר, משא״כ ביו״ט דהוה רק איסור לאו קל יותר הוא. ובשם הרשב״א כתב שכל האיסור להרבות בשיעורים בשבת הוא רק איסור דרבנן. ותמה הר״ן עליו. דא״כ מהו האיבעיא דהגמ׳ אם רבויי בשיעורים עדיף או רבויי בבצירה עדיף, הא ריבוי בבצירה כזה ודאי היה איסור דאורייתא ולהרשב״א צריך להיות פשוט שמייתי השלש בעוקץ אחד.

וע״כ פי׳ הר״ן שודאי בשבת ריבוי בשיעורים הוא איסור מדאורייתא, ורק ביו״ט שאוכל נפש הותרה בה כל שהוא מרבה על העיקר, אם יהא בטורח אחד, תוספתו כמוהו, משא״כ בשבת שאפילו לגבי חולה ההיתר מלאכה רק הוה בגדר דחויה. ועוד תי׳ שנראה להם לחכמים שכיון שאמרה תורה אך אשר יאכל לכל נפש לא הוצרכה לשקול ולדקדק שלא יבשל אלא המצטרך אליו בלבד, אבל בשבת שהעיקר אסור, אף תוספתו כמוהו.

ועי׳ בשו״ת מחזה אליהו סי׳ ל״ה שתירץ לדעת הרשב״א דס״ל שההיתר להרבות בשיעורים הוה בגדר ״האי מינייהו מפקת״, וא״כ כיון שא״א לקבוע על שום מעשה איזהו האיסור, הוה הכל בכלל ההיתר של ריבוי בשיעורים וממילא אין נ״מ בין קוצר ג׳ בעוקץ אחד לב׳ בב׳ עוקצין ששניהם הוו בכלל ההיתר להרבות בשיעורים אע״פ שעושה ב׳ פעולות, ורק מדרבנן יש למעט במלאכה, ע״ש באריכות.

ועי׳ במ״א סי׳ שי״ח סק״ו שהביא פלוגתת הראשונים הנ״ל. ועי׳ מ״ב שם ס״ק י״ג שציין לספרו אהבת חסד פ״ז שהביא שם ראיה שהעיקר כהר״ן דהמרבה בשיעורים הוה איסור תורה, ועי׳ שו״ת מנחת יצחק ח״ה סי׳ ל״ו אות כ״א שדוחה ראייתו [ונפ״מ למעשה בענין זה, אם הוא איסור תורה או איסור מדרבנן, בשבת להתיר שבות דשבות ע״י עכו״ם]. ועי׳ עוד בשו״ת מחזה אליהו הנ״ל סי׳ ל״ו עוד בענין זה.

along and does not have to remove those candies he does not plan to eat.

There are, however, certain conditions that must be met. These will be discussed at length in Chapter 6 with regard to cooking, in Chapter 14 with regard to carrying, and in Chapter 12 with regard to washing.

It is important to note that this concept only applies to the laws of *Yom Tov*. On *Shabbos*, however, even when *melachah* is permitted (e.g. for a sick person, in certain situations) adding extra amounts is forbidden.

3/ *Borer* - Sorting

In the previous chapters we have discussed the melachos of Yom Tov and the general principles that apply to all permitted melachos on Yom Tov. In the following chapters we will discuss the details of these melachos and their practical applications in given situations.

The *melachah* of *borer* / sorting has many difficult aspects. For example, one must be familiar with what is considered different species and when they constitute a mixture. To fully understand this *melachah*, it must be learnt in depth with regard to the *halachos* of *Shabbos*. In this chapter, we will concentrate on the *melachah* of *borer* with regard to *Yom Tov* and where it differs from *Shabbos*.

I. Definition

The basic definition of *borer* is to sort a mixture into individual parts or to remove a specific item from a mixture. Similarly, taking items randomly from a mixture and placing them in specific categories is forbidden under this *melachah*[1].

---

1. בשו״ע סי׳ שי״ט ס״א כתב הבורר אוכל מתוך פסולת או שהיו לפניו שני מיני אוכלים ובורר מין ממין אחר בנפה וכברה חייב. והנה מלאכת בורר הברורה ופשוטה היא כשבורר פסולת ממש מאוכל ממש. וכן כשיש מין אוכל אחד שהוא רוצה ומין אוכל שני שהוא אינו רוצה שאז המין שהוא רוצה נקרא אוכל, והמין האחר שהוא אינו רוצה נקרא פסולת, ובורר אחד מחבירו.

אבל בבורר מין אחד מחבירו כדי להניח שניהם לאחר זמן ורוצה בשניהם אלא שרוצה אותם מפורדים, אם שייך בזה איסור ברירה מסתפק בזה בפמ״ג שם

II. *Borer* on *Yom Tov*

We learned in the first chapter that *borer* is one of the *melachos* that is sometimes permissible on *Yom Tov* for food preparation. The Sages were stringent with this *melachah* and required three conditions in order to permit it. They are:

A) In certain situations, if the *melachah* could be accomplished in a permissible or at least in an irregular manner, one may not sort in a forbidden manner[2].

במ״ז סק״ב דהי מינייהו אוכל והי מינייהו פסולת, פי׳ כיון שרוצה בשניהם אין כאן הפרדת אוכל מפסולת.

אבל בביה״ל שם ד״ה היו לפניו מוכיח מלשון הרמב״ם בפ״ח מהל׳ שבת שהברירה הוה מה שבורר מין אחד מחבירו ועי״ז הוה כל מין בפני עצמו שזה עיקר המלאכה, ומסיק שם שפשוט שבכה״ג של בורר ב׳ מיני אוכלים כדי לאכול כל מין בפני עצמו לאחר זמן אע״פ שרוצה בשניהם נחשב בורר גמור ואסור.

2. בענין בורר ביו״ט הענין סתום ומסובך מאד, דהנה נפסק בסי׳ תק״י ס״ב שמותר לברור ביו״ט קטניות ורק אסור בנפה וכברה מפני שהם כלים שנעשה בהם לזמן מרובה. והוא באמת משנה מפורשת בביצה (יד:) הבורר קטניות ביו״ט ב״ש אומרים בורר אוכל ואוכל וב״ה אומרים בורר כדרכו... ולא בנפה ולא בכברה. ולעומת זה, ברמ״א סי׳ תק״ו ס״ב הביא בשם המגיד משנה שי״א שאסור ליטול צרור שנפל לקמח. ובאמת כבר עמד בזה הח״א כלל פ״ב ס״ג, ופי׳, שגבי צרור אסור משום דדרכו לברור כן בחול, ע״ש. ומשמע מהח״א שקטניות מותר מפני שעושהו בשינוי בזה שלא בירר בנפה וכברה. ועי׳ בשו״ע הרב סי׳ תק״ו בקונטר״א ס״א שחילק באופן אחרת בין ברירת קטניות לברירת צרור מקמח שקמח הוא דבר שנעשה לזמן מרובה ואין בו היתר מלאכת אוכל נפש כמו קצירה ושאר מלאכות שנעשה לזמן מרובה, אבל קטניות רק עושה לשעתו וממילא רק במינים כזה שנעשה לשעתו מותר לברור ביו״ט, אכן בביה״ל סי׳ תק״ד ד״ה משום הקשה על פירושו מזה שאוסר המ״א בשם המהרי״ל לברור פירורי מצה הגדולים מתוך הקמח שנטחן ממצה שגם זה אינו כמו חיטים שאינו נעשה לזמן מרובה ואפילו הכי אוסר המהרי״ל. ובאמת עוד אינו מבואר, שהרי בסי׳ תק״י ס״ד התיר המחבר ליתן שמרים לסנן ביו״ט במסננת שתלויה מערב יו״ט. ובשלמא לשיטת השו״ע הרב הנ״ל י״ל כיון שזה אין דרכו ליתן לזמן מרובה שפיר דמי. אבל לפי לדעת הח״א קשה, דהלא בורר כאן באופן הרגיל בחול. וכבר עמד בקושיא זו מרן הגרש״ז אויערבך זצ״ל, מובא בהערות לשש״כ פ״ד וכן בספר מגילת ספר עמ׳ נ״ח. [וע״ש מה שחידש עפי״ז].

B) Furthermore, they required that when one is permitted to sort on *Yom Tov* in the regular manner one does so in a way that involves the least amount of *tirchah* / burden.

C) Finally, the Sages forbade using any utensils which give the appearance of sorting a large quantity at one time.

We will now elaborate on these three conditions.

A. Where One Can Sort in a Permissible or Irregular Manner

The general rule on *Yom Tov* is that when a *melachah* is permitted, one is not required to look for a permissible manner in which to perform the *melachah*[3]. However, regarding the *melachah* of *borer* the Sages were more stringent, and in certain

---

והנה המ״ב בסי׳ תק״ו ס״ק י״ב הביא בשם הט״ז שאם נפל זבוב לכוס, שיש ליטול מעט משקה עמו כדי שלא לעבור על מלאכת בורר. וכן הביא שם מהפמ״ג שאם שופך שכר מכוס שיש שמרים למטה לכוס אחרת שיש להניח מעט שכר עם השמרים כדי שלא יעבור על מלאכת בורר. וצ״ע, מ״ש שני דינים אלו מהא דפסק המחבר בסי׳ תק״י ס״ד דמותר לסנן במשמרת [והוא ע״פ משנה דשבת (קלז:)] ולא חיישינן משום בורר כלל.

ותירץ בזה בספר שולחן עצי שיטים, הו״ד בספר שביתת השבת, שהכלל הוא דכל היכא שיש אופן לברור בהיתר ביו״ט לא התירו חז״ל לברור באופן רגיל. וכן האריך על דרך זה בס׳ ברכת יו״ט עמ׳ נ״ג להסביר שיטת הט״ז והמ״ב הנ״ל, שכיון שיש הרבה אופנים לברור בהיתר הצריכו חז״ל שיעשה כן כל מקום שאפשר, ורק כשא״א לברור באופן דהיתר אז מותר לברור ביו״ט באופן של מלאכת בורר, ומקורם בגמ׳ ביצה (כט:) שפסק הרמ״א הנ״ל, דאסור ליקח צרור מקמח, כיון שיש אופן דהיתר, או לנפות שנית או ליקח מעט קמח עם הצרור. ולפי״ז צריך לפרש הא דתנן הבורר קטניות ביו״ט מותר רק שימעט בטרחה, הוא משום דא״א באופן אחר. ועי׳ לקמן הע׳ 6 למה כאן באמת א״א באופן היתר. ומ״מ, מכיון דדברי השולחן עצי שיטים הנ״ל הוא דעת יחיד, א״כ י״ל דכל שיש מקום לומר שאינו בורר גמור, אף דלענין שבת לא סגי, מ״מ לענין יו״ט אין להחמיר, אפי׳ כשאפשר בענין אחר. ועי׳ בספר מגילת ספר הנ״ל שכתב להקל עוד יותר מזה.

3. עי׳ לעיל פ״א הע׳ 1.

situations, required sorting only in a permissible or irregular manner. Below we will give some guidelines as to when the sages required sorting in such a manner[4].

1) Removing *Ochel* / Wanted Items along with *P'soles* / Unwanted Items

Where one has a mixture of *ochel* / wanted items and *p'soles* / unwanted items it is permitted even on *Shabbos* to remove the *p'soles* as long as one removes some *ochel* along with it. This is not considered separating the mixture[5]. An example is removing a small foreign object in a drink or soup. To remove the object alone would constitute the *melachah* of *borer*. It is

---

4. בשו״ע הרב סי׳ תק״י בקונטר״א ס״ב הקשה לפי שיטת הרמ״א בסי׳ תצ״ה, שכל אוכל נפש, שאינו מפיג טעמו אם עושהו מאתמול, דצריך לעשותו מערב יו״ט, א״כ איך הותרה בורר ביו״ט בשום אופן. הלא אם אפשר לו בלא מלאכת בורר, דהיינו דימתין עד זמן אכילה ויברור אוכל מתוך פסולת בענין שאפילו בשבת מותר למה נתיר לו לברור לבו ביום במה שאפשר זולתו כנ״ל. ותירץ, דלא קשה מידי, דודאי מלאכת אוכ״נ הותרה לגמרי ביו״ט כמ״ש הר״ן בפ״ב דביצה, וא״כ לא מהדרינן כלל אהיתירא, והא דכתב הרמ״א הנ״ל דכל שאפשר לעשות מערב יו״ט אסור לעשות ביו״ט, הוא רק מדברי סופרים כדי שלא יניח כל המלאכות ליו״ט שהוא יום בטל ונמצא כל היום עוסק במלאכתו ויבטל משמחת יו״ט כמו שכתב הרמב״ם אבל מה שבלאו הכי עושה ביו״ט אינו צריך לעשות באופן היתר, עכ״ל.

ואגב מבואר דעת השו״ע הרב דבורר וכל מלאכת יו״ט הותרה ביו״ט אפילו אם יש אופן לעשותם בהיתר וכן מבואר דעת הפמ״ג בסי׳ תצ״ח א״א ס״ק כ״ג ובספר מלאכת יו״ט בהשמטת לסי׳ קנ״ח. אבל עי׳ בט״ז סי׳ תק״ו ס״ק ג׳ שכתב לפ״ד המגיד משנה, שיותר טוב לרקד פעם שנית מלברור ביד שטוב יותר לעשות מה שאינו אב מלאכה כשיש לו אפשרות. ומשמע מדבריו שצריך לעשות באופן היתר כשיכול מעיקר הדין (ודלא כהשו״ע הרב). אלא שצ״ע ממה שכתב הט״ז בעצמו בסי׳ תק״י ס״ק ג׳. שכשאין יותר טרחה בברירת מין אחד מחבירו שיכול לברור באיזה אופן שירצה אע״פ שיש אפשרות לברור האוכל מתוך הפסולת שהוא אופן היתר וצ״ע בשיטת הט״ז איך לחלק בין הני שני ציורים.

5. ט״ז סי׳ שי״ט ס״ק י״ג והובא במ״ב ס״ק ס״א וסי׳ תק״ד ס״ק כ׳.

permitted, however, to remove the object if some liquid is removed along with it. On *Yom Tov* the Sages required one to remove some liquid along with the object and not transgress the *melachah* of *borer*[6]. [It should be noted that it is forbidden to remove even part of the *p'soles* by itself, leaving a mixture of *ochel* and *p'soles* or even part of the *ochel* by itself for later use, leaving a mixture of *ochel* and *p'soles*. Only removing *ochel* and *p'soles* together is permitted.][7]

2) A Mixture that is Not Separated Completely

A mixture that has only one point of connection may be separated even on *Shabbos*, provided that it is not separated directly in the middle[8]. An example is a piece of meat that has fat attached. It is permissible to cut off the fat as long as one leaves

---

6. ט״ז סי׳ תק״ו ס״ק ג׳, והובא במ״ב שם ס״ק י״ב.

והנה דין זה צ״ב ממה שהבאנו לעיל, בברירת קטניות דמותר לברור כדרכו ובלבד שממעט בטרחה, דלמה אינו צריך להפריד מעט פסולת עם האוכל, כמו שמבואר כאן. וצריך לחלק ששם יש הרבה פסולת ואם צריך להפריד אוכל עם כל הפסולת יפסיד הרבה מהאוכל, משא״כ כאן דאיירי בדבר מועט, ודו״ק.

7. איתא בירושלמי פרק כלל גדול, א״ר יודן, יש שהוא בורר צרורות כל היום ואינו מתחייב, יש שהוא נוטל כגורורות ומיד יתחייב, היאך עבידה (היכי דמי), ה״ז יושב על גבי כרי ובירר צרורות כל היום אינו מתחייב, נטל לתוך ידו כגרוגרות ובירר חייב עכ״ל. והביאור, דס״ל להירושלמי שכל שלא ״נגמר מעשה הברירה״ אין בו חיוב חטאת. אבל עי׳ בפמ״ג באשל אברהם סי׳ ש״מ ס״ק י״ח שיש עכ״פ איסור דרבנן. וכן כתב בערוך השולחן סי׳ שי״ט סק״ד. [וכל זה בנוטל מקצת מהפסולת, אבל המסיר קצת אוכל ביחד עם הפסולת קיל טפי, דאפי׳ איסור דרבנן ליכא, כמו שכתב הט״ז בדין הנ״ל. והטעם כתוב בס׳ מגילת ספר סי׳ ו׳ אות ז׳, דכשמסיר ביחד אוכל ופסולת אין בו שם מלאכת בורר כלל. (וע״ע בחזו״א סי׳ נ״ג סק״א וסי׳ נ״ד סק״ג מה שהקשה על זה)]. והנה באגלי טל הוכיח שהבבלי שבת ע״ה: וב״ק ס. פליג על הירושלמי הנ״ל ע״ש. וע״ע מנ״ח מצוה ל״ב בקונטרס מוסך השבת, ובאבי עזרי מהדורה חמישה פ״ח מהל׳ שבת הל׳ י״א.

8. מ״ב סי׳ שי״ט ס״ק ס״ב וסי׳ תק״י ס״ק כ״ג וערוה״ש שם סל״ו.

some fat together with the meat. It is also permitted to cut off all of the fat if some meat is removed along with the fat. On *Yom Tov* when one is preparing a platter of meat, the Sages required that the fat be removed in one of these ways so as not to violate the *melachah* of *borer*[9].

Summary

In certain situations the Sages required that we sort in a permissible or irregular manner on *Yom Tov*. Therefore, one should remove some *ochel* along with the *p'soles* when possible. Similarly, a mixture attached only at one point should not be separated completely.

B. Separating with the Least Amount of Burden

In a situation where it is not practical to remove the *p'soles* along with the *ochel*, the *melachah* of *borer* is permitted[10]. However, the Sages still required that one separate in a way that requires the least amount of *tirchah* / burden[11].

---

9. במ״ב סי׳ תק״ו ס״ק י״ב הביא מהפמ״ג כזה לענין שכר, ונראה שה״ה לזה.

10. בסי׳ תק״י ס״ב נפסק דמותר לברור קטניות ביו״ט ובלבד שימעט בטרחא. והנה לכאורה צ״ע, למה אינו מחויב לברור האוכל מתוך הפסולת ביד, לאכול מיד, כיון שזה הוה אופן היתר (אף בשבת), וכבר למדנו שבמלאכת בורר פעמים חז״ל הצריכו לעשות באופן היתר כשיש לזה אפשרות. ובס׳ ברכת יו״ט תירץ שבאופן זה חז״ל לא הצריכו כיון שהרבה פעמים א״א להשאר לברור עד ממש קודם הסעודה ולכך אין זה נחשב בכלל מאופני ההיתר שמחויב לחפש אחריהם. ועי׳ הע׳ 6.

11. ביצה (יד:) במתני׳ הבורר קטניות ביו״ט ב״ש אומרים בורר אוכל ואוכל וב״ה אומרים בורר כדרכו. ובגמ׳ תניא אמר ר״ג בד״א כשהאוכל מרובה על הפסולת אבל פסולת מרובה על האוכל דברי הכל נוטל את האוכל ומניח את הפסולת, (ופריך) פסולת מרובה על האוכל מי איכא מאן דשרי, (ומשני) לא צריכא דנפיש בטרחא וזוטר בשיעורא, ופי׳ רש״י, מי איכא מאן דשרי ואפילו לטלטל, והא

For example, if one has a mixture of nuts and raisins and wishes only to eat the nuts, one should remove the part of the mixture that is the lesser of the two. This is true whether it requires removing the *ochel* or the *p'soles*[12].

However, where the *p'soles* is the lesser part of the mixture but it is also very minuscule, making it difficult to remove, one should take away the *ochel* since it is easier to handle[13]. An example is a mixture involving a large number of string

---

בטלי ליה מיעוטא לגבי רובא והוה ליה ככוליה פסולת ולא חזי. ומשמע מדבריו שכשיש רוב פסולת אסור לברור בכל אופן, ורק כשיש רוב אוכל אלא שהפסולת נפיש בטרחא כגון שהוא דק אז בורר האוכל. וכן פסק הטור שיש למעט בטרחא אבל כשהפסולת מרובה אסור לברור בכל אופן. ולא הבאנו שיטה זו למעלה, כי אין זה דבר מוסכם.

דהנה ברמב״ם פ״ג מהלכות יו״ט כתב, וכן הבורר קטניות ביו״ט בורר כדרכו בד״א כשהאוכל מרובה על הפסולת אבל אם היתה פסולת מרובה על האוכל ד״ה בורר את האוכל ומניח הפסולת. וצ״ל שהרמב״ם פי׳ הגמ׳ באופן בתמיה, שכשפסולת מרובה על האוכל מי איכא מאן דסבר דשרי לברור הפסולת. וכן פי׳ הב״י בסי׳ שי״ט והט״ז סי׳ תק״י סק״ב בדברי הרמב״ם.

והנה לפי דעתו גם כשיש רוב פסולת מותר לברור ויקח האוכל שהוא זוטר בטרחא שבכל אופן יש למעט בטרחא וכמוהו פסק המחבר בסי׳ תק״י ס״ב וכן שאר פוסקים.

12. בתוספת רע״א למשניות ביצה פ״א מ״ח הקשה איך הותר לברור הפסולת מתוך האוכל כשהאוכל מרובה הא הוה הפסולת מוקצה וצריך להיות אסור בטלטול. ותירץ, שמכאן ראיה למש״כ התוס׳ בביצה (ח.) ד״ה אמר, שמותר לטלטל מוקצה ביו״ט לצורך אוכ״נ ושמחת יו״ט. וכן הוא בתוס׳ שם (כח:) ד״ה גריפת. וכן נפסק ברמ״א סי׳ תק״ט.

והקשה בשביתת שבת מלאכת בורר אות כ״א. שהרי התוס׳ בשבת (קמב:) ד״ה שאוכל כבר כתבו שבאוכל מרובה על הפסולת הוה הפסולת כבטל לגבי האוכל ומותר ליטלו בלא טעמא דהיתר מוקצה לצורך אוכ״נ, וא״כ אין ראיה מכאן להיתר לטלטל מוקצה ודאית לצורך אוכ״נ או שמחת יו״ט. ועי׳ גם בחזו״א סי׳ מ״ז ס״ק ט״ו דביאר בדעת התוס׳ הנ״ל שלא חשיב לקיחת פסולת מהאוכל כטלטול מוקצה אלא כתיקון אוכל ולא גזרו חכמים ע״ז משום מוקצה ומותר בשבת ג״כ אע״פ שאין היתר טלטול מוקצה לצורך אוכ״נ, וזהו הטעם דמותר להסיר זבוב או שאר מוקצה מהכוס.

13. שו״ע סי׳ תק״י ס״ב.

beans with a few almond slivers. If one wishes to eat the string beans separately they are considered the wanted item. One must remove the string beans from the almonds even though they are larger in quantity. Since the almonds are small and hard to remove they present the larger amount of *tirchah*.

Where there is no difference in the amount of *tirchah* (i.e., both are of the same amount and size) one may remove whichever one chooses[14].

C. Forbidden Methods of *Borer*

Even though the Torah permitted *borer* on *Yom Tov*, the Sages were stringent and did not allow one to do so in a way that is normally used for separating large amounts, and therefore gives the impression of sorting for long term use. For this reason they prohibited in certain instances, the use of specialized utensils such as a sifter, when it gives this impression[15]. Another forbidden method of *borer* is the use of water for separation, because it also gives the impression of sorting for long term use. Therefore, one is not allowed to place fruit or vegetables that have dirt or stones into a bucket of water to separate them[16]. It is

---

אבל אם הפסולת מרובה והאוכל דק ונפיש בטרחא עי' בשו"ע הרב סי' תק"י
ס"ד שכתב שיש ליקח האוכל אע"פ שהוא נפיש בטרחא. אבל בח"א כלל פ"ב
ס"ב כתב שיש ליקח הפסולת כיון שלעולם הולכים אחר מה שהוא פחות
בטרחא, אלא שכתב שדין זה תלוי במחלוקת רש"י והר"ן איך לפרש מה שכתב
הגמ' לא צריכא דנפיש בטרחא וזוטר בשיעורא, ע"ש.

14. מ"ב סי' תק"י ס"ק ח' ועי' לעיל הע' 6 והע' 10 שביארנו למה אינו צריך
לעשות באופן היתר.

15. מ"ב שם סק"ז בשם המ"א.

16. מ"א שם סק"ד.

permitted, however, to rinse fruit and vegetables under running water[17].

When Specialized Utensils Are Permitted

Where specialized utensils are used to make the sorting process easier, but do not give the impression of separating a large amount at once, they are permitted. For this reason, one is allowed to use a vegetable peeler on *Yom Tov* even though on *Shabbos*, according to most *poskim*, this is forbidden[18]. Similarly, one may pour soup through a strainer to filter what is not wanted since this is normally done for immediate short term use[19].

---

17. במ"ב סי' שי"ט ס"ק כ"ט כתב (לענין שבת) שאסור ליתן מים על תפוחי אדמה כדי להסיר האבק והאפר מעליהם ונלמד ממה שאסור המחבר שם לשרות כרשינים במים כדי להסיר הפסולת שדומה לבורר בכלי.

ומצאתי חילוקי דעות איך להבין דברי המ"ב, אם אסור דוקא כששורה התפוחים במים דומיא לכרשינים או גם כשהדיחם ע"י זרם המים.

בשו"ת אג"מ או"ח ח"א סי' קכ"ה, וכן בקצות השולחן סי' קכ"ה ס"ק ט"ז כתבו שמותר לרחוץ הפירות תחת זרם המים, אמנם רק סמוך לאכילה. ואף שהוא בורר פסולת מתוך אוכל, מ"מ מותר הוא כיון שא"א בענין אחר, דומה להסרת קליפת הפרי. אבל בשו"ת מנח"י ח"ה סי' ל"ח ובשו"ת שבט הלוי ח"א סי' נ"ב ובשו"ת באר משה ח"א סי' ל"ח החמירו גם להדיח פירות תחת זרם המים, יעו"ש.

ובנוגע לדין יו"ט, הנה תנן בביצה (יד:) רבן גמליאל אומר אף מדיח ושולה (כדי לברור). וכתב הב"י מדהשמיטו הפוסקים דין זה ע"כ דס"ל דהת"ק פליג ע"ז וכן הלכה. וכ"כ במ"א סי' תק"י סק"ד. וא"כ משמע שדינו ביו"ט הוא כמו בשבת. אבל בשש"כ פ"ד הע' כ' הביא ממרן הגרש"ז אויערבך זצ"ל דיש להסתפק, שאפשר דרק אסור באופן שעושה לימים רבים, ולא במה שדרך לעשות ליומו. וא"כ בענינינו יש צד יותר להקל ולסמוך על המתירין, בפרט שביו"ט י"ל שרק הוה איסור דרבנן, ולא צריך לעשות מיד קודם אכילה, שהרי בורר ביו"ט מותר גם לבו ביום כמש"כ המ"ב סי' תק"י ס"ק ז' בשם המ"א, וכ"כ בס' הלכות המועדים פ"י ס"ז.

18. שש"כ פ"ד הע' כ"ז בשם מרן הגרש"ז אויערבך זצ"ל.

19. שם סעיף ו'.

Summary

Even when *borer* is permitted, the least amount of *tirchah* should be applied when separating. Therefore, the lesser amount of the mixture should be removed except where the *p'soles* is the lesser part and it is also very minuscule. However, methods of separating that are normally used with large amounts are forbidden even when they require less *tirchah*.

III. Sorting for a Later Time in the Day

When *borer* is permitted on *Yom Tov*, one is not required to sort only for immediate use. Even though on *Shabbos* one may never separate even *ochel* from *p'soles* for use later in the day, on *Yom Tov* it is permitted[20].

---

20. במגיד משנה פ"ג מהל' יו"ט הביא שיטת הרשב"א שמה שאמרו אבל לא בנפה הוא מפני שיש בה בשבת חיוב חטאת ולא רצו להתירה ביו"ט ומתוך זה יצא לו שכל מה שיש בשבת חיוב חטאת כגון בורר להניח לבו ביום אפי' ביו"ט אסור. והמ"מ חולק עליו, וכותב שאין חילק ביו"ט בין בורר לאלתר ובורר לבו ביום והביא ראיה ממה שמותר ליקח פסולת מאוכל אם זה פחות בטרחא אף דבזה ג"כ יש חיוב חטאת בשבת. וע"כ דמלאכת בורר הותרה ביו"ט, וא"כ גם אין צריך לברור דוקא מיד קודם האכילה. וראיתי מי שתירץ להרשב"א, שהרשב"א הולך לשיטתו שפסולת מתוך אוכל אין בו חיוב חטאת (בלי נפה) וא"כ נפל קושית המ"מ ממנו אבל אנן קיימ"ל שיש בו חיוב חטאת. והנה ברמ"א בסי' תק"י ס"ב כותב שמותר לברור אם רוצה לאכלו בו ביום. והקשה במ"א סק"ב שמה חידש לנו הרמ"א בזה הרי אפילו הכנה שאינו מלאכה אסור לצורך מחר? ותירץ שהחידוש הוא שמותר לכתחילה לברור לבו ביום אע"פ שאינו לאלתר כשיטת המ"מ וכן פסק המ"ב שם ס"ק ז'. ועי' בערוה"ש סי' תק"י ס"ו שכתב שירא שמים יש לחוש לשיטת הרשב"א הנ"ל.

IV. Where One was Able to Sort
Before *Yom Tov*

As with all *melachos*, if one is able to prepare the food before *Yom Tov* without it losing any of its freshness, it is required[21]. An example is the preparation of a cucumber salad. Since peeling the cucumbers involves the *melachah* of *borer* and the salad is tastier if made in advance, one is required to make it before *Yom Tov*. Similarly, a mixture of candy that one wishes to sort and serve separately should be sorted before *Yom Tov*.

When this was not done, or where there was no time before *Yom Tov* to prepare it, see Chapter 1 Section V for the permissible manner of preparation.

V. Sifting

Sifting does not fall under the prohibition of *borer* but under its own *melachah* of *mirakaid* / sifting. This *melachah* is similar to *borer* and is forbidden when used with items that are usually prepared in large amounts at one time. Hence, it is prohibited to sift flour on *Yom Tov*[22]. However, flour that has already been sifted, such as regular baking flour, may be sifted again to make it fluffier provided that one uses a *shinui* (e.g. using the sifter upside down)[23]. Still, sifting even a second time with a sifter that has smaller holes than the first one is

---

21. סי׳ תצ״ה רמ״א ס״א, ומפורש כאן במלאכת בורר בשו״ע הרב סי׳ תק״י ס״ה.

22. סי׳ תק״ו ס״ב.

23. שם.

forbidden because it would remove finer impurities that were not caught earlier[24].

VI. *Mitoch*

We have learned in the second chapter that we apply the principle of *mitoch* to certain *melachos*. This means that since the *melachah* is permitted on *Yom Tov* for food preparation, it is permitted for all other *Yom Tov* needs as well. There is doubt however, whether we apply this principle to the *melachah* of *borer*. Therefore it is best to be stringent regarding the sorting of non-food items such as clothing, books, toys, etc.. These items should be sorted only in a way that is permitted on *Shabbos*[25].

VII. Practical Applications

A. Tea bags

Tea bags may be placed in hot water on *Yom Tov* and removed. Furthermore, one may hold it over the cup so that the remaining tea drips into the cup[26].

---

24. מ"ב שם ס"ק י"ד.

25. בישועות יעקב סי' תק"י סק"א כתב שאמרינן מתוך במלאכת בורר אבל בשו"ת באר משה ח"ח סי' ר"ו כתב שכיון שראינו שאפילו באוכלין גופה עשו חז"ל כמה גדרים וסייגים מה להתיר ומה לאסור לכן אין לברור שאר חפצים שאינם אוכלין ממש וכן שמעתי בשם הגרי"ש אלישיב שליט"א שלא אמרינן מתוך במלאכת בורר שרק אמרינן מתוך במלאכות שמותרים ביו"ט לגמרי וכ"כ בס' הלכות המועדים בפ"י סעי' י"א שזהו דעת רוב הפוסקים.

26. שש"כ פ"ד סעי' י"ד.

B. Draining Liquid from Tuna

Tuna fish may be drained of their liquid on *Yom Tov*. The lid of the can may also be used in a way that assists in the draining[27].

C. Straining Soup

Soup may be poured through a strainer to filter out unwanted particles.

D. Dividing Cold Cuts

A platter of cold cuts may be divided into different types for use later that *Yom Tov* day.

E. Perforated Spoon

Salad may be removed from a bowl with a perforated spoon where the liquid is not desired.

F. Meat With Fat

When preparing a meal, fat that is attached to meat should be separated by removing some meat along with the fat or by leaving some fat attached to the meat.

G. Foreign Objects in Liquids

Foreign objects in liquids should be removed from a liquid by removing some of the liquid along with it.

---

27. בקצות השולחן סי' צ"ו בבדי שולחן ס"ק י"ט היתר בשבת לסחוט הלחלוחית
מהדגים רק מיד קודם האכילה. אמנם ביו"ט י"ל שמותר לעשות גם לאחר זמן
כמו שכתב המ"ב בסי' תק"י סק"ז. וכן להשתמש בהמכסה כדי להפריד אע"פ
שהוא כמו כלי לברור י"ל שמותר כיון שאינו נעשה לזמן מרובה, עי' לעיל הע'
מספר 18.

4/ *Tochen* - Grinding

We have previously learned that in order to fully enjoy the *Yom Tov* the Torah permitted certain *melachos* that involve food preparation even though they are forbidden on *Shabbos*. However, the only *melachos* that are permitted are those that are normally done to produce what is needed for one day at a time[1].

The *melachah* of *tochen* / grinding, which includes any form of reducing a substance to small particles (such as shredding, grating, chopping, dicing or mashing), is sometimes done for long term use and at times for that day alone. For example, grinding flour in a mill is usually done for long term use, while grating raw potatoes for a *kugel* is only done immediately prior to cooking. Therefore, the type of grinding will determine whether or not it is permissible[2].

---

1. עי' לעיל פ"א הערה 12.
2. עי' ר"ן ביצה ר"פ אין צדין שהביא מהירושלמי דדריש שלא הותרו מלאכת אוכל נפש ביו"ט אלא ממלאכת לישה ואילך. ומשמע דלהירושלמי הטחינה וכיו"ב אסרו מן התורה. וכתב הר"ן שאין זה דרך גמרתינו, דהא שרינן שחיקת פלפלין וכל הנדכין כדרכן אע"פ שהשחיקה ודאי תולדה דטוחן הוא. ולכן העלה הר"ן שאסרו חכמים המלאכות הנעשית לימים הרבה בקצירה וטחינה וכיוצא בהן, ואף לקיטת פירות הנפסדים כתותים וענבים אסרו לפי שהלכו אחר רובא של לקיטה שאינו ליומא, ואע"פ שהתירו שחיקת הפלפלין ולא הלכו אחר רובא של טחינה, היינו טעמא לפי שאין אותה שחיקה שהוא ליומא נעשית באותו ענין שהיא נעשית לימים הרבה, שזו במדוך וזו ברחיים ואף פלפלין בריחים שלהם אינו כדרך טחינת חיטים לימים הרבה וכו' עכ"ל. וביאור דבריו, שאע"פ שטוחן אסור ביו"ט, כיון שהוא רק איסור דרבנן משום שנעשה לימים הרבה, לכן הני מיני טחינה שאינם לזמן מרובה לא גזרו עליהם אם אינם דומים ממש לטחינה האסורה כגון שזה נעשה ברחיים וזה נעשה בכלי אחר המוכיח עליו שאינו לזמן מרובה.

I. Grinding with a *Shinui*

Even when grinding is permitted, in certain situations the Sages still required that it be done only with a *shinui* (a change in the usual manner of preparation). This applies to foods whose taste would not be impaired if the grinding is done in advance. Furthermore, there is an accepted custom to use a *shinui* on any food whose taste would not be very much impaired if prepared before *Yom Tov*[3]. Therefore, when grinding on *Yom Tov* there are three categories to be considered:

ובפמ״ג ס׳ תק״ד במ״ז ס״ק א׳ הקשה להני שיטות שסוברים שמלאכות שקודם לישה הוה איסור תורה איך הותרה תולדת טוחן כגון לשחוק תבלין ומלח במדוכה, הלא באיסור תורה בודאי גם תולדותיו צריך להיות אסור.

ובקרבן נתנאל בפ״ג דביצה ס״ק ג׳ תירץ שאע״פ שהני מלאכות אסורות מן התורה להסוברים דדרשת הירושלמי מהפסוק ושמרתם את המצות דרשה גמורה היא, מ״מ התורה מסרה לחכמים לקבוע מהי אסורה ומהי מותרת, והם קבעו לאסור רק מלאכות הנעשות לימים רבים וכנ״ל, ולכן שחיקת תבלין ומלח שאינם לימים הרבה כמו שאר טחינה לא אסרו חכמים.

3. מחבר סי׳ תק״ד ס״א, וז״ל ״דכין את התבלין כדרכן שאם ידוך אותם מבעוד יום יפיג טעם אבל מלח אין נידוך ביו״ט אלא ע״י שינוי שאם שחק מבעו״י לא יפיג טעמו״. וכתב ע״ז הרמ״א ״ומיהו נוהגין לשנות קצת בדיכת תבלין״ עכ״ל. ובביאור הגר״א פי׳ טעם המנהג, כדי לחוש לאותן הפוסקים שסוברים שכל שידע שצריך להני תבלין מערב יו״ט אפילו אם יפיג טעם צריך שינוי אלא א״כ מפיג טעם ביותר. ולפי דבריו יוצא, דמנהג זה שהזכיר הרמ״א הוא רק באותן דברים שידע מעיו״ט שיצטרך להם הוא דצריכים שינוי.

אכן במ״א סק״ד הביא בשם הסמ״ג טעם אחר למנהג זה לדוך התבלין בשינוי, שמתוך כך יהיו העם נזכרים שאסור לדוך יותר ממה שצריך ליו״ט. וכ״כ בשו״ע הרב ובחיי״א כלל פ״ג ס״א.

ובמ״ב שם ס״ק י״א כתב שלפי טעם זה, אין חילוק בתבלין בין ידע מאתמול שצריך להם או לא, דבכל גווני בעי שינוי, ולפ״ז מן הסברא הוי ראוי לומר שלמנהג זה יש להחמיר אפילו בדברים המפיגים טעמם ביותר שצריכים שינוי, אלא דהביא שם מחדושי רעק״א שאפילו לפי המנהג הזה אין צריך לשנות בדברים המפיגים טעמם ביותר.

A) Foods that would not suffer a loss of their taste, if ground in advance.

B) Foods that would lose some of their taste, if ground in advance.

C) Foods that would lose a lot of their taste, if ground in advance.

A. Foods That Would Not Suffer a Loss of Taste

Foods that normally are ground for short term use that would not lose any of their taste if prepared in advance should be ground before *Yom Tov*. An example is grinding nuts to put on a cake or ice cream. Since nuts do not lose any of their taste, they should be prepared in advance[4]. If this was not done, they may be ground on *Yom Tov* using a *shinui*. For example, if the nuts are normally ground into a bowl, they should now be ground onto a paper towel or directly onto the table. However, one should not intentionally leave the grinding for *Yom Tov* even if a *shinui* will

---

4. רמ״א בס׳ תצ״ה ס״א וז״ל ״ויש מחמירין אפילו באוכל נפש עצמו כל שאינו מפיג טעם כלל אם עשאו מערב יו״ט לעשותו קודם יו״ט מיהו אם לא עשאו מעיו״ט מותר ע״י שינוי״. והנה מקור לדין זה הוא מהגמ׳ ביצה (יד.) שמלח אסור לדוך כדרכו משום שאינו מפיג טעמו ואפשר לדוכו מערב יו״ט. והסמ״ג, הובא בב״י ס׳ תצ״ה, למד בזה, שאע״פ שאוכ״נ שאינו מפיג טעם היה צריך לעשותו מערב יו״ט מיהו ע״י שינוי מותר גם ביו״ט.

אכן במהרי״ל ובאו״ז, הובא בדרכי משה שם, סוברים שאוכ״נ שהי׳ אפשר לעשותו מעיו״ט, אם לא עשה, אסור ביו״ט אפילו ע״י שינוי, ואע״פ שבמלח מהני שינוי, צ״ל כמו שתירץ הבה״ל שם ד״ה מיהו, שמשום שא״א לאכול תבשיל בלא מלח הקילו חכמים, אבל בשאר דברים גזרו אפילו ע״י שינוי. ולדינא, יש לחוש לכתחילה לדעת האוסרים ואין להניח דברים אלו לעשותם ביו״ט ע״י שינוי, אבל בדיעבד אם לא עשה מעיו״ט יש לסמוך על המתירים לעשותם ביו״ט ע״י שינוי.

be used[5]. Furthermore, when grinding is done on *Yom Tov*, care should be taken only to grind what is needed for that day alone.

B. Foods That Will Lose Some of Their Taste

Foods that are ground for short term use that would not taste as well if they were ground before *Yom Tov*, may be ground on *Yom Tov* itself. However, the accepted custom is to grind them only with a *shinui*[6]. For example, it is permitted to grate horseradish on *Yom Tov* since it loses its sharpness over time. However, since it does not lose its taste completely, the accepted custom is to use a *shinui*[7]. Therefore, one should not grate directly into a bowl if that is the normal manner, but onto a paper towel. Alternatively, the grater may be turned upside down[8].

C. Foods That Would Lose a Lot of Their Taste

Any food that would lose a lot of its taste if prepared in advance may be ground on *Yom Tov* in its regular manner. For example, it is permitted to dice vegetables for a salad since if this was done before *Yom Tov* the vegetables would lose a lot of their

---

5. ביאור הלכה סי' תצ"ה ד"ה מיהו וכו' כנ"ל בהע' הנ"ל.

6. רמ"א סי' תק"ד ס"א.

7. במ"א בסי' תק"ד ס"ק ז' כתב דתמכא, שקורין קרי"ן, אסור לגררו ביו"ט כיון שהדרך לגרר הרבה לב' או ג' ימים ע"ש, וכ"כ בשו"ע הרב. אבל בח"א כלל פ"ג ס"ג התיר לגרור תמכא על רי"ב אייזי"ן, ורק כתב שצריך לעשותו בשינוי. וכן התיר בא"ר. וע' במ"ב ס"ק י"ט שהכריע לקולא כהני פוסקים. ובשעה"צ שם ס"ק ל"ג פי' שצריך שינוי, חדא משום שיש אוסרים בכל אופן כיון שנעשה לזמן מרובה, ועוד, דאפילו להמתירין הלא הרבה פעמים אינו מפיג טעם כשמכסין אותו היטב. ולפי זה י"ל שאינו רק מדין מנהג לעשות בשינוי משום שמפיג רק קצת טעם אלא שהוא מעיקר הדין כמו מלח שאינו מפיג טעם כלל.

8. בשו"ע הנ"ל כתב להטות המכתשת או שידוך בקערה. ובח"א כלל פ"ג ס"א הוסיף שאם טוחן על מפה או על השולחן גם זה נחשב שינוי.

crispness[9]. Similarly, it is permitted to mash a banana in the regular manner, even though on *Shabbos* some *poskim* forbid this[10].

Summary

It is permitted to grind foods on *Yom Tov* that will lose their taste if ground in advance. There is a distinction, however, between foods that will lose only some of their taste and those that will lose a lot of it. With foods that only lose some of their taste the accepted custom is to grind them on *Yom Tov* using a *shinui*. Those foods that lose a lot of their taste may be ground in the regular manner. Foods that will not lose their taste at all should be ground before *Yom Tov*.

II. Specialized Grinding Utensils

The use of a utensil made expressly for grinding, such as a grater, is prohibited on *Shabbos* even in cases where the *melachah* of grinding does not apply[11]. For this reason, it is forbidden to grate cheese with a grater on *Shabbos* even though the *melachah* of *tochen* only applies to foods that grow from the ground. On *Yom Tov*, specialized grinding utensils may be used for any type of food. However, the Sages forbade grinding with any utensils that are normally used for long term preparation even though they are now only being used for the short term.[12]

9. מ"ב סי' תק"ד ס"ק י"ט בשם הרשב"א. וכן הובא בח"א.

10. שמירת שבת כהלכתה פ"ז ס"ב.

11. שו"ע או"ח סי' שכ"א ס"י.

12. בביאור הגר"א סי' תק"ד ס"א כתב, אע"ג שאמרו בירושלמי השום
והשחליים והחרדל נידוכין כדרכן מ"מ ברחיים אסור משום עובדין דחול וכ"כ

A. Permitted Grinding Utensils

Special grinding utensils, such as a grater and a potato masher may be used on *Yom Tov* since they are normally used for short term preparation. However, a *shinui* is required for all foods that would lose only some taste if prepared in advance. This is true even for foods such as fish and cheese, which do not fall under the prohibition of grinding[13]. In a situation where a lot of the food's taste would be lost if ground in advance (i.e. diced vegetables) a *shinui* is not required even when using a specialized grinding tool, and even on foods that grow from the ground[14].

הפמ״ג מ״ז סק״א שאסור להשתמש ברחיים אפילו לדברים שנידוכין ביו״ט משום דהוי עובדא דחול. ואין לומר שכוונתם הוא לכל מיני כלים שהרי כתב השו״ע שמותר לדוך התבלין במדוכה אלא כוונתם לכלים הנעשה לזמן מרובה כמו רחיים.

13. ברמ״א בסי׳ תקי״ד סעי׳ ג׳ כ׳ ״מותר לגרור גבינה ביו״ט על הכלי שהוא מורג חרוץ (רי״ב אייז״ן) מיהו צריך שינו מעט״ עכ״ל, והקשה על זה בפמ״ג מ״ז שם סק״א דבכלל לא שייך איסור טחינה בדבר שאינו מגדולי קרקע, כמבואר באו״ח סי׳ שכ״א ס״ט (ועי׳ מ״ב שם ס״ק ל״א), וכיון שגבינה אין גידולו מן הארץ למה צריך לגרור דוקא ע״י שינוי. ותי׳ דע״כ מבואר כאן בהרמ״א שצריך שינוי מטעם השתמשות במורג חרוץ דהוה עובדין דחול.

אלא דשוב הק׳ לפ״ז על מש״כ הרמ״א אח״כ, שמותר לטחון מצה במורג חרוץ בלא שינוי משום דאין טחינה אחר טחינה, דאכתי גם בזה משתמש בכלי זה שיש בו משום עובדין דחול (ומאי שנא היתר דאין טוחן אחר טוחן מהיתר דאינו גידולו קרקע). והניח בצ״ע. ובס׳ מועדי ה׳ אות נ״ז הביא בשם הגר״נ קרליץ שליט״א לתרץ שכיון שיש מחמירים שסוברים דיש טחינה גם בדבר שאין גידולו מן הארץ לכך החמיר הרמ״א להצריך שינוי. ועדיין אינו מובן, דהלא קיימ״ל שלטחון במזלג מותר בהני דברים אפילו בשבת בלי שינוי, ואיך פי׳ שהחמיר מטעם זה במורג חרוץ?

ובספר פסקי תשובות ס׳ תק״ד הע׳ 19 כתב שהרמ״א צירף הני ב׳ טעמים של עובדין דחול ויש טחינה בדבר שאינו מגדולי קרקע ומטעם זה הצריך שינוי בגבינה, ולא במצה שכבר נטחן שלכו״ע אין בו איסור טחינה.

14. מ״ב סי׳ תק״ד ס״ק י״ט.

An exception to these rules is a food that has already been ground and then reconstituted, such as *matzoh*. These foods do not fall under the prohibition of grinding at all and may be ground again with a specialized utensil without a *shinui*, even if they would not lose their taste[15].

B. Forbidden Grinding Utensils

Even foods that may be ground on *Yom Tov*, may not be ground in utensils that are normally used for large quantities. For this reason, it is always forbidden to grind in a mill on *Yom Tov*. Similarly, the use of a commercial grinder is never permitted. Regarding a household grinder, there is a question as to whether it is permitted to be used on *Yom Tov* since it is similar to a commercial grinder but is used on a smaller scale. It is, therefore, best not to use it on *Yom Tov*. However, foods that do not fall under the prohibition of grinding on *Shabbos* (e.g. meat and eggs) may be ground in a household grinder if necessary, but only with a *shinui*. Foods that were ground and reconstituted may be ground again in a household grinder even without a *shinui*[16].

---

15. רמ״א שם ס״ג וע׳ הע׳ 13.

16. בשו״ע ס׳ תק״ד ס״א כתב שאסור לשחוק פלפלין וחרדל ברחיים שלהם משום דהוי עובדין דחול. ומשמע אף אם עושה רק מעט ברחיים שיש לו בביתו ג״כ אסור. והנה בשע״ת הביא משו״ת פנים מאירות ח״ב ס׳ מ״ד וכן מספר מחזיק ברכה בשם המור וקציעה בענין טחינת קווי לחלק בין רחיים של כל איש בביתו שבדרך כלל נעשה רק למה שצריך לבו ביום ומותר ובין רחיים של חנוני שנעשה הרבה לזמן מרובה ואסור. וע׳ בשו״ת יביע אומר ח״ד ס׳ מ״ה ובשו״ת אז נדברו ח״ח ס׳ נ״ד ובשש״כ פ״ז ס״ז שהתירו מטעם זה להשתמש ברחיים של כל איש בביתו לטחון שם דברים שרק עושה בדרך כלל מה שצריך לבו ביום ואינו דומה לפלפלין ברחיים שלהם כמו שחילק בביה״ל ד״ה ואין וכו׳ שאפילו טחינת מעט פלפלין מספיק לזמן מרובה מחמת מרירותן. ואע״פ שיש הרבה חולקין על היתר טחינת קווי ברחיים ביתית, ע׳ במחצה״ש ס״ק ד׳, ובח״א כלל

46 CHAPTER FOUR

Summary

The use of a specialized grinding utensil is permitted on *Yom Tov* if it is a utensil that is not usually used for large amounts. However, all foods that would not lose a lot of their taste if prepared in advance need to be prepared using a *shinui* when using such a utensil. This is true even for foods to which the *melachah* of *tochen* does not apply. The exception is foods that were ground and then reconstituted.

Below is a partial list of foods that do not need a *shinui*

1. potatoes[17]
2. bananas[18]
3. matzo[19]
4. apples[20]
5. onions[21]
6. vegetables for salad[22]

פ״ג ס״ב ובערוה״ש ס״ג, מ״מ בשש״כ הביא בשם מרן הגרש״ז אויערבך זצ״ל שדי לנו אם נחמיר בדיעבד בדברים שיש בהם איסור טחינה כמו גידולי קרקע, אבל בדבר שאינו גידולי קרקע או שכבר נטחן יש להקל, אלא דלכתחילה חשש לעשותו מעיו״ט אם אפשר. וע׳ בספר ארחות רבינו ח״ב עמ׳ ק״ו שכ׳ שהחזו״א החמיר שלא להשתמש בו כלל.

17. בשש״כ פ״ז ס״ב ובספר ברכת יו״ט עמ׳ מ״א הקילו בזה בלא שינוי, וכ״כ בשו״ת אז נדברו ח״ח סי׳ נ״ד, אלא שבתפוחים מבושלים מצריך שינוי משום שאינו מפיג טעם, אבל בשו״ת להורות נתן ח״ג סי׳ כז, וכן בשו״ת באר משה ח״ח סי׳ ר״ה, החמירו להצריך שינוי גם בזה.

18. שש״כ פ״ז ס״ב.

19. רמ״א ס׳ תק״ד ס״ג.

20. שש״כ הנ״ל, ספר ברכת יו״ט עמ׳ מ״א.

21. שש״כ הנ״ל.

22. מ״ב סי׳ תק״ד ס״ק י״ט.

Below is a partial list of foods that need a *shinui*.

1. pepper (spice)[24]
2. cheese on a grater[25]
3. horseradish[a] [26]

The following should be prepared before *Yom Tov*.

1. nuts[27]

---

[a] *Even though grinding is sometimes permitted on Yom Tov, on Shabbos it is always forbidden. Therefore, when Pesach falls on Shabbos it is forbidden to grind horseradish for the seder. One must remember to prepare this, and anything else that must be ground, before Shabbos.*

---

23. עי' לעיל הע' 13
24. רמ"א סי' תק"ד ס"א.
25. רמ"א שם ס"ג.
26. מ"ב שם ס"ק י"ט.
27. שש"כ פ"ז ס"ד.

5/ *Losh* - Kneading

In this chapter, we will discuss the *melachah* of kneading as well as two rabbinic prohibitions that commonly occur together with it. They are measuring the ingredients and the separation of *challah*. Both, as described below, are permitted in certain situations.

I. The *Melachah* of Kneading

We learned in the first chapter that the Torah permits the *melachah* of kneading to enhance one's *Yom Tov* meals with freshly baked food. This *melachah* includes not only kneading dough but also any form of combining small particles together by using a binder.

We will see, therefore, that many items that may not be prepared at all on *Shabbos*, or items that may not be prepared in their regular manner on *Shabbos*, are permitted to be prepared on *Yom Tov*.

A. Kneading on *Shabbos*

There are two separate aspects involved in the *melachah* of kneading on *Shabbos*. One, the mere combining of the particles with a binder and, two, mixing the two together to blend them into one.

Each of these processes alone are prohibited on *Shabbos*. However, in certain cases they are permitted, if done with a *shinui* (a variation in the standard method of preparation). By doing so, it is considered as though one is not doing the actual *melachah*.[a, 1]

B. Kneading on *Yom Tov*

Since the *melachah* of kneading is permitted on *Yom Tov* even those foods that one is forbidden to prepare on *Shabbos* or those that require a *shinui*, may be prepared on *Yom Tov* in their normal manner[2]. Below are some common examples.

Egg Salad and Tuna Salad: These salads may be prepared on *Shabbos* provided one uses a *shinui* to combine them and also another *shinui* to mix them if oil is used. If mayonnaise is used a shinui is required only in the mixing. On *Yom Tov*, however, they may be prepared in their normal manner.

Instant Potatoes: On *Shabbos* it is forbidden to prepare instant potatoes even with a *shinui* since they combine completely as soon as the water is added even before being mixed. On *Yom Tov* this too is permitted.

[a] *Note: Not every change in the method of preparation qualifies as an acceptable shinui. One must learn the halachos of Shabbos to be familiar with what type of shinui is acceptable.*

---

1. עי׳ שו״ע סי׳ שב״א סעי׳ י״ד- ט״ז.

2. בר״ן ר״פ אין צדין הביא הירושלמי שכתב מניין שאין טוחנין ולא מרקדין רבי יוסי בשם ר״ל אומר אך אשר יאכל לכל נפש הוא לבדו יעשה לכם מן ושמרתם את המצות כלומר מלישה ואילך למעט טחינה והרקדה וכ״ש קצירה ודישה עב״ל. פי׳, איזה מלאכות מותרים ביו״ט, אותם שבמצה צריך שימור מחמץ, וזהו מלישה ואילך, ואותם מלאכות מותרות ביו״ט לצורך אוכ״נ. וכ״כ הרמב״ם להדיא בפ״א מהל׳ יו״ט הי״ח והחינוך במצוה רח״צ שלישה מותרת ביו״ט.

Baby Cereal: On Shabbos, only in case of necessity is it permitted to prepare a thick mixture using the proper *shinuim*. On *Yom Tov*, however, any type of texture may be prepared even without the use of a *shinui*.

C. Foods Whose Taste Will Not Be Impaired

As with all *melachos*, if the kneading can be done before *Yom Tov* without any loss of flavor, one is required to do so. If one did not intend to make these foods before *Yom Tov* (or if an unexpected situation arose preventing the preparation of these foods beforehand) they may be prepared on *Yom Tov* in their regular manner. Otherwise, they may be prepared only with a *shinui*[3].

Therefore, foods such as instant pudding, which involve the *melachah* of kneading[4], should be prepared before *Yom Tov* since there is no loss of taste by its being refrigerated.[5] (See Chapter 1, Section V for more details regarding foods that should be prepared before *Yom Tov*.

Summary

The *melachah* of kneading is permitted on *Yom Tov*. Therefore any food which would lose some of its taste if prepared before *Yom Tov* may be kneaded in the regular manner.

3. רמ"א סי' תצ"ה סי"א, וע"ש במ"ב.

4. שו"ת אג"מ או"ח ח"ד סי' ע"ד אות ז'.

5. הגאב"ד דעברעצין שליט"א, מובא בספר פסקי הל' יו"ט סימן ל' אות י"ב.

II. Measuring

Our Sages prohibited measuring items on *Shabbos* and *Yom Tov* because it gives the appearance of doing so for business purposes. This prohibition is also extended to measuring the exact amount of ingredients for a recipe, even though this is only done for cooking.

Therefore, one should use only an estimated amount.[6] However, the use of a measuring cup itself to transfer the ingredients is permitted, so long as it is not filled to the exact measure. Rather it should be filled a little more or a little less than needed[7].

Only where estimating will have significant effect on the food (e.g. concentrated spices) is it permitted to measure the exact amount needed even on *Yom Tov*[8]. This is provided, however, that one always measures exactly when using these spices[9].

Summary

Measuring is forbidden on *Yom Tov* unless it will have a significant effect upon the food being prepared.

---

6. שו״ע סי׳ תק״ו ס״א.
7. מ״ב שם סק״ג.
8. בשו״ע סי׳ תק״ד כתב שמותר למדוד תבלין ליתן בקדירה בשביל שלא יקדיח תבשילו, פרוש שמודד כדי שלא יתן יותר מדי שלא ישרפו ויקלקלו. וכלשון הזה כתוב בשו״ע הרב שם ס״ט ובמ״ב ס״ק כ״א ומשמע דדוקא אם יקדיח תבשילו נחשב כ״כ צורך שמותר למדוד ביו״ט, אבל במ״א סי׳ תק״ו סק״א כתב בשם הרא״ש שאין מודדין קמח כיון שאינו צורך קדירה הוא שלא ״יפגום״ תבשילו. ונראה מלשונו שלאו דוקא אם ״יקדיח״, אלא שה״ה אם ״יפגום״ טעמו. וכ״כ בערוה״ש שם ס״ז שמותר למדוד כדי שלא יקלקל טעמו. ואפשר שזהו ג״כ כוונת השו״ע והמ״ב שכתבו בסי׳ תק״ו סק״א שאסור למדוד קמח כיון שהפת לא יתקלקל.
9. מ״ב ס״ק כ״ב.

III. Separating *Challah* From Dough

There is a rabbinic prohibition to separate *challah* from dough or bread on *Shabbos* and *Yom Tov*.

There are two reasons given for this. One, it is similar to giving something to *hekdesh*, which is forbidden on *Shabbos* and *Yom Tov*.

Two, it appears as though one is "fixing" the dough. This is because the dough is *tevel* until the *challah* is removed, and removing the status of *tevel* is considered "fixing" the dough.[10]

This prohibition, however, only applies to dough that was made before *Yom Tov*, since the separating of *challah* could have been done beforehand. However, where the dough is kneaded on *Yom Tov* itself, *challah* may be removed. Since the Torah permitted baking on *Yom Tov* in order to have fresh bread, for that very same reason the Sages likewise permitted on *Yom Tov* the separating of *challah*[11].

A. Dough That Was Kneaded on *Yom Tov*

As mentioned above, when dough is kneaded on *Yom Tov* *challah* may be removed in the normal manner. However, while the usual custom is to burn the *challah*, on *Yom Tov* itself this is not allowed as this is considered a *melachah* that is not necessary for this day of *Yom Tov*[12].

Additionally, the dough that is removed is considered *muktza* and as such should not be moved about. Therefore, when removing *challah* care should be taken not to put down that piece

---

10. מ"ב סי' תק"ו ס"ק י"ז.

11. שם.

12. שו"ע שם ס"ד.

of dough, since afterwards it may not be moved. As long as it is still in one's hand, however, it may be carried to any desired location where it will remain until after *Yom Tov* when it will be burned[13].

B. Dough That Was Kneaded Before *Yom Tov*

If the dough was made before *Yom Tov*, *challah* may not be taken on *Yom Tov*[14]. For example, if one realized on *Yom Tov* that *challah* was not removed from the bread baked beforehand, it may not be removed on *Yom Tov*.[b]

Since the obligation occurred before *Yom Tov*, the Sages did not permit one to separate *challah* on *Yom Tov*.

Therefore, the *halachah* is as follows:

Outside the land of Israel, where the *mitzvah* of *challah* is only a rabbinic decree, one may eat from the bread even before *challah* is taken. This is provided he leaves a little more bread than he plans to remove for the *mitzvah* of *challah*. After *Yom Tov* is over he should separate *challah* from the part which was left and burn it[15].

[b] *NOTE: This halachah applies to Shabbos as well as Yom Tov.*

---

13. מ"ב שם ס"ק כ"ט. והנה יש להקשות שבסי' ש"ח ס"ק י"ג הביא המ"ב בשם האבן העוזר וספר דרך החיים ושאר אחרונים שרק אומרים היתר זה (שאם הדבר המוקצה עדיין בידו שיכול להניחו באיזה מקום שירצה) במוקצה דכלי שמלאכתו לאיסור, אבל בדבר שהוא מוקצה מחמת גופו לא אמרינן כן. וכן כתב בסי' רס"ו בביה"ל ד"ה יכול.

ותי' בשש"כ פ' י"א הע' ס"ו בשם הגרש"ז אויערבך זצ"ל, דכיון שתחילת הנטילה היתה בהיתר גמור, שהרי אינו מוכרח לקרוא שם חלה דוקא על החלק הזה שהוא אוחז בידו ממילא כו"ע סברי שמותר לטלטלו ולהביאו לאיזה מקום שירצה. וע"ע שם בחלק ג' במבוא להל' שבת.

14. שו"ע שם ס"ג.

15. רמ"א שם ס"ג.

In the land of Israel this solution is not sufficient. There the separation of *challah* is a Torah obligation and one may not eat first and separate later[16]. The only solution is when one also wishes to bake fresh bread on *Yom Tov*. This is permitted either if more is needed or if one wishes to enjoy freshly baked bread.

Now, since it is permissible to separate *challah* from bread baked on *Yom Tov*, one could have in mind that it should also be *challah* for the bread baked beforehand[17]. However, in most cases the new dough alone will not provide a sufficient amount to require one to take *challah* unless it is combined with the older bread to meet the required amount. Therefore, since the obligation to take *challah* partly comes about because of the bread baked before *Yom Tov*, some authorities forbid taking *challah* in such a case. Therefore, this leniency may only be relied upon in a case of necessity[18].

Summary

It is forbidden to remove *challah* on *Yom Tov* from bread or dough that was made before *Yom Tov*. Therefore, one who lives outside of Israel may eat from the bread and leave over a little from which to separate *challah* after *Yom Tov*. In the land of Israel however, the only alternative in an emergency is to bake fresh bread and separate *challah* from the new for the old as well.

---

16. מ"ב ס"ק כ"א.

17. רמ"א שם.

18. מ"ב שם ס"ק כ"ו.

IV. Practical Applications

A. Kneading on *Yom Tov*

It is permitted to prepare on *Yom Tov* foods such as egg salad, tuna salad, and baby cereal in any manner even though at times this can involve the *melachah* of kneading.

B. Measuring Ingredients

It is only permitted to measure the exact amount of an ingredient for a recipe if it will have a significant effect on the food and one always measures exactly. Otherwise one may only estimate.

C. Separating *Challah*

It is permitted to separate *challah* from dough that was kneaded on *Yom Tov* but not from dough that was kneaded before *Yom Tov*.

6/ *Bishul* - Cooking

The Torah teaches us that all forms of constructive labor are forbidden on *Yom Tov* just as they are forbidden on *Shabbos*. However, that which is normally needed for food preparation is permitted. Therefore, all forms of cooking (i.e. roasting, baking, frying, etc.) are permitted on *Yom Tov*. Below we will explain some common *halachic* questions that arise when cooking on *Yom Tov*.

I. Permitted Only for That Day's Use

As with all *melachos* that are permitted on *Yom Tov*, cooking too is only permitted for that day's use. It is forbidden to cook food that will not be needed until the next day. This is true whether the next day is *chol*, the second day of *Yom Tov*, or even the second day of *Rosh Hashanah*.[1]

---

1. בשו"ע סי' תקי"ג ס"א כתב אסור לבשל או לאפות ביו"ט לצורך מחר ואפילו בב' ימים של ראש השנה. ומבואר דאע"פ ששניהם יו"ט הם מ"מ אסור לבשל מא' לחבירו, דשני ימי יו"ט הוא מטעם ספק, וודאי אחד מהם חול ולכן אסור לבשל מראשון לצורך שני שהרי הוא כמבשל לצורך חול. וגם בב' ימים של ר"ה אמרינן כן, ואע"פ שבסי' תקי"ג ס"ה כתב המחבר שביצה שנולדה ביו"ט ראשון מותרת ביו"ט שני של גליות ממ"נ, (שאם הראשון קודש השני חול והביצה מותרת (דאין איסור בחול) ואם הראשון חול הרי שנולד הביצה בחול ומותרת למחר ביו"ט), אבל בב' ימים של ר"ה אסורה, שהרי הוא כיומא אריכתא וקדושה אחת הן. ומבואר שרק בשאר ימים טובים הוה ב' הימים מטעם ספק משא"כ בר"ה הוה קדושה אחת כמו שכתב ברש"י ביצה (ד:) ד"ה אסורה בזה וא"כ מן הראוי לומר שמותר לבשל ביום ראשון דר"ה ליום שני דר"ה. ותי' המ"א בסי' תקי"ג סק"א שרק לחומרא אמרינן ששני ימים דר"ה קדושה אחת הוי ולא לקולא.

We will see below, however, that there are instances where one may cook more than what is needed for that day alone.

II. Cooking That Could Have Been Done Before *Yom Tov*

As with all permitted *melachos* of *Yom Tov*, if one could have done the *melachah* beforehand, without the food losing any of its flavor, one is required to do so[2]. For example, if one wishes to make jello or cook a loaf of fish that will then

---

אלא שעוד אינו מיושב שהרי בסי׳ תק״מ ס״ב בענין עירובי תחומין הביא המחבר לשון הרמב״ם (הל׳ עירובין פ״ח ה״ח) שהמערב לב׳ ימים טובים של גליות אע״פ שעירב לרוח אחת לב׳ ימים צריך העירוב להיות קיים בביהש״מ של יום שני, ודייק המ״א שם סק״א שזהו דוקא בשני ימי שאר ימים טובים אבל בר״ה שאני, דאע״פ שנאכל ביום ראשון מהני לשני בשביל שהוא יומא אריכתא. והקשה על זה המ״א שא״כ מוכח שאמרינן שהוא קדושה אחת גם לקולא וא״כ למה אסור לבשל מיום ראשון דר״ה לשני. ובביאור הגר״א סי׳ תק״ג כתב שאה״נ, שלפי שיטת הרמב״ם, וגם הרשב״א כמ״ש המ״מ שם, מותר לבשל בר״ה לצורך יום השני, אלא שהמחבר לא פסק כמותם. והקשה בביה״ל שם ד״ה ואפילו וכו׳ על דברי הביאור הגר״א, דאיך התיר לבשל מיום ראשון לשני עכשיו שבקיאים אנו בקביעא דירחא והרי לדידן יום ראשון עיקר הוה ונמצא שמבשל ביו״ט לצורך חול. ותירץ שצ״ל שרק מותר באופן שהיה זמן ביו״ט כדי ליהנות ממנו ומותר מן התורה מטעם הואיל ורבנן התירו מטעם יומא אריכתא משא״כ בשאר ימים טובים.

אבל במ״א כתב שאפילו לדעת הרמב״ם שהקיל בענין עירוב בר״ה מ״מ אסור לבשל מיום ראשון לשני כיון שהראשון עיקר ורק לענין עירוב אמרינן ממ״נ שאם יום שני חול הוא אין צריך עירוב. וביאור דבריו, כ׳ המחצה״ש, שבאמת אנו בקיאים בקביעא דירחא ויום ראשון עיקר אלא שחוששין למנהג אבותינו וא״כ ממ״נ אם הוא רק יום ראשון אז השני חול וגם לפי המנהג אין צריך עירוב כיון שהוא יומא אריכתא משא״כ בשאר ימים טובים לפי מנהג אבותינו הוה ספק שמא השני קודש וצריך עירוב לעצמו, משא״כ בבישול צריך לחוש לזה שהראשון עיקר והוה מבשל לצורך חול. וכן פי׳ בפמ״ג שם.

2. רמ״א סי׳ תצ״ה ס״א.

be refrigerated before being served it should be prepared before *Yom Tov*. Since both of these foods will taste the same if they were made beforehand and then refrigerated, one should not prepare them on *Yom Tov* itself. In a situation where one did not have the time, see Chapter 1 Section V for the permissible way to prepare these foods on *Yom Tov*.[3]

Most cooked or baked items, such as a roast, will obviously taste better if made fresh and are permitted to be made on *Yom Tov* itself.

III. Extra Portions

When one is preparing a meal on *Yom Tov* it is not necessary to calculate the exact number of portions needed. Rather, it is permitted to prepare extra portions as one would normally do when preparing any *Shabbos* or *Yom Tov* meal to be sure that there will be enough for second helpings[4]. For example, one who is making chicken for six people may prepare nine portions. Furthermore, even if one knows for sure that the amount is more than is needed, it may still be cooked so that guests will feel there is enough[5].

---

3. כבר כתבנו לעיל שרק במקום אונס מותר להכין ביו"ט בדרך רגיל אם לא הכין מערב יו"ט אבל אם רק שכח או שלא הספיק הזמן צריך לעשותו ע"י שינוי. ויש לעיין איזה שינוי שייך במבשל. ועי' בח"א כלל פ"ה ס"ז בענין עשיית ורמזלין (שקורין לאקשי"ן) שאם רגיל לעשותו על השולחן שיש לעשותו עכשיו על מפה. וכן כתב הפר"ח בסי' תצ"ה. ומשמע שמספיק בשינוי באופן ה"עשיה" ואין צריך לשנות דוקא במעשה ה"מלאכה". ובאמת גם במלאכת טחינה חזינן כזה, שאם דרך לטחון בקערה יעשה על השולחן, והיינו ג"כ שאינו צריך שינוי דוקא בעצם המלאכה. וכן שמעתי מהגאון רח"פ שיינברג שליט"א.

4. כן משמע בסי' תק"ג בביה"ל ד"ה ביו"ט, ומפורש בשו"ת באר משה ח"ח סי' קע"ז וסי' ק"פ.

5. שמעתי בשם מרן הגרי"ש אלישיב שליט"א.

Summary

It is permitted to cook on *Yom Tov* only for that day. However, food whose taste will not change should be prepared before *Yom Tov*.

When preparing a *Yom Tov* meal one is not required to calculate the exact number of portions, but may prepare what is usually made for a festive meal.

IV. *Marbeh B'shiurim* / Extra Amounts

A. Definition

We learned that it is permissible to cook only what is needed for that day of *Yom Tov* itself. However, under certain conditions it is permitted to cook for the next day as well. This is based on a principle known as *marbeh b'shiurim* / extra amounts. This means that when doing a *melachah* in a permissible manner (i.e. cooking food that will be eaten on that day) one may add to the amount needed even those items that would not ordinarily be permissible (i.e. food for the next day) provided that two conditions are met: 1) the actual *melachah* (in this case, cooking) must be done at one time and 2) there is no extra effort involved in adding the forbidden amount (i.e. food for the next day)[6]. (Note: This principle only applies to *Yom Tov*. On *Shabbos* even when cooking is permitted such as for someone with a life threatening illness, it is forbidden to add extra amounts to what is needed.)[7]

---

6. שו"ע סי' תק"ג ס"א וב'.
7. עי' פ"ב הער' 26.

1) The *Melachah* Must be Done at One Time

Whenever it is permitted to do a *melachah* in a larger quantity than needed for that day, it is only permitted if the entire *melachah* is done at once[8]. For example, if one wishes to cook a pot of meat to be eaten the same day, one may put as much meat as one wishes into the pot, provided it is done before the pot is placed on the flame. Since placing the pot on the fire is the actual *melachah* of cooking and it is being done in one permissible act, the fact that one put in extra pieces beforehand, does not constitute a forbidden *melachah*[9].

---

8. רמ״א סי׳ תק״ג ס״ב ועי׳ מ״ב ס״ק ט״ז.

9. גמ׳ ביצה (יז.) באמת אמרו ממלא אשה כל הקדירה בשר אע״פ שאינה צריכה אלא לחתיכה אחת ממלא נחתום חבית של מים אע״פ שאינו צריכה אלא לקיתון אחד. ופי׳ רש״י ד״ה ממלא אשה דבחד טרחא סגי וכן בנחתום לגבי מילוי. ונר׳ מפירושו, שכל שמרבה בשיעורים באופן שהוה בחד טרחא מותר. ועי׳ בר״ן שפי׳ טעם ההיתר של ריבוי בשיעורים, (למה רק מותר ביו״ט ולא בשבת), וכבר הבאנו דבריו לעיל בפ״ב הע׳ 26.

והנה בדין ממלא נחתום חבית של מים הנפסק בשו״ע סי׳ תק״ג ס״ב כ׳ שם המחצה״ש סק״ד בשם הפרי חדש, והובא גם במ״ב ס״ק י״ד, שרק מותר כשממלא בפעם אחת מהדלי, אבל לא כשממלא בפעמים רבות אף קודם שהעמיד הקדירה על האש, כיון שאז הוה בגדר ב׳ טרחות, ואין היתר להרבות בשיעורים אלא כשהוא בטרחא אחת כמו שפי׳ רש״י.

והנה בשו״ת אג״מ ח״ב או״ח סי׳ ק״ג כותב עפ״י זה, שרק מותר להרבות במעשה המלאכה כשעושה הכל ביחד, ואפילו קודם מעשה המלאכה אסור לעשות כלום בשביל הריבוי כמו גבי דלי שאין היתר למלאות בב׳ פעמים אע״פ שאינו עושה מעשה המלאכה עד שישים הקדירה שהיא כבר מלאה על האש. וכ׳ זה בנוגע תשובת שאלה ע״ד להוציא בקופסה סיגארעטס יותר ממה שצריך, שהתיר שם רק אם הם כבר מונחים בהקופסה, אבל להוסיף יותר להקופסה ולהוציאם אסור, כיון שזה נחשב ב׳ טרחות. וכן כתב בשו״ת באר משה ח״ג סי׳ צ״ד (והביא שם גם מהגהות רע״א בסי׳ תק״ג שאסור למלאות הדלי ב׳ פעמים).

אך צע״ג בכ״ז, דהנה ההגהות רע״א שם הביא זה משו״ת פני משה. והנה המעיין שם יראה שכותב בפירוש שמותר למלאות קדירה ב׳ פעמים, דלומד זה פשוט בגמ׳ הנ״ל דבמציאות הא אי אפשר למלאות כל הקדירה בבת אחת וע״כ דגם למלאות כמה פעמים לרבות בשיעורא קודם מלאכת הבישול ג״כ שרי ורק

Therefore, one may add as many extra pieces of meat as one wishes before the pot is placed on the flame even though it is obvious that some or even most of them will not be needed that day. After the pot is on the flame, however, it is considered a separate act of cooking to add more meat. It would be considered as if one were cooking a separate pot of meat just for the next day's use[10].

החמיר שם בענין מילוי מהדלי, שזה הוה טרחא גדולה אבל לא בסתם מילוי. וכן כתב הערוה״ש שם ס״ב בפירוש שכל האיסור דטירחא יתירה רק שייך בממלא מהדלי שהוא טרחא יתירה אבל למלאות כלי הרבה פעמים ליתן בקדירה מותר. וכן מוכח במ״ב שם סק״ה שכתב וכן כשצולין בשר על השפוד אינו רשאי להוסיף בשביל הלילה כשעומד כבר השפוד על האש, אבל בתחילה יכול להוסיף על השפוד כמה שירצה, ומוכח שכל שממלא מקודם המלאכה אינו נחשב ב׳ טרחות ומותר. וא״כ בעינינו י״ל לדבריהם שמותר להוסיף הרבה חתיכות לקדירה כל זמן שיתן לקדירה קודם שנותנו על האש. וכן מוכיח בשו״ת מחזה אליהו סי׳ נ״ח אות כ״ג, וצ״ע.

10. מ״ב סי׳ תק״ג סק״ה. וכתוב בשו״ת אג״מ ח״ב או״ח סי׳ ק״ג שכיון שמותר להרבות בשיעורים ביו״ט ה״ה שמותר לצאת ביו״ט בתיבה מלאה סיגארעטס אע״פ שאינו צריך אלא למקצתם כיון שרק הוה בגדר ריבוי בשיעורים שמותר ביו״ט כמו שכתב הר״ן בפ״ב דביצה.

והנה בשש״כ פ׳ י״ט הע׳ י״ד למד מכאן שה״ה שמותר להוציא ביו״ט הרבה מפתחות בצרור יחד אע״פ שאינו צריך אלא למקצתם שגם בזה הוציא הכל ביחד הני מפתחות שצריך בהוצאה זו עם הני שאינו צריך והוא בכלל ההיתר של ריבוי בשיעורים. אבל בחוברת עם התורה מהדורה ב׳ חוברת ט׳ כתב ר׳ משה זצ״ל לבאר דבריו בתשובתו הנ״ל שרק אם כל אחד מהחפצים שהוציא ראוי לו לזה התשמיש שיש בשבילו היתר להוציא מתחילה, כמו הסיגארעטס שכל אחד ואחד ראוי לעשן, ורק שיש לו יותר ממה שצריך בזה מותר להוציאם מטעם ריבוי בשיעורים, אבל במפתחות, שכל אחד מהם ראוי לפתוח דלת אחר, ויש בו מפתחות או מפתח שאין לו צורך בהוצאתו כלל, לא אמרינן ההיתר של ריבוי בשיעורים ומטעם זה אוסר להוציא צרור מלא מפתחות שונים. ומבואר מדבריו שיש היתר רק להרבות באיזה מלאכה ביו״ט אם כל מה שמרבה יש לו השתמשות שוה ולא רק באופן שכל המלאכה נעשה ביחד.

2) No Extra Burden

The second condition is that there be no extra burden involved in preparing what will be added[11]. For example, when making a cholent or a stew one may add extra beans and pieces of meat for the next day before the pot is put on the flame. Since all that is required is to remove them from the package and put them in the pot it is permitted[12]. However, it is forbidden to make extra blintzes or matzo balls to have for the next day, since this involves a separate preparation for each individual item[13].

ועי׳ גם בשו״ת מחזה אליהו סי׳ ל״ה שרוצה לתלות דין זה בספיקת המ״ב סי׳ תק״ו בשעה״צ אות נ״ו ע״ש. וכן בקונטרוס שלו על הל׳ יו״ט נוטה להחמיר למעשה בענין זה.

אמנם דבר זה אינו מוסכם לכל, עי׳ בשו״ת מנחת יצחק ח״ח סי׳ ל׳ ובשו״ת באר משה ח״ג סי׳ צ״ג שמשמע מדבריהם שיש להתיר גם אם אין שמושיהם שוים. וכן הח״ח בקונטרס מחנה ישראל פ״ז סק״ב כותב שאפשר שמי שמוכרח על פי הממשלה להוציא איזה חפצים מותר ג״כ ליקח חפצים שלו אע״פ שאין תשמישן שוה והובא דבריו בשו״ת הר צבי ח״א סי׳ קע״ז.

אמנם כל זה הוא רק לענין שאר חפצים, שאינם מיני אוכלין אבל ליתן בקדירה מאכלים שונים שאינם ממין אחד בטרחא אחת קודם שיתן הקדירה על האש כיון שכל אחד ראוי לאכילה מותר להוסיפם אע״פ שאינם שוים ואינו אוכל ממין האחר היום מ״מ מותר דכיון שכולם ראוים לאכילה נחשב תשמיש אחד. ומוכח דבר זה מהב״י סי׳ תק״ג שכתב לאסור להוסיף בשר לקדירה שיש בו תבשיל של מין אחר כיון שאין הבשר בטל לגביה אלא א״כ משתבח מיניה, ומשמע מדבריו ששאר מינים חוץ מבשר מותרים אע״פ שאינו משתבח מיניה. וכן כתב ר׳ משה זצ״ל בקובץ עם התורה הנ״ל שלפי דבריו אסור להוסיף לקדירה מאכל בהמה משום שאסור לבשל בשבילו ביו״ט אא״כ ראוי לאכילת אדם. ומשמע דעתו שרק באופן זה אסור אבל כל מיני מאכל אדם מותרים להוסיף אע״פ שאינו שוה.

11. מ״ב שם ס״ק י״ד בשם אחרונים [וכ״כ המחצה״ש סק״ד בשם הפר״ח ובהגהות רע״א בשם שו״ת פני משה].

12. כן שמעתי מהגרח״פ שיינברג שליט״א שיכול לטפל בהתוספת, ורק טרחא מרובה אסורה.

13. עי׳ מ״ב סי׳ תק״ג סק״ח.

Similarly, to peel extra vegetables to add to a pot is forbidden since it requires a separate *melachah* of *borer* for each extra item. If, however, the vegetables were peeled before *Yom Tov* they may be cut and added since no extra effort is required[14].

---

14. ברש"י ביצה (יז.) ד"ה ממלאה אשה כתב בהא דמותר להרבות מהשיעור שנצרך, שהוא דוקא כשהוא בחד טרחא. והנה בפר"ח (הובא במ"ב סי' תק"ג ס"ק י"ד), גבי ממלא נחתום חבית של מים, כותב, שאסור למלאות מים ב' פעמים מהדלי אע"פ שאינו מלאכה כיון שלא הוה לצורך היום והוה ב' טרחות, ואע"פ שממלא הקדירה קודם שהניח על האש, ע"ש.

ויש להבין מהו האיסור אם עושה בב' טרחות, אם הוא רק "איסור טרחא" ביו"ט בעלמא שטרח בדבר שלא הוה לצורך היום, או"ד י"ל שאם עושה בב' טרחות אז אינו נכלל עוד בהיתר של ריבוי בשיעורים לכל הפחות מדרבנן, והוה כעושה "מלאכה" שלא לצורך היום כיון שאז אינו נכלל במה שעשה בהיתר. ונפ"מ לענין חולה, אם יכול לטרוח בשבילו באופן שאסור לעשות מלאכה בשבילו לבד (כגון למלאות ב' פעמים מדלי לבשל תוספת מים בשביל צורך החולה לדעת הסוברים שצרכי חולה אינם שוה לכל נפש), שאם רק הוה טרחא אפשר כשטורח בשביל התוספת מותר כיון שהוה צורך היום ואין כאן איסור מלאכה.

ופשוט הי' נראה שכיון שאינו עושה ב' מלאכות רק ב' טרחות קודם שעושה המלאכה אין זה אלא איסור של טרחא. אכן עי' בשו"ע סי' ת"ק ס"ה שכתב מותר למלוח כמה חתיכות (בשר) בבת אחת אע"פ שאינו צריך אלא לאחת מהם, ופי' שם המ"ב ס"ק כ"א שכיון שעושה במפולת יד אחת הוה בגדר ריבוי בשיעורים, והקשה שם בס"ק כ"ב שהלא צריך להפכם כדי למלוח צד השני וא"כ הוה ב' טרחות שטורח גם בשביל הני שאין בו צורך היום, ותירץ כיון דמן התורה אין עיבוד באוכלין וכל המליחה רק הוה איסור דרבנן הקילו חכמים כיון שחשש שמא יסריח הבשר. ונראה מזה, שרק באופן זו שכל האיסור הוא רק מדרבנן הקילו, אבל באיסור תורה בב' טרחות לא הקילו אע"פ שהוא קודם המלאכה. ומוכח שאינו סתם דין טרחא אלא שאין עוד היתר של ריבוי בשיעורים, שאם לא כן מה נ"מ אם עיבוד באוכלין הוה איסור תורה או רק איסור דרבנן אם כאן רק עושה טרחא שלא לצורך היום.

וכן מפורש בשו"ת אגרות משה ח"ב או"ח סי' ק"ג, במה שהורה להתיר להוציא סיגארעטס יותר ממה שצריך רק אם כבר מונחים הם בהקופסה, אבל אסור להוסיף יותר שאז הוה טרחא בשביל התוספת, אלא שמתחילה רצה להתיר מטעם אגד כלי שמיה אגד, ולסברא זה רצה להתיר גם להוסיף יותר להקופסא קודם שהוציאם כיון שהוא קודם עשיית המלאכה, ורק שסיים שאין כאן היתר של אגד כלי ע"ש. אבל מבואר מדבריו שרק אסור להוסיף אם טעם ההיתר הוה

Summary

It is permissible to add to the amount of food being cooked, even if there is no need on *Yom Tov* for the extra amount; however, two conditions must be met: 1) all the food must be placed in the pot before it is put on the flame and 2) no extra burden is involved in preparing the food that is not needed for that day.

B. Practical Applications

Cooking in larger quantities than necessary for that day has practical applications. Where one will not have time to cook a meal on the second day itself one may cook larger amounts on the first day of *Yom Tov* to have left over for the second day.

Similarly, if one forgot to make an *eruv tavshilin*, cooking larger quantities than necessary would be a permissible way to prepare food for *Shabbos* on *Yom Tov* which falls on a Friday (see Chapter 16 Section V, C).

The principle of extra amounts applies not only to cooking but also to all *melachos* on *Yom Tov*. This will be discussed later in Chapter 12 regarding bathing and in Chapter 14 regarding carrying.

בשביל ריבוי בשיעורים בעלמא והשתא אי אמרינן שכל האיסור לטרוח בשביל התוספת הוא סתם איסור טרחא שלא לצורך למאי נפ"מ אם טעם ההיתר הוא מטעם ריבוי בשיעורים או מטעם אגד כלי שמיה אגד, ואשר על כן נראה מדבריו שכל שעושה בב׳ טרחות אז אפשר שאינו נכלל עוד בהיתר רבוי בשיעורים לכל הפחות מדרבנן, והוה כמו שעושה מלאכה האסורה בפני עצמו ואין היתר לעשות בב׳ טרחות אפילו בשביל חולה כשאינו שוה לכל נפש אפילו לבו ביום.

C. One Must Not Mention That One is Adding for Another Time

When using the principle of *marbeh b'shiurim* / extra amounts to cook for another day, one must not specify that it is being done for that purpose, even though that is one's intention[15]. If one did specify, however, this does not render the food forbidden[16].

D. *Ha'aramah*

We have learned that one may add to the quantity of what one is cooking even though it will not be used the same day, if certain conditions are met. This is the case not only when one is cooking mainly for that day of *Yom Tov* itself, but also when one's main intention is to cook food for the next day[17]. For example, one who wishes to have a roast the next day but wishes to prepare it today may do so, provided that part of the food is eaten today. This is known as *ha'aramah*. It means that even though one's intention is to do something that is forbidden, if the action could technically be perceived as permissible (i.e. one is cooking to eat today), it is permitted[18].

---

15. בערוה״ש סק״ד פי׳ הטעם שאז הוה הערמה הניכרת.

16. מ״ב סק״ו.

17. שם סק״ז.

18. בשו״ע סי׳ תק״ו ס״ז כתב אם יש לאדם הרבה פת נקייה אינו אופה פת אחרת. וכתב שם המ״ב ס״ק ל״ז בשם הרבה פוסקים שאם רוצה דוקא בפת חמה מותר כשהפת שיש לו כבר רק נאפה מאתמול. ומבואר, שדוקא באופן כזה, שיש לו טעם מיוחד למה שרוצה לאפות יותר ביו״ט מותר, אבל בלאו הכי הוה מלאכה שלא לצורך ואסור ביו״ט.

ודבר זה צ״ע ממה שכתב הרמ״א בסי׳ תק״ג, שיכול לבשל הרבה קדירות ולאכול מכל אחת מעט, ופי׳ שם הנו״ב שאע״פ שעיקר כוונתו הוא לבשל לצורך

There are however, many different situations of *ha'aramah*. Therefore, one should not compare cases on one's own without consulting a competent authority.

1) Only Permitted in Case of Necessity

The use of *ha'aramah*, where one's main intention is cooking for the next day but one eats part of the food today to permit the cooking, is a source of argument amongst the *poskim*. Therefore, one should only use this leniency to cook from one day of *Yom Tov* for the next day of *Yom Tov* or for *Shabbos* but not to cook on *Yom Tov* for *chol*[19]. Even when

---

מחר מותר הוא כיון שמערים ואוכל מכל אחד מהם קצת היום, וצריך ביאור מ"ש דין זה מדין הנ"ל דהכא קיי"ל דמותר לבשל הרבה קדירות אע"פ שאין עיקר כוונתו ליהנות דוקא היום, ורק מערים וטועם קצת היום אבל עיקר כוונתו הי' כדי לבשל השאר לצורך מחר ואילו בסי' תק"ו הנ"ל כתבו הפוסקים שמי שיש לו כבר פת המספיק לצורך יו"ט דהיום ורוצה לעשות פת חדשה לאכול היום כדי שנשאר מהראשון לצורך מחר אסור.

וצריך לחלק בדין הערמה, שרק באופן שאין לו רצון או צורך לאיזה דבר יכול לחדש לעצמו הרצון או הצורך כדי להתיר לו המלאכה ואז נחשב מלאכה לצורך היום אבל באופן שכבר יש לו דבר הנצרך כגון כאן שכבר יש לו הפת אין לו עוד מה לחדש ברצונו וא"כ אם עושה יותר הוה מלאכה שלא לצורך. וכחילוק זה כתבו בספר מלאכת יו"ט בהשמטות לסי' קנ"ח ובשו"ת פרי השדה ח"ב סי' ק"ב, שאם כבר יש לו איזה דבר אסור להמציאו שנית ורק באופן שאין לו, יכול להערים ולחדש רצונו לזה ולעשותו.

19. בתוס' ביצה (יא:) ד"ה מערים כתב וז"ל וכן רגילין העולם שמערימין וצולין תרנגולת ואוכלין מעט ממנו כגון הכבד ומיהו הר"ר שמואל היה אומר היינו דוקא קודם אכילה אבל אחר אכילה לא, עכ"ל. ומבואר להדיא, שאע"פ שאינו רוצה לאכול התרנגולת ביום זה מותר לבשל כולו לצורך מחר ולאכול רק מקצתו כמו כאן שאוכל הכבד כדי להתיר להכין הכל לצורך מחר (ודוקא קודם הסעודה שהוא הדרך להכין הרבה מיני תבשילין ולאכול קצת מכולם אבל אח"כ ניכר הערמתו ואסור).

וצ"ע מלקמן (יז:) בסוגיית הגמ' דמי שלא הניח ע"ת שמבשל ליו"ט ואם הותיר הותיר לשבת מסיק הגמ' ובלבד שלא יערים, ופי' רש"י לאחר שבישל לצורך יו"ט לא יערים לומר עוד אני צריך להזמין אורחים ויבשל תבשילין אחרים

cooking from one day of *Yom Tov* for the next day of *Yom Tov* or for *Shabbos*, it is favorable to abide by the stricter opinion and to be lenient only for a necessity[20]. For example, one who did not make an *eruv tavshilin* may cook in this manner for *Shabbos*. Similarly, if one is unable to cook the *Yom Tov* meal for the following *Yom Tov* day, the food may be prepared as outlined above.

2) Only Permitted Before the Meal

We have explained that *ha'aramah* is permitted only when one's intentions can be perceived as permissible. Therefore, anytime it is obvious that one's main intention is cooking for the next day the cooking is forbidden. For this

---

ויותירם לשבת, ע"כ. והרי מבואר שאין היתר לבשל באופן הערמה להוסיף לקדירה כשאינו רוצה באמת לכל הפחות מקצתו לבו ביום, וכן הובא פירוש רש"י בתוס' שם ד"ה ובלבד, וצ"ע.

והנה בב"ח כתב שאסור להערים באופן זה אפילו קודם הסעודה, כמו שכתבו בתוס' (יז:) ושכן משמע להדיא לשון הברייתא שרק מותר כשבאמת רוצה מקצת ממנו. ונדחק לפרש מש"כ התוס' (יא:) בשם מה"ר שמואל שהוא להורות שטועים העולם במנהגם, דאף שאסור גם קודם הסעודה, הקשה עליהם במה שהם עושים גם אחר הסעודה שאסור בכל אופן, אבל אה"נ אסור גם אם הוא קודם סעודת היום אלא אם רוצה באמת חלק ממנו. והביא שכן מפורש בסמ"ק. וכמותו כתב בביאור הגר"א וכן הביא המ"א בסי' תק"ג סק"ב מהכנה"ג בשם הרדב"ז.

אבל בט"ז שם סק"ה כתב לחלק בין הני ב' סוגיות, שרק מותר להערים כשיש מיני מאכלים שונים בב' הקדירות דאז מותר לטעום מכל אחד ולהניח השאר, אבל מה דקאמר הגמ' "ובלבד שלא יערים" הוא כששני הקדירות הוו מין אחד, שאז ניכר הערמתו במה שעשה בב' קדירות מה שהיה יכול לעשות באחד. ויוצא מדבריו שמותר לבשל קודם הסעודה לצורך הלילה אם טועם ממנו קצת בסעודת היום אם הוא מין אחר ממה שהכין לסעודתו וכן כתב המ"א סק"ב והח"א והשו"ע הרב ועוד אחרונים. אלא שהמ"א כתב שרק נהגו להקל לצורך יו"ט שני או שבת אבל לא לבשל לצורך חול לחוש לשיטת המחמירים.

20. מ"ב שם סק"ז.

reason, it is only permitted to cook a whole pot of food, use just a little of it today and leave the remainder for tomorrow, if one does so before the *Yom Tov* meal[21]. This is because it is natural for one to make many different types of dishes for a meal, even though they will not all be finished. This is done in order to have variety. However, if after the last meal of the day one were to cook a whole pot of food, even if one would eat a little of it on that day, it is still obvious that the main intention is to cook for the next day. Therefore, it is forbidden[22].

3) Only Different Types of Dishes are Permitted

The above leniency of cooking an extra pot of food before the *Yom Tov* meal, eating a small portion of it that day and leaving the remainder for the next day, is only permitted if it is a different dish than what was already prepared for that day's meal[23]. For example, one who is serving meat for a *Yom Tov* meal may make an extra pot of chicken on the first day of *Yom Tov* for the following day's meal, and use just a small portion of it for the first day's meal. However, making a second pot of meat and eating some from each pot is forbidden. Here the intention is obviously to prepare for the next day, since one pot of meat would suffice for today's meal.

Summary

In a case of necessity, one may intentionally prepare an extra pot of food, eat a small portion of it, and then use the rest

---

21. שו״ע סי׳ תק״ג סק״א.
22. מ״ב שם ס״ק י״ב.
23. שם ס״ק י׳.

of the food for the next *Yom Tov* day. This is known as *ha'aramah*. However, one may only do the preparation before the *Yom Tov* meal and only prepare a different kind of dish than was already prepared for that *Yom Tov* meal.

E. Extra Quantity to Enhance Food

It is also permitted to add extra quantities to what one is cooking for today's use in order to enhance the food. For example, one who is making a potato *kugel* and only needs enough for six people may prepare a much larger *kugel* than needed, since it will be able to bake longer in the oven without burning, thus enhancing its flavor. Similarly, if one is making a soup, it is permitted to make it on a larger scale than needed. This way one will be able to add more vegetables and the like to give it a better taste.

In these two cases, the above restrictions of adding extra amounts for the next day's use do not apply. Therefore, one may add to the pot even after it is placed on the fire[24] and exert extra effort or do a *melachah* for the added items, such as peeling the extra vegetables. Since the extra items are enhancing today's meal it is considered as though one is cooking for use on the same day[25].

Ha'aramah Is Not Permitted

However, when one adds to a food in this manner, it is only permitted if one's intention is truly to enhance the flavor of the food. If one is merely doing so as a form of *ha'aramah* in

---

24. מ"ב שם.

25. שם סק"ז.

order to have food for the next day, it is forbidden[26]. In such a case, when one's intention is to have food left over for the following *Yom Tov* day, one must follow the procedure outlined above in the case of cooking larger quantities than needed that do not enhance the mixture.

Summary

It is permissible to add extra food to a pot that is cooking if the addition will enhance the flavor, even if this requires an extra *melachah* for something that will not be used on *Yom Tov*. However, in this case, *ha'aramah* is not permitted. Therefore, extra amounts that require an extra *melachah* or an extra burden are only permissible if the intention is truly to enhance the food.

V. *Mitoch*

As was explained in Chapter 2 Section IV, the principle of *mitoch* also applies to cooking. This allows us to heat water for *Yom Tov* needs other than cooking, provided it is a universal need. For example, one may heat water to wash one's hands and face or to wash dishes. Both of these will be explained in detail in Chapter 12 and 13.

VI. Cooking for a Non-Jew

As with all *melachos* that are permissible on *Yom Tov* one may only cook for oneself or another Jew. It is forbidden to cook for a non-Jew on *Yom Tov*.

---

26. בביה"ל ד"ה אבל, כתב שכן מוכח ממ"א סי' תקכ"ז ס"ק י"ג.

A. Inviting a Non-Jew for a Meal

Since cooking for a non-Jew is forbidden, the Sages
enacted a safeguard that one may not even invite a non-Jew to his
home on *Yom Tov* for a meal. They were afraid that if one would
invite a non-Jew, one might cook a separate dish solely for him,
which is prohibited[27]. Even if one is already finished cooking for
Yom Tov and only afterwards decided to invite the non-Jew, it is
still forbidden. In this situation too, the Sages were afraid that one
might still cook something extra and violate the prohibition[28].

B. A Non-Jew Who Comes Uninvited

The above prohibition applies only to inviting a non-
Jew to eat in one's home on *Yom Tov*. However, if a non-Jew

---

27. גמ' ביצא (כא.) אמר ר' יהושע בן לוי מזמנין את הנכרי בשבת ואין מזמנין
את הנכרי ביו"ט גזירה שמא ירבה בשבילו, ופי' הר"ן שגזרינן שמא ירבה
בקדירה אחרת דאי באותו קדירה מותרת ביו"ט. וכ"כ הט"ז בסי' תקי"ב סק"ב.
והקשה הר"ן דאפילו בקדירה אחרת הלא מדאורייתא מותרת דהא פסקינן
כרבה דאית ליה הואיל, וא"כ למה גזרינן שלא יזמינו הלא אפי' אם מבשל
בשבילו אינו אלא איסור דרבנן, והוי גזירה לגזירה. ותירץ, שכיון שהוא דבר
שכיח להרבות גזרינן ועוד כתב בשם אחרים שחיישינן שיעשה לו דברים
אסורים שבזה לא אמרינן סברת הואיל, וכן כתב בעולת תמיד סי' תקי"ב בשם
הרשב"א. ונפ"מ בין שני הטעמים יהי' להזמין ישראל מומר שאסור ליתנו
דברים אסורים, דלטעם השני יהי' מותר להזמינו אבל לטעם הראשון יהי' אסור
כנכרי (עי' להלן). ורמז לזה הפמ"ג במ"ז סי' תקי"ב סק"ב, אבל במ"ב שם סק"ב
כתב שאסור להזמין ישראל מומר וע"ע בשו"ת ציץ אליעזר ח"ח סי' י"ז וי"ח.

28. במ"א סי' תקי"ב סק"ב כתב בשם התניא שאחר שתיקן כל צרכי הסעודה
סמוך לסעודה מותר להזמינו, ועי' בפמ"ג בא"א שם שכתב שמלשון הרמב"ם לא
משמע כן, וכוונתו למה שכתב בהל' יו"ט פ"א הל' י"ג שאין מזמנין את הכותי
ביו"ט אבל אם בא הכותי מאליו אוכל עמהן מה שהן אוכלין שכבר הכינוה ע"כ,
דמשמע מדבריו שאע"פ שכבר הכין צרכי הסעודה רק כשבא הנכרי מאליו
מותר להניחו לאכול אבל אינו יכול להזמינו, והובא דבריו בשעה"צ סי' תקי"ב
סק"ג.

comes uninvited one is allowed to feed him. This is because one did not specifically invite him and did not show a special concern for his presence by persuading him to stay for the meal[29]. Thus, we are not afraid that one will cook something extra for the non-Jew. However, this is only true when the non-Jew comes after one has already prepared the *Yom Tov* meal. If one has not finished preparing the meal, it is forbidden to allow him to stay. In this case, where one is still cooking for the *Yom Tov* meal, it is easy to inadvertently add something for the non-Jew in a forbidden way[30].

C. Giving a Non-Jew Items That Do Not Require Cooking

The prohibition of inviting a non-Jew to eat in one's home on *Yom Tov* applies only to foods that are generally cooked. It is permitted, when necessary, to invite the non-Jew for a cold drink and some cake since there is no fear that one will violate a cooking prohibition[31].

D. *Yisroel Mumar* / A Non-Observant Jew

Halachically, a Jew who purposely does not keep *Shabbos* has the same status as a non-Jew regarding the prohibition of cooking for him on *Yom Tov*. However, there are different *halachos* regarding someone who does not know any better or does not have a Jewish upbringing. It is, therefore, imperative to consult with an experienced *Rav* in each

---

29. שו"ע סי' תקי"ב ס"א ועי' מ"ב שם סק"י. ועי' הע' הנ"ל.

30. שם.

31. כן שמעתי בשם הגרי"ש אלישוב שליט"א.

individual situation before inviting someone who does not keep
Shabbos to come to one's home on *Yom Tov* for a meal[32].

E. Non-Jewish Maids

As with any non-Jew, it is also forbidden to cook for one's
maids or household help. However, regarding them, the Sages
were not afraid that one would cook extra items in a way that is
forbidden. Therefore, one may add food to a pot for them provided
this is done before the pot is put on the flame[33]. This must also be
done in a way that entails no extra burden,[34] as was explained
earlier in this chapter regarding the *halachos* of adding extra
amounts. Similarly, it is forbidden to specify that one is doing this
expressly for the household help as explained above.

Summary

It is forbidden to invite a non-Jew for the *Yom Tov*
meal. If the non-Jew comes uninvited, one may let him stay
provided one has already prepared the food and does not
persuade him to stay. It is permitted, however, to serve the non-
Jew items that do not require cooking.

For one's non-Jewish household help, it is permitted to
add extra amounts to the pot as described above. Regarding the

---

32. עי' במ"א סי' תקי"ב סק"א ובפמ"ג שם ובמ"ב סק"ב. וע"ע בספר יערות דבש
לר' יונתן אייבשיץ ח"א דף צ"ט ובשו"ת חת"ס אהע"ז סי' צ"ג ובחזו"א יו"ד ס"א
סק"ו וס"ב ס"ק ט"ז וס"ק כ"ח ובשו"ת ציץ אליעזר ח"ח סי' י"ז-כ' ובמועדים
וזמנים בליקוטי הערות לח"א סי' מ"ו (נדפס בח"ח) שמביא שם כמה מכתבים
מבעל קהילת יעקב זצ"ל ובשו"ת בית אב תנינא ס"א ובחמישאי חלק יו"ד סי'
ר"פ.

33. רמ"א סי' תקי"ב ס"א ומ"ב שם ס"ק י"ב.

34. שם.

status of a Jew who does not keep *Shabbos*, a competent *halachic* authority should be consulted in each individual case.

VII. Practical Applications

A. Jello and Pudding

Foods such as jello and pudding should be made before *Yom Tov* since they will taste the same if made in advance. If one does not have space to store them, or time *erev Yom Tov* to prepare them, see Chapter 1, Section V.

B. Cooking for the Second Day of *Yom Tov*

It is forbidden to cook on one day of *Yom Tov* for the next. This applies even to the two days of *Rosh Hashanah*. One must, therefore, wait until nightfall after the first day before starting to prepare for the next day. (This applies not only to the actual cooking itself but also to any form of preparing for the next day. See Chapter 15).

C. Cooking Extras

When preparing any type of food for *Yom Tov* one is not required to prepare the exact amount needed. Extras may also be made so that people will not be reluctant to take more.

D. Cooking Extras for Another Day

When preparing chicken or any food, extra portions may be added even if one has no intention of serving them that day. However, in this case, two conditions must be met. See Section IV.

E. Inviting a Non-Jew

It is forbidden to invite a non-Jew to one's *Yom Tov* meal.

7/ Heating Elements

The use of ovens and other cooking elements on *Yom Tov* can involve three different prohibitions: 1) *hav'arah* / kindling[a], which is always permitted for food preparation, 2) *mechabeh* / extinguishing, which is permitted only in certain situations, and 3) *molid* / creating a new entity, which is forbidden on *Yom Tov*. All of these are discussed in various chapters but we will bring them together here for the practical understanding of permitted and forbidden methods of cooking on *Yom Tov*.

I. Gas Burners

A. Raising the Flame

It is permitted to raise the flame of a conventional gas stove top when a higher fire is needed for cooking. One may also turn on a non-existent flame provided that a gas pilot is burning constantly. The reason in both cases is that a fire is already burning and one is just adding fuel to make a larger flame[1]. On a stove that ignites from an electric spark or flint, it

---

[a] *Even though the melachah of kindling is permitted on Yom Tov, this only applies to transferring a fire from an existing flame. To start a new fire such as striking a match is prohibited because of molid. (See Chapter 9 Section 1).*

---

1. שו"ת אג"מ או"ח ח"א סי' קט"ו

is forbidden to turn on the burner since this creates a new fire that did not exist before[2]. (See Section III). However, if, when using this type of stove, turning on the gas only part way will not cause the pilot to ignite, one may light this burner by using a fire from another existing flame.[b] (note: Some burners, even though they operate with a gas pilot, are electronically controlled. This can be verified by unplugging the stove and seeing if it still ignites.)

B. Lowering the Flame

If a pot is cooking on too large a flame and one is afraid its contents will burn, one may lower the flame [c] [3]. However, in a situation where one is able to light a lower flame on a different burner (i.e. the burner does not have an electric ignition that sparks immediately when the knob is turned) there is disagreement amongst the *poskim* whether it is preferable to start a new, lower flame[4] or to lower the existing one[5]. It is

[b] *It is, therefore, important to check the burners before Yom Tov to see at what point the pilot sparks. Some burners spark the instant the knob is turned on, while some spark only when the knob is turned the entire way. Those that spark only when turned on the entire way may be used as described above.*

[c] *This is only permissible if burning the food will affect it's taste. Where it only affects it's appearance however, it is forbidden to lower the fire. (See Chapter 10 Section II).*

---

2. עי׳ שו״ת אחיעזר ח״ג ס״ס. שו״ת קרן לדוד סי׳ קמ״ד שו״ת צפנת פענח ח״א סי׳ רע״ג. שו״ת מחזה אברהם סי׳ מ״ב. שו״ת מהרש״ג ח״א סי׳ ס״ד. שו״ת חלקת יעקב או״ח סי׳ ע״ג שכולם סברי שהדלקת חשמל נחשב המצאת אש מחדש ואסור ביו״ט.

3. רמ״א סי׳ תקי״ד ס״א.

4. שו״ת חלקת יעקב או״ח סי׳ פ״ג. שו״ת שרגא המאיר ח״ג סי׳ ס״ה. שש״כ פי׳ י״ג הע׳ מ״ט בשם הגרש״ז אויערבך זצ״ל.

5. שו״ת אג״מ ח״א סי׳ קט״ו, וח״ד סי׳ ק״ג, ושו״ת עמק התשובה ח״א סי׳ פ״ג.

difficult to render a halachic ruling on this issue and one should follow his custom or consult a *Rav*[6]. Where there is no other burner available (i.e. it has an electric pilot that will ignite as soon as it is turned on) all agree that it is permitted to lower the flame so that the food will not burn[7].

II. Gas Ovens

A. Raising and Lowering the Flame

Gas ovens that operate with a gas pilot may be raised and even turned on when needed[8] (provided they are not electronically controlled, see section 1a). However, they may be lowered, even for the purpose of cooking, only after the thermostat shuts off the main burner flame. In this case, where one has the option of waiting for the flame to shut off by itself, all *poskim* agree that one may not lower the flame even for the purpose of cooking. Only in a situation where the food will burn before the flame shuts off by itself, is it permitted to lower the fire[9].

When the gas oven operates on an electric pilot, such as a glowing coil, it may not be turned on[10]. Even raising the temperature is only permitted when the flame of the main burner is already burning. This is because when the oven's

---

‎6. עי׳ לקמן פ״י הערה 9 שביארנו דבר זה באריכות.

‎7. שם.

‎8. שו״ת אג״מ או״ח ח״א סי׳ קט״ו.

‎9. כך שמעתי מהרבה פוסקי זמנינו

‎10. כנ״ל הע׳ 2.

flame is not burning, the thermostat will cause the electric pilot to ignite in order to start the flame and raise the temperature[11].

B. Turning Off After Use

Since most gas ovens work on a thermostat, when the fire is off one may turn off the oven even for no cooking purpose. This is because turning off the thermostat is not causing any flame to extinguish. However, it is important to check your oven if you have a gas pilot, since many operate on a double pilot. This means that the oven has a small flame burning at all times and a slightly larger one comes on when the oven is turned on. Even when the thermostat turns off the main oven fire, the slightly larger pilot continues to burn and only goes out when the thermostat dial is turned to the off position. With such an oven, even when the main flame is off, one may only lower the temperature but not turn the oven off completely.

III. Creating a New Flame

The *melachah* of *hav'arah* / kindling is permitted when it fills a *Yom Tov* need. However, to create a new fire, such as striking a match, involves the separate prohibition of *molid* / creating a new entity, which is forbidden. Therefore, one may only transfer fire from an existing flame (i.e. light a candle from an already lit candle) but not create a new fire[12].

---

11. שם, ובענין פתיחת וסגירת דלת התנור אע"פ שגורם להדלקת האש ע"י חשמל וכיבוי האש שלא לצורך בישול עי' בשש"כ פ"א הערה פ' שכתב בשם הגרש"ז אויערבך זצ"ל הרבה סברות להתיר וכן כתב בשו"ת באר משה ח"ח סי' קמ"ז.

12. שו"ע סי' תק"ב ס"א.

Electricity

The *poskim* have made it clear that turning on electricity falls under the category of creating a new entity and is, therefore, forbidden on *Yom Tov*. This means that even though there is constant electricity flowing towards a home, turning on an electric heating element in an appliance is considered as creating a new flame in this appliance[13].

IV. Electric Burners

Based on the above *halachah*, it is forbidden on *Yom Tov* to turn on an electric burner[14]. In most cases, even raising the setting of an electric burner that is already on is also forbidden. The reason is that most heat settings of electric burners work by regulating the amount of time that electricity runs through the coil or by shutting off one coil and igniting another. Therefore, raising the setting of an electric burner can be equivalent to turning it on which is forbidden under the *issur* of *molid*[15]. It is also forbidden to lower the setting even for the purpose of cooking (i.e. the food is burning)[16].

---

13. כנ"ל הע' 2.

14. אג"מ או"ח ח"א סי' קט"ו

15. שו"ת חלקת יעקב או"ח סי' ע"ב. שש"כ פ"א הע' ע"ה בשם הגרש"ז אויערבך זצ"ל.

16. שש"כ שם סעי' כ"ז.

V. Electric Ovens

An electric oven may not be turned on during *Yom Tov*. Changing the temperature depends on the type of oven. Some ovens have a light on the settings panel that indicates when electricity is running through the coils. With such an oven, when the light is on, indicating that there is electricity running through the coils, one may raise the temperature of the oven[17]. Similarly, if the light is off, indicating that there is no electricity flowing, one may lower or turn off the oven completely[18]. With an oven that does not have such an indicator, it is forbidden to raise or lower the setting.

VI. Ovens With Digital Controls

Any oven, whether gas or electric, that has a digital control panel may not be raised or lowered on *Yom Tov*. With such an oven, any changing of the setting causes the digital reading to change[19].

Note: Some ovens have an automatic shut off system. This is a safety feature that automatically turns off the oven after it has run for twelve hours. If one is purchasing an oven that he intends to use on Yom Tov this feature is very impractical.

---

17. שאין זה גורם רבוי החשמל רק מונע שלא יכבה.

18. כנ״ל שרק גורם שלא ידליק עוד.

19. פשוט.

VII. Barbecue

Charcoal may be used on *Yom Tov* for cooking as long as the fire is transferred from an existing flame. One should remember to open the bag before *Yom Tov* to avoid any possible prohibitions[20]. If this was not done, it may still be opened on *Yom Tov* in a way that destroys the package but does not tear any letters[21]. Lighter fluid may also be poured on the charcoal.

If the grill requires assembly, the legs of the stand should be connected to the pan before *Yom Tov* so as not to violate the prohibition of making a vessel[22].

Once the ashes that are left over from the charcoal cool down they are *muktza*[23]. Therefore, if one wishes to move the grill it should be done when the ashes are still warm enough to cook something. Otherwise a non-*muktza* item should be placed on the grill. It is then permitted to move both the grill and the non-*muktza* item together[24].

VIII. Gas Grill

It is permitted to use a gas grill on *Yom Tov*. However, it is very impractical because it is forbidden to turn it off. One may light it by transferring fire from an existing flame. The

---

20. שש״כ פ״ט ס״א ושו״ת באר משה ח״ח סי׳ קס״ב, וקע״ד בענין פתיחת קופסאות וה״ה כאן.

21. שם.

22. שו״ע סי׳ שו״ג ס״ו.

23. שו״ע סי׳ תצ״ח סי׳ ט״ו.

24. מ״ב סי׳ ש״י ס״ק ל״ז.

flint light feature is forbidden. It may be raised and lowered only for the purpose of cooking as explained above with gas ovens.

IX. A Kettle That Whistles

One may use a water kettle that whistles when the water boils. However, the pot may only be placed on the flame when the water is cold so that it will not whistle immediately when placed on the fire. After the water boils and the pot is removed from the stove it must be allowed to cool before it is replaced on the fire so that it does not whistle immediately[25].

---

25. שו״ת באר משה ח״ח סי׳ קמ״ב.

8/ General Halachos of Food Preparation

In this chapter we have grouped a number of various *halachos* involving food preparation. These include extracting liquids from solids, smoothing, making salt water, and salting foods.

I. Extracting Liquids

A. The Prohibition

It is forbidden on *Shabbos* under the *melachah* of *dosh* / threshing to extract liquids from solids[1]. When one squeezes grapes or olives for their juices this transgresses a Torah prohibition[2]. Other foods such as oranges and lemons are only forbidden by the Sages[3]. Even if a liquid has been added to a solid, extracting is at times forbidden by the Sages under the *melachah* of *dosh*[4].

B. Extracting on *Yom Tov*

Many *poskim* maintain that the prohibition of extracting liquids applies on *Yom Tov* as well as on *Shabbos*. Therefore,

1. רמב״ם פ״ח מהל׳ שבת ה״י.
2. שו״ע סי׳ ש״כ ס״א ומ״ב שם סק״א.
3. שו״ע ורמ״א שם ועי׳ במ״ב סק״ה וסק״ח.
4. שו״ע שם ס״ז.

any form of extracting that would be forbidden on *Shabbos* would likewise be forbidden on *Yom Tov*[5].

However, when extracting liquid only involves a rabbinic prohibition, there are three situations in which it is permissible even on *Shabbos*. This can be applied to *Yom Tov* as well.

1) It is permitted to extract liquid from a solid if the liquid is made to fall directly into another solid[6]. Therefore one who wishes to squeeze lemon into tea may do so by squeezing it first into a spoon of sugar and then placing the sugar into the tea[7]. Similarly, it is permitted to squeeze lemon onto fish.

---

5. במ״א סי׳ תצ״ה סק״ג כתב בשם המהרי״ל שאסור לדוך שקדים ביו״ט להוציא מהם חלב אף שמפיגים טעם אם נעשה מאתמול משום שדומה לסחיטת פרי שאסורה ביו״ט וכן כתב בחיי״א כלל פ״א ס״י, והבאו דבריהם במ״ב סי׳ תצ״ה סק״ט אלא שהוסיף שם המ״ב שע״י שינוי יש להתיר משום שאינו סחיטה ממש רק חומרא בעלמא. ונראה מזה שבסחיטה ממש אסור גם ע״י שינוי. ועי׳ גם בפמ״ג במ״ז סי׳ תק״ד סק״א שכתב שדיני סחיטה ביו״ט הם כמו שבת.

והנה בשש״כ פ״ה הע׳ א׳ הביא מהגרש״ז אויערבך זצ״ל שהקשה למה שאני סחיטת פירות ממלאכת טחינה ששניהם אסורים משום שנעשה לזמן מרובה ומצינו בענין דיכת תבלין שהתירו חז״ל ביו״ט כיון שאינו נעשה לזמן מרובה ולמה בסחיטה שעושה ליומו שאני. ואעפ״כ כתב שיש להחמיר כסתימת הפוסקים שהחמירו בסחיטה בכל אופן ביו״ט ולא התירו יותר ממה שהתירו בשבת. ועי׳ שם בח״ג בתיקונים ומלואים שכתב סברות לחלק בין סחיטה לטחינה.

אבל עי׳ בשו״ת חלקת יעקב ח״ב סי׳ פ״ה שדן בענין סחיטת פירות ביו״ט של פסח כשאין לו משקין אחר לשתות שצירף הרבה טעמים להתיר אלא שמסיק שם שרק יש להתיר בפירות העומדים לאכילה. ועי׳ גם בשו״ת באר משה ח״ח סי׳ רכ״ד שהתיר בסחיטה האסורה מדרבנן באופן שאין אפשרות לעשותו מערב יו״ט וליתן במקרר. ולא כתבתי דבריהם בפנים שהם נגד סתימת הפוסקים ואינם מוכרחים. ועי׳ גם בספר בן איש חי שנה ב׳ פ׳ יתרו ס״י.

6. שו״ע סי׳ ש״כ ס״ד. ועי׳ בחיי״א כלל פ״א ס״א שכתב שמותר לסחוט אפילו זיתים וענבים לתוך אוכל ביו״ט כיון שרק מחמירין בשבת מטעם חומרא דשבת.

7. מ״ב שם ס״ק כ״ב וע״ע בחזו״א סי׳ נ״ו ס״ק ל׳.

2) It is permitted to extract liquid to enhance the food into which the liquid was absorbed[8]. For this reason, one may squeeze the oil from tuna fish in order to dry it out and enhance its flavor.

3) It is permitted to suck the juice with one's mouth directly from the fruit or food itself.[9]

II. Smoothing

A. The Prohibition

One of the thirty nine forbidden *melachos* of *Shabbos* is *memachaik* / scraping, which is performed in order to smooth the hides of animals. Under this *melachah,* it is forbidden to smooth any thick substance, such as wax, or spread it evenly over another surface[10].

B. Smoothing on Yom Tov

The *melachah* of smoothing is forbidden on *Yom Tov* as on *Shabbos*. However, it is permitted to spread margarine or butter on a frying or baking pan to protect the food from sticking and burning. The reason for this leniency is that when one's intent is merely to cover the surface, and not smooth the substance evenly, it does not constitute the above *melachah*[11].

---

8. שו״ע סי׳ ש״ב ס״ז.

9. רמ״א סי׳ ש״כ ס״א ועי׳ במ״ב שם.

10. רמב״ם פ׳ י״א מהל׳ שבת ה״ו ועי׳ בשו״ע סי׳ שי״ד סעי׳ י״א.

11. בשש״כ פי׳ י״א הע׳ קל״ב כתב בשם הגרש״ז אויערבך זצ״ל דמותר למרוח ביו״ט מרגרינה על תבנית אפיה שהרי אינו מכוון למרוח בכל מקום בשוה ואין בכה״ג משום איסור ממרח ולכאורה אפשר לומר אפילו יותר דבגמ׳ ביצה (לב:)

III. Making Salt Water

It is forbidden on *Shabbos* to prepare a large mixture of salt water because it appears as though one is making a solution with which to tan hides. This is forbidden because it is similar to the melachah of *me'abed* / tanning[12]. Even when preparing a small amount, which according to many poskim is only exactly what will be used at that meal without anything being left over[13], it is only permitted if the ratio is less than two parts salt to one part water[14]. Therefore, when *Pesach* falls on *Shabbos* it is best to prepare the salt water for the *seder* beforehand, since it is difficult to ensure that only a minute amount will be prepared[15]. When *Yom*

איכא משום איסור ממרח כשטח אותו בתנור ותירץ הר״ן שהיינו טעמא דשרי משום דמדינא בין גיבולו בין טיחתו מותרת דצורך אוכ״נ הוא והרי הוא כהעברה גופא לפי שבטיחה זו משתמר החום אלא דגבול אסור משום שנראה כמגבל לבנין עכ״ל נראה מדבריו דמותר למרוח פי התנור לשמור החום דהוי כמו אוכ״נ ממש וכ״כ המ״ב בסי׳ תק״ז ס״ק ל״ז טעם זה של הר״ן וא״כ בענינינו ג״כ י״ל שהוא צורך אכילה ממש כדי שלא ישרוף המאכל ומותר וע״ע בשו״ת באר משה ח״ח סי׳ קנ״ד שהתיר דבר זה מטעם אחר.

12. שו״ע סי׳ שכ״א ס״ב.

13. עי׳ לקמן הע׳ 15.

14. שו״ע סי׳ שכ״א ס״ב.

15. במ״א סי׳ תע״ג סק״ה כתב בשם הגהמ״נ דאם חל פסח בשבת יעשה המי מלח מערב שבת והובא דבריו במ״ב שם ס״ק כ״א אלא שהקשה שם המ״א שהלא מבואר בסי׳ שכ״א ס״ב דמה שצריך לאותו סעודה מותרת להכין אפילו בשבת ועי׳ בשו״ע הרב שם ס״ק י״ט שתירץ שלפי שרק מותר לעשות מעט מזעיר (פי׳ מעט ממש) מה שצריך לטיבול זה בלבד וקשה הדבר לצמצם לכן יעשה המי מלח מערב שבת. אבל אם שכח לעשות מערב שבת אז יעשה בשבת מעט ממש.

prepared[15]. When *Yom Tov* falls on a weekday, however, it is permitted to prepare this mixture in the normal manner[16].

IV. Salting Foods

The Sages forbade salting any food on *Shabbos* whose quality could be altered due to this process[17]. According to some *poskim*, the reason is that this is considered comparable to cooking these foods. Others hold it is comparable to the *melachah* of tanning which is done in order to process animal hides[18].

It is permitted, however, on *Shabbos*, to salt one piece of food at a time immediately prior to eating it or even many pieces at once if another liquid is added to dilute the salt's strength[19].

On *Yom Tov* salting is permitted. Therefore, one may salt even a number of pieces at one time without diluting the salt[20]. For example, it is permitted to salt a vegetable salad on

---

15. במ״א סי׳ תע״ג סק״ה כתב בשם הגהמ״נ דאם חל פסח בשבת יעשה המי מלח מערב שבת והובא דבריו במ״ב שם ס״ק כ״א אלא שהקשה שם המ״א שהלא מבואר בסי׳ שכ״א ס״ב דמה שצריך לאותו סעודה מותרת להכין אפילו בשבת ועי׳ בשו״ע הרב שם ס״ק י״ט שתירץ שלפי שרק מותר לעשות מעט מזעיר (פי׳ מעט ממש) מה שצריך לטיבול זה בלבד וקשה הדבר לצמצם לכן יעשה המי מלח מערב שבת. אבל אם שכח לעשות מערב שבת אז יעשה בשבת מעט ממש.

16. כן מבואר מהמ״א והשו״ע הרב, והמ״ב הנ״ל בהע׳ הקודמת. אכן בחיי״א כלל ק״ל סעי׳ י״ט כתב שלעולם יש לעשות מערב יו״ט ואם שכח יעשה בשינוי. וע״ע בסידור יעב״ץ בדיני הכנת הסדר שכתב שהדין ביו״ט הוה כמו בשבת.

17. שו״ע סי׳ שכ״א ס״ג ומ״ב שם ס״ק י״ג.

18. בשו״ע שם כתב מפני שהוא כמבשל וזהו כפי׳ הרמב״ם בהל׳ שבת פ׳ כ״ב ובמ״ב שם הביא עוד טעם מפי׳ רש״י שע״י המלח מתקשים והוי תיקון ודומה למעבד.

19. מ״ב שם ס״ק י״ד.

20. רמ״א סי׳ תק״י ס״ז.

Yom Tov in the regular manner, even though on *Shabbos* it may only be done if a liquid is added to dilute the salt's strength. Yet, even on *Yom Tov* if one is able to salt one item at a time immediately prior to eating it is preferable[21]. Therefore, if one has a platter of vegetable slices it is best not to salt the whole platter at once. Since there is no added benefit to doing them all together, each piece should be salted immediately prior to eating.

V. Practical Applications

A. Extracting Liquids

It is forbidden to extract liquids from solids on Yom Tov as on Shabbos. However, where the extracting only involves a Rabbinic prohibition, it is permitted it the following three situations.

1) If the liquid is made to fall directly into a solid.
2) If the liquid is sucked out with one's mouth.
3) If the liquid is removed to enhance the food's flavor.

B. Smearing Margarine on a Frying Pan

It is permitted to smear butter or margarine on a frying pan to prevent the food from sticking.

C. Preparing Salt Water

It is permitted to prepare a mixture of salt water on Yom Tov.

---

21. ברמ״א שם כתב שיש מחמירים בדין זה ועי׳ במ״ב שם סק״ז שהביא בשם הט״ז הטעם משום דאפשר למלוח כל חתיכה בפני עצמה.

D. Salting a Vegetable Salad

It is permitted to salt a vegetable salad on Yom Tov which on Shabbos should only be done if another liquid is added to dilute the salt's strength.

E. Salting Individual Vegetables

When salting individual vegetable slices, since it is not necessary to salt them all at once, it is preferable to salt them singly immediately prior to eating. However, in a case where the salt has been diluted this is not necessary.

9/ *Hav'arah* - Kindling a Fire

The *melachah* of *hav'arah* / kindling a fire has direct relation to food preparation because one needs a heat source to cook. Therefore, it is permitted on *Yom Tov*. Furthermore, the Sages have taught us that kindling fires are permitted not only for cooking but also for other *Yom Tov* needs as well. For example, it is permitted to kindle a fire to heat one's home or to heat water to wash one's hands. This is permitted under the principle of *mitoch*. (See Chapter 2 Section IV for further explanation.[1])

I. Creating a New Entity

Even though kindling a fire is permitted, it is forbidden to create a fire that was non-existent beforehand. According to most

---

1. הנה בענין היתר העברה ביו״ט לשאר צרכים חוץ מאוכל נפש עי׳ ב״י סי׳ תצ״ה שהביא מהמגיד משנה שכיון שכתבה תורה לא תבערו אש בכל מושבותכם ביום השבת מכלל דביו״ט שרי, והובא דבריו במ״א סי׳ תקי״ח ס״ק א׳. והנה במחצית השקל שם פי׳ כוונתו כפשוטו, שמן התורה אין איסור העברה ביו״ט, האמנם בשו״ת ארץ צבי ח״ב סי׳ ל׳ כתב שע״כ לא קיי״ל בזה כפשוטו, שהרי בסי׳ תקי״ד אוסר המחבר נר של בטלה (ולתרץ המ״מ י״ל שהולך בשיטת הרמב״ם פ״א ה״ד שמתיר נר של בטלה, והובאה שיטתו בבה״ל סי׳ תקי״ד) וע״ש שהביא משו״ת אבנ״ז סי׳ ת״ח שפי׳ בדברי המ״מ כוונה אחרת, דהו״א שהעברה הוה כמו מכשירי אוכ״נ, ויש לו כל דיני מכשירין שרק מותר כשא״א מערב יו״ט, (ולרבנן דר״י יהי׳ אסור בכל אופן), ולזה בא הכתוב לומר דהוי מלאכת אוכ״נ ממש, והיינו דבא להשמיענו, דאפי׳ כשאפשר מעיו״ט, אפ״ה מותר ביו״ט. ובנוגע שאר צרכים תלוי בדין מתוך באיזה אופן מתירים, ובאמת כן משמע בפוסקים, עי׳ בח״א כלל פ׳ בנ״א סק״א, ובשו״ע הרב סי׳ תקי״א ס״א, ובערוך השולחן סי׳ תקי״א, ובמ״ב שם סק״א, שכולם לומדים שהבערה לשאר צרכים מותר רק מטעם מתוך.

poskim, this is a violation of the Rabbinic prohibition known as *molid* / creating a new entity[2]. Therefore, it is only permitted to add fuel to an existing fire or to transfer fire from an already existing flame. For example, if one has a candle that is burning, one may hold another candle next to it in order to light it. This is permitted because in this situation a new fire was not created but merely transferred from one place to another[3].

---

2. דין זה, דאיסור המצאת אש מחדש, מבואר בביצה (לג.) דתנן אין מוציאין את האור וכו׳, ובגמ׳ שם מפרש מ״ט, משום דקא מוליד ביו״ט, ע״כ. וכתב הר״ב במשניות שם, וז״ל, ״ודמי למלאכה, שבורא האש הזה ביו״ט״ עכ״ל. ומשמע מלשונו, דכ׳ ש״דמי למלאכה״ שהוא רק איסור דרבנן.

ויש להבין, מאי שנא איסור זה מהעברה בעצמו (כמו להוסיף עצים לאש שקיים כבר) שמותר ביו״ט, שהיא ג״כ מלאכה מן התורה ואפ״ה הותר לצורך היום? ועי׳ ברמב״ם פ״ד מהל׳ יו״ט ה״א דכתב שלא הותר ביו״ט אלא להעביר מאש המצוי אבל להמציא אש אסור שהרי אפשר להמציא אותו מבערב עכ״ל. והפי׳, כיון שאיסור זה של המצאת אש אפשר מערב יו״ט אע״פ שאיסורו רק מדרבנן לא הותר, משא״כ העברה שמוסיף עצים להחזיקו, כיון שא״א מערב יו״ט מותר אפילו ביו״ט (ועי׳ בהערה הבאה הביאור בזה).

אבל בט״ז בסי׳ תק״ב סק״א פי׳ בדעת הרמב״ם כוונה אחרת, שהתורה לא התירה לצורך אוכ״נ להמציא דבר שלא היה בעולם רק לתקן מה שהיה כבר (עי׳ בר״ן פ״ג דביצה שהביא הסביר כזה בשם הרמב״ן לפרש איזה מלאכות מותרות ביו״ט), וממילא בהמצאת האש כיון שברא דבר חדש אסור מטעם העברה שהוא מלאכה מן התורה, שלא הותר לצורך אוכ״נ רק חלק ממלאכת העברה, וזהו להחזיק אש שכבר קיים. והרמב״ם רק בא לפרש למה לא מוכח מדהתירה התורה בישול וכדומה דע״כ שגם כל העברה הותרה (כיון דצריך אש לזה) ועל זה תירץ, שכיון ששייך להמציא אש מאתמול אין הכרח להתירו.

ויוצא לפי הט״ז דבר חידוש, דאיסור הוצאת אש מחדש הוא איסור תורה. ועי׳ בכתב סופר או״ח סי׳ ס״ח שהאריך בזה. אבל שיטת רוב הפוסקים שהמצאת אש חדש הוא רק איסור מדרבנן, עי׳ שו״ע הרב סי׳ תק״ב ס״א, שו״ת פרי השדה ח״ג סי׳ ח׳ ובס׳ מאורי אש דף ב׳.

3. כבר הבאנו באות הקודמת דברי הרמב״ם פ״ד ה״א שאסור להמציא אש מחדש משום שאפשר מאתמול, ומובא טעם זה בפוסקים, עי׳ במ״ב סי׳ תק״ב סק״א. ובס׳ ברכת יו״ט עמ׳ ל״ה כתב טעם לזה, שהחזקת אש שכבר היה בעולם

A. Striking a Match

For the above reason, it is forbidden to strike a match on *Yom Tov*, since when a match is struck a fire is created where there was none beforehand[4]. Similarly, to ignite a match from a place where there is heat but no fire (such as a hot piece of metal) is forbidden because the fire was created from the heat of the metal and not transferred from an existing flame[5].

B. Transferring Fire With a Match

It is permissible, however, to transfer fire even with a match. For example, if one of the gas burners on the stove is on and the gas pilot is out on a second burner, it is permitted to

---

נחשב א״א מערב יו״ט משום שעליו להוסיף עצים מדי פעם בפעם, משא״כ הוצאת אש מחדש נחשב אפשר מערב יו״ט כיון שיכול להוציאו מעיו״ט ולהחזיקו בדבר מועט (ולכן אין טעם להתירו ביו״ט). ויעוי״ש בדף הקודם דדן בזה כהיום שיכול להכין הגז מערב יו״ט ואין צריך להוסיף כלום ביו״ט למה מותר להעבירו, ע״ש.

והנה יש להבין מה הדין אם הכין אש מערב יו״ט וכבה ביו״ט, אם מותר להחזיר ולהמציאו שאז הוה כא״א מערב יו״ט וא״כ יש טעם גדול להתירו ועי׳ בברכי יוסף סי׳ תק״ב סק״א, שכתב דמי שהיה בבית האסורים או במדבר בערב יו״ט ולא נזדמן לו להכין אש מעיו״ט דמותר לו להמציא אש ביו״ט ונראה שכל שא״א להמציאו מע׳ יו״ט מותר ביו״ט ולכאורה ה״ה בענינינו. אכן, בכף החיים סי׳ תק״ב ובאורחות חיים שם סק״א כתבו דמסתימת הפוסקים משמע שאסור ודלא כהברכי יוסף הנ״ל. וכן היא משמעות סתימת המשנה, שאסור להוציא אש בכל ענין. וטעם לזה כתב בשו״ת מנחת יצחק ח״ד סי׳ צ״ט, מידי דהוה אמכשירין של תיקון כלי גמור, שאסור, אע״פ שא״א מערב יו״ט, וה״ה הוצאת אש שנחשב כתיקון גמור ואסור. ובס׳ ברכת יו״ט (עמ׳ ל״ז) פי׳, שכמו השחזת סכין אסור ביו״ט אף באופן דהוי מכשירין שא״א מאתמול כגון שנפגם ביו״ט מטעם שאפשר להשיג בקלות אצל אחרים, ה״ה בהמצאת אש שבקלות יכול להשיג אצל אחרים לא התירו חז״ל בכל ענין.

4. מ״ב סי׳ תק״ב ס״ד בשם הכתב סופר סי׳ ס״ז, ערוך השולחן שם ס״י, ושו״ת רב פעלים ח״ב סי׳ נ״ח.

5. מ״ב הנ״ל בשם הכתב סופר. ועי׳ בערוך השולחן סי׳ תק״ב ס״ו.

light a match from the existing flame and use it to transfer the fire to the second burner. Even though the flame causes the match to ignite, this fire is not considered new because it was created from an existing flame[6].

However, one should be careful to place the match directly into the flame and not let it ignite from the heat of the flame alone. This is because some authorities maintain that a "new entity" would be created if the fire of the match came from the heat of the burner and not from the flame itself. [7]

C. Lighting a Match From an Electric Coil

An electric coil that is red hot is considered as if it were a fire. Therefore, it is permitted to place a match on the red hot coil of an electric stove to ignite the match[8]. As above, the match should be lit by placing it directly on the coil and not merely from the heat of the coil alone. Similarly, should the coil be merely "hot", rather than "red hot", igniting the match would be forbidden, as it is being ignited merely from the heat rather than from something that is considered to be an actual fire.

D. Electricity

The *poskim* have made it clear that turning on any electrical appliance on *Yom Tov* violates the prohibition of

---

6. מ״ב הנ״ל.

7. שו״ת בית שערים סי׳ רנ״ז, שו״ת עין הבדולח סי׳ ס״ג, שש״כ פ׳ י״ג הע׳ י״ג בשם מרן הגר״י קניבסקי זצ״ל וספר הלכות המועדים פ״ח הע׳ 10 בשם מרן הגרי״ש אלישיב שליט״א. מיהו, בשש״כ שם הביא בשם מרן הגרש״ז אויערבך זצ״ל דדעתו להתיר זה. ועי׳ בשו״ת יביע אומר ח״ב סי׳ כ״ז ובההוספות שם.

8. שו״ת אג״מ יו״ד ח״ב סי׳ ע״ה, אמרי יושר (נשים) אות ע׳ בשם חזו״א, שו״ת אז נדברו ח״ז סי׳ ס״א ושו״ת רבבות אפרים ח״א סי׳ שמ״ו.

molid. Even though there is constant current flowing through the wires it is not considered an actual fire. It is only when the appliance is turned on that the electricity is considered fire.[9]

1) Electric Lights

For the above reason, it is forbidden to turn on electric lights on *Yom Tov*. Even though one may light a candle to illuminate a dark room, turning on an electric light is prohibited because of *molid*[10].

2) Central Heating

Similarly, it is forbidden to adjust the thermostat of a central heating system to raise or to lower the temperature. Although it is permissible to transfer a fire to keep warm, under the above prohibition it is forbidden to change the setting since electricity is used to change the temperature[11].

Summary

It is permitted to add fuel to a fire and to transfer fire from one place to another for any *Yom Tov* need. However, to create a new fire is forbidden. One may, therefore, not strike a

---

9. שו"ת אחיעזר ח"ג סי' ס', שו"ת קרן לדוד סי' קמ"ד, שו"ת צפנת פענח ח"א סי' רע"ג, שו"ת מחזה אברהם סי' מ"ב, שו"ת מהרש"ג ח"א סי' ס"ד ושו"ת חלקת יעקב או"ח סי' ע"ג. ואע"פ שיש חולקים, עי' בשו"ת אבן יקרה ח"ג סי' קס"ח, ובשרי המאה ח"ה עמ' קי"ד שמביא להקל בשם בעל ערוך השולחן, כבר נתקבל להחמיר וכן הוא המנהג הפשוט. ועי' בשו"ת ציץ אליעזר ח"א ס"כ פ"ו שמסביר איסור זה באריכות. וע"ע בחזו"א או"ח סי' נ' ס"ק ט' דכתב שהדלקת חשמל אסור משום בונה והמכבה אסור משום סותר.

10. ראה המקורות בהע' הנ"ל.

11. הנ"ל.

match or cause it to ignite from any heat source that is not a real fire. Similarly, one may not turn on any electrical appliance on *Yom Tov*.

II. Kindling for No Purpose

The principle of *mitoch* teaches us that kindling is permitted for all *Yom Tov* needs. However, as we will see with the *melachah* of carrying, not everything one wishes to do is considered a permitted need[12]. Kindling for the sake of eating, heating and washing are direct benefits and are definitely permitted. Below, we will discuss other common situations, some permitted and some forbidden.

A. Transferring Fire Through an Intermediary

Transferring fire from one place to another, such as lighting one candle from another, should be done directly. Using an intermediary, such as a match, to light from one candle to another when there is no significant reason would be equivalent to lighting a fire for no purpose[13].

---

12. בירושלמי בפ׳ משילין נסתפקו בנר של בטלה. ור״י כתב שם לא תאסור ולא תתיר ועי׳ ברמב״ם הל׳ יו״ט פ״א ה״ד דמשמע דמותר להדליק נר של בטלה, אבל שאר הפוסקים, והם הרא״ש ביצה (כג.) והתוס׳ שם ד״ה ״על״ והראב״ד והטור מחמירים בזה. וכן נפסק להלכה בשו״ע סי׳ תקי״ד ס״ה. ועי׳ ביה״ל שם ד״ה ״נר״ שיש מקילים וסומכין על הרמב״ם, אלא שכתב שם שלא העתיק כן להתיר בהמשנה ברורה כיון שרוב הפוסקים מחמירים בזה. והנה בערוך השולחן סי׳ תקי״ד סי׳ י״ט תמה בכלל מה זה נר של בטלה, דאטו ישתגע וידליק לבטלה לגמרי, דאילו הדליקו בשביל איזה דבר כמו לעשן ממילא אינו לבטלה ומותר, וא״כ למה זה הוא מדליק, והניח בצ״ע. אכן בפוסקים הביאו ציורים מה נחשב נר של בטלה, וכתבנום לקמן בפרק זה.

13. כ״כ בשו״ת מנחת יצחק ח״ה סי׳ ט״ז בשם בעל דברי יחזקאל, ובשו״ת באר משה ח״ה סי׳ ק״ה וח״ח סי׳ קע״ט. ועי׳ בשו״ת ארץ צבי ח״ב סי׳ ל׳ דכ׳ לאסור

Even though using the match fulfills a *Yom Tov* need (i.e. lighting the candle) since the flame can be transferred directly from candle to candle it is forbidden to use the extra fire of the match.

Another common example is using a candle to light a stove. The candle should be taken directly to the stove instead of lighting a piece of paper from the candle and then lighting the stove, unless one has a significant reason for doing so.

Permitted Intermediary

1) Where an Intermediary is Necessary

It is permitted to transfer a fire using an intermediary, if one has a purpose for doing so. For example, it is forbidden to light a gas burner on a stove using its electric ignition. However, if another burner is already lit from before *Yom Tov*, one may transfer the fire to a second burner using a match or splinter. In this situation the intermediary is necessary to enable one to transfer the fire[14]. (This is provided that turning on the gas only part way does not cause the electric ignition to turn on. See Chapter 7 Section 1.)

2) Extra Burden

It is also permissible to use an intermediary in a situation where not doing so would create an extra burden. An

---

הדלקת נר על ידי אמצעי כשאפשר באופן אחר מטעם אחר דלפי הפוסקים שסוברים שלא אמרינן מתוך מאוכ״נ למכשירין הרי נר זה נחשב מכשירין ואין היתר להדליקו אם יש אופן אחר. אכן בשו״ת רבבות אפרים ח״א סי׳ שמ״ו מסיק להקל בזה.

14. פשוט שאז נחשב צורך.

example would be someone who smokes on *Yom Tov* but does not have any fire in his own home. Since he will need a fire many times during the day to light cigarettes, he is not required to burden himself by going to a neighbor each time. He may bring a lit candle back to the house so that he will be able to use it whenever the need arises[15].

3) Lighting a Fire to Have in Case of an Emergency

It is also permitted to light a fire to insure that it will be available for any need that may arise. Even without a specific intention in mind, if there is a reasonable assumption that it may be needed, it is permitted. Therefore, if there is a reasonable expectation that the oven may go out, it is permitted to light a candle for standby use[16].

B. *Yahrtzeit* Candle

It is questionable whether the lighting of a *yahrzeit* candle is considered a permitted *Yom Tov* need. Therefore, one should preferably light the candle before *Yom Tov*[17]. If this was not done or the candle is needed on the second day of *Yom Tov*, it is best to light the candle in shul. Since lighting candles in shul is considered a *mitzvah*, lighting the *yahrzeit* candle is permitted as well[18]. (When lighting in shul, it is best to light the candle in the room where people actually daven and not in a

---

15. פמ"ג סי' תקי"ד מ"ז סק"ח, וכן מובא בכה"ח ס"ק ס"ט בשמו.

16. כן למד השש"כ פ' י"ג הע' י"ח בדעת הפמ"ג. וכן כתב בספר הלכות המועדים פ"ח ס"ה.

17. ביאור הלכה סי' תקי"ד ד"ה נר של בטלה.

18. שם.

side room[19].) If lighting in shul is not feasible, the *yahrtziet* candle may be lit even at home but preferably in a room where one can derive benefit from its light[20].

C. Candles at a *Bris*

There is a custom that candles are lit at the *seudah* of a *bris*. This is to show honor and love for the *mitzvah* of *bris milah*. When one makes a *bris* on *Yom Tov*, it is permitted to light these candles since it is considered a *mitzvah* to show honor in this way[21]. However, for any other *seudas mitzvah* it is forbidden[22].

D. *Havdalah* Candle

When *havdalah* is made after *Shabbos* each week and the *brochah* is recited on the candle it is best to have at least two wicks together to create a larger flame[23]. For this reason, many people use a special *havdalah* candle made up of several wicks. When *Yom Tov* falls on the night after *Shabbos* such a candle should not be lit specifically for *havdalah*. This is

---

19. זה השולחן סי׳ תקי״ד בהערותיו.

20. בביה״ל הנ״ל כתב בשם שו״ת כתב סופר שאם לא הדליקו הנר יא״ר צייט בערב יו״ט ידליקנו עכ״פ בחדר שאוכלין בו (אע״פ שיותר טוב שידליקנו בביהכ״נ) דמוסיף אורה בחדר (והוי צורך יו״ט) ועי׳ במנחת יו״ט סי׳ צ״ח ס״ק י״א שהביא שכן המנהג להדליק הנר יא״ר צייט בביתו. אמנם על זה שכתב הבה״ל שיש להדליקו בחדר שאוכלין בו העיר הגר״ש פעלדער שליט״א שלכאורה זהו דוקא בזמנם שלא היה להם נר חשמל וכל תוספת אור הוי צורך אבל עכשיו שיש לנו אור חשמל להאיר החדר אין צורך במה שמוסיף עוד נר שעוה וא״כ יותר טוב להדליקו בחדר שכיבה וכדומה שאין שם הרבה אור.

21. מ״ב שם ס״ק ל׳.

22. שו״ת באר משה ח״ג סי׳ ע״ו.

23. שו״ע או״ח סי׳ רצ״ח ס״ב.

because it is questionable if the requirement of having two wicks together is considered enough of a *Yom Tov* need to permit this *melachah*[24]. Rather, two candles that were already lit should be held together to fulfill the requirement of having two wicks.

Some *poskim* rule that the two candles should only be held in close proximity to each other but should not touch[25]. Others hold that they should be held close enough for the flames to touch but not the wicks[26].

---

24. בדרכי משה סי׳ תע״ג סק״י כתב בשם מהרי״ו שצריך לצלות הזרוע והביצה לצורך הסדר מבעוד יום, דהואיל דאינו אוכלו ביו״ט אסור לצלותו ביו״ט, כיון שבשביל זכר לקרבן פסח בלבד אינו נחשב צורך, אבל אם רוצה לאוכלו ביו״ט ראשון ולעשות אחר לצורך ליל שני, אז מותר לצלותו שהוה צורך היום כדי לאוכלו. והובא דבריו במ״א שם סק״ח ובמ״ב שם ס״ק ל״ב. ונראה מכאן, דאע״פ שאמרינן מתוך במלאכת בישול, אין היתר לעשות מלאכה בשביל מנהג בלבד.

אלא דצ״ע ממה שכתב במ״ב סי׳ תקי״ד ס״ק ל״א בשם תשובות הרא״ש שמותר להדליק נרות בבהכנ״ס אפילו ביום, שהוא כבוד המקום. והרי דמותר אף דלכאורה אין זה אלא לצורך מנהג. וכן צ״ע ממה שהתיר בבה״ל שם ד״ה נר להדליק נר נשמה ביו״ט, וכמו כן יש להעיר ממה שכתב השו״ע בסי׳ תקכ״ו ס״א שמותר להחם מים לרחיצת המת (ובמ״ב שם סק״ט פי׳ שמותר מטעם מתוך) אף דלכאורה זהו רק משום מנהג.

וצ״ל שיש לחלק בין המנהגים איזה נחשב צורך היום ואיזה אינו כ״כ צורך. ובנוגע לנידון דידן, הנה בשש״כ פ׳ ס״ב הע׳ ל״א הביא בשם מרן הגרש״ז אויערבך זצ״ל דצ״ע אם מותר להדליק ביו״ט נר מיוחד רק בשביל הידור של אבוקה אלא דבחלק ג׳ בתיקונים ומלואים כתב דמסתבר דנחשב צורך ומותרת. ובספר יום טוב שני כהלכתו בהוספות לפ״א הע׳ נ״ג הביא ממרן הגרי״ש אלישיב שליט״א שאין כדאי להדליק נר מיוחד בשביל זה.

25. שו״ת ויגד משה סי׳ ט״ו סק״ט בשם קונטרס מנהגי חב״ד בסוף ספר שו״ע הרב חלק ג׳ וד׳ דף צ״ז. ובס׳ שיח אבות אות ס״ז ובספר יו״ט שני כהלכתו פ״א הע׳ נ״ב כתבו בשם הגרש״ז אויערבך זצ״ל שיש לחוש שיורד ממנו טיפת שעוה נמאס שהוא בכלל גרם כיבוי האסור.

26. במטה אפרים סי׳ ת״ב באלף המגן סק״ג כתב בשם ספר יסוד ושורש העבודה שיש לקרב ב׳ נרות לעשות אבוקה כדי להבדיל עליו. וכ״כ בשו״ת באר

Summary

When kindling a fire, one must be sure that it is for a direct *Yom Tov* need. Therefore, to light an intermediary that has no significant purpose is forbidden. Similarly, a special *havdalah* candle should not be lit. However, an intermediary is permitted when necessary or to avoid an extra burden.

Candles at a *seudah* for a *bris milah* are also permitted. A *yahrzeit* candle should be lit before *Yom Tov*. If this was not feasible, it may be lit on *Yom Tov*, preferably in *shul* but also at home in a place where benefit can be derived from it.

III. Smoking

Since the advent of smoking there has been a major disagreement amongst the *poskim* as to whether smoking is permitted on *Yom Tov*. The issue of contention is whether smoking is considered a universal need[27]. However, the dangers of smoking were unknown in those days and it is now questionable whether those *poskim* who permit smoking on *Yom Tov* would do so even in our times when it has been

---

משה ח״ח סי׳ קפ״ד ובספר הלכות המועדים עמ׳ רפ״א בשם הגרי״ש אלישיב שליט״א.

27. בענין עישון ביו״ט עי׳ מ״א סי׳ תקי״ד סק״ד שאוסר מטעם שדומה למוגמר שאינו שוה לכל נפש. וכ״כ בקרבן נתנאל פ״ב דביצה הובא בשערי תשובה סי׳ תקי״א. וכן פסק הח״א כלל צ״ה דין י״ג. אמנם יש הרבה מקילים בזה, עי׳ בפנ״י שבת (לט:) שכ׳ טעם להתיר כיון שהוא לבריאות הגוף לעכל המזון ולהתאוות המאכל ואינו רק לתענוג בעלמא שאינו שוה לכל נפש, ואע״פ שהוא ג״כ לתענוג אין זה מגרע. וכ״כ בפמ״ג סי׳ תקי״א במ״ז סק״ב להתיר מטעם זה. ועי׳ בשע״ת שם שהביא עוד הרבה מקילים. וכן בשו״ת כתב סופר או״ח סי׳ ס״ו כ׳ להקל מטעם שהוא לבריאות הגוף. ועי׳ בבה״ל שם ד״ה אין שכתב שעיקר טעם כל המקילין משום דעכשיו שהרבה רגילים בזה נעשה שוה לכל נפש, ורק שצריך להזהר משום כיבוי.

proven to be a major health hazard. Therefore, to refrain from smoking on *Yom Tov* is surely praiseworthy. Yet, those who do smoke on *Yom Tov* have *poskim* on whom to rely[28].

Some *poskim* are of the opinion that one should not smoke the first day of *Yom Tov* or on either day of *Rosh Hashanah* while allowing it only on the second day of *Yom Tov*[29].

The permissibility of smoking only applies to a frequent smoker for whom abstaining would cause physical distress. Someone who only smokes once in a while for enjoyment or out of nervousness definitely should not smoke on *Yom Tov*[30].

Even those who wish to smoke on *Yom Tov* must be cautious of many potential prohibitions. The following are some common problems that may arise.

A. Opening the Package

The cigarette package should be opened before *Yom Tov* to avoid violating the prohibitions of tearing and creating an opening. If this was not done, it may still be opened on *Yom*

---

28. הנה אע"פ שבזמנם היו מעשנין לצורך בריאות הגוף אבל עכשיו אין מעשנין מטעם זה, ואדרבה עכשיו ידוע שהוא מזיק לבריאות הגוף, ומרן הגר"מ פיינשטיין זצ"ל כתב במכתב (ונדפס בירחון מוריה ניסן תשמ"ו) שזהו טעם גדול שאינו נחשב עוד שוה לכל נפש. וכן כתב בשערים מצוינים בהלכה סי' צ"ח ס"ק י"ט. וכ"כ בתשובות והנהגות ח"א סי' שט"ז. והיינו דבזמנינו לא שייך טעמם של הפנ"י והפמ"ג להתיר (המובא בהע' הנ"ל), וגם הטעם שכתב הבה"ל הנ"ל להתיר, מטעם שרגילים בזה הרבה אנשים, הנה בזמנינו באמת אינו כן כ"כ, וצ"ע. אך מ"מ סיים שם בעל האג"מ (בירחון הנ"ל) שקשה לומר איסור בזה מאחר שהרבה מעשנים, אבל ראוי לבעל נפש להחמיר.

29. שע"ת סי' תקי"א ובה"ל שם ד"ה אין, ע"ש.

30. שדי חמד מערכת יו"ט סק"ב ד"ה ומכל מקום, תשובות והנהגות ח"א סי' שט"ז וספר הלכות המועדים פ' ט"ז הע' 1 בשם הגרי"ש אלישיב שליט"א.

Tov from the opposite side in a way that ruins the package. Care should be taken not to tear any of the letters in the process in order to avoid violating the prohibition of *mochaik* / erasing[31].

B. Cigarettes With Printing on the Paper

There is a question as to whether cigarettes with printing on the paper may be smoked on *Yom Tov*, since burning the letters or graphics may involve the *melachah* of *mochaik* / erasing[32]. It is, therefore, advisable to smear over the letters with a pen or marker before *Yom Tov* to avoid this problem[33]. If this was not done, many hold that erasing the letters in this manner does not violate the above prohibition[34]. In order to avoid this problem, according to all opinions, one can smoke the cigarette until it nears the lettering and then put

---

31. שו״ת באר משה ח״ח סי׳ קס״ב וסי׳ קע״ד ועי׳ שש״כ פ׳ י״ג ס׳ ז׳ בהגהה.

32. בפמ״ג סי׳ תקי״א במ״ז סק״ב כתב ״הנה אני רגיל לשתות טיטון ביו״ט כמנהג העולם לרפואה אבל נייר שכתוב בו אותיות יש לאסור דהוה מוחק מדרבנן.״ וכן כתב בקיצור שו״ע סי׳ צ״ח ס׳ ל״ב שיש מקילין לעשן ביו״ט ואם כתוב עליו אותיות איכא איסור מחיקה. וע״ע בשו״ת כתב סופר סי׳ ס״ו ובשו״ת לב חיים ח״ב סי׳ ק׳.

33. כ״כ בשו״ת הר צבי בט״ל הרים מלאכת מוחק בשם הגרש״ז אויערבך זצ״ל.

34. בשו״ת מהרש״ם ח״ז סי׳ ז׳ כתב ליישב מנהג המקילים בזה, דהוי מקלקל לצורך יו״ט בתרי דרבנן, חד שהוא מוחק שלא על מנת לכתוב, וגם כיון שעושה בפיו הוה כמו מוחק בשמאל שאינו אלא מדרבנן כמש״כ הא״ר בסי׳ ש״מ. וכן הורה להתיר בשו״ת מהרש״ג ח״ב סי׳ מ״א ובשו״ת יד סופר סי׳ ל״ג. ועי׳ בשש״כ פ׳ י״ג הע׳ ל׳ שהביא בשם הגרש״ז אויערבך זצ״ל שהקשה על הפמ״ג שאסר דבר זה, דלא מצינו בשריפת גוף הדבר שעליו האותיות דחשיב מוחק, (רק במוחק האותיות מעל הנייר, והנייר קיים הוי בכלל מלאכת מוחק). וכן פסק להתיר בשו״ת יביע אומר ח״ה סי׳ ל״ט. וע״ע בשו״ת שרגא המאיר ח״ה סי׳ ס״ג ובשו״ת באר משה ח״ח סי׳ קנ״ב.

it down to let it burn out by itself. In this way, one is not directly burning the letters[35].

C. Lighting a Cigarette

The use of a cigarette lighter is forbidden since it involves the prohibition of *molid* / creating a new entity[36]. Furthermore, to light with an intermediary flame when there is no significant reason is also forbidden on *Yom Tov*[37]. Therefore, a cigarette should be lit directly from an existing flame and not from a fire that was transferred with a piece of paper or match.[38].

D. Shaking Off Burnt Ashes

It is forbidden on *Yom Tov* to shake off the ashes from a cigarette. If some of the ashes are still burning, they may go out because of the fall. This would violate the *melachah* of *mechabeh* / extinguishing. Instead, the ashes should be allowed to fall off by themselves[39].

---

35. ספר הלכות המועדים פ' ט"ז ס"ד.

36. עי' לעיל הע' 2.

37. שו"ת ארץ צבי ח"ב סי' ל', שו"ת מנחת יצחק ח"ה סי' ט"ז ושו"ת באר משה ח"ב סי' ק"ה וח"ח סי' קע"ט.

38. במנחת יו"ט סי' צ"ח ס"ק י"ז כתב שאין להדליק סגריה אחת מהשניה משום חשש כיבוי הניצוצות ע"י שפשוף שניהם ביחד. ויש לעי' במקום שאין לו אש אחרת אם טוב יותר להדליק ע"י אמצעי כגון גפרור מהסגריה הדלוק כדי להדליק השניה או אם רק הוי חומרא בעלמא ואין להדליק אמצעי בשבילו כמו שכתב בשו"ת מנחת יצחק ח"ה סי' ט"ז ובשו"ת באר משה ח"ב סי' ק"ה המובא בהע' הנ"ל.

39. בה"ל סי' תקי"א ד"ה "אין".

E. The Ashes Are *Muktza*

The burnt ashes of a cigarette have no use and are *muktza*. It is, therefore, forbidden to let the ashes fall into a plate or cup since one is being "*mivatel kli mehechano.*[40]" If there were already ashes or another object in the cup, this does not apply[41]. Similarly, an ashtray, which is made for this purpose, does not fall under this prohibition and one may allow the ashes to drop into it. [42]

F. Extinguishing After Use

When one finishes smoking the cigarette it may not be extinguished. One must place it down carefully in a safe place and allow it to burn out by itself[43].

Summary

It is highly questionable if the poskim would still permit smoking on Yom Tov now that it's detriment to health has come to light. Yet those who do smoke on *Yom Tov* should open the container and smear over the letters before *Yom Tov*. The cigarette should be lit directly from an existing flame and not from another cigarette. The ashes should not be shaken off, but allowed to fall into an ashtray or another utensil that already has something else in it.

---

40. שו"ע סי' רס"ה, וע"ש במ"ב ס"ק י"ד.

41. שכבר היה בסיס לזה.

42. בספר שבות יצחק פ"כ אות ח' הביא כן בשם הגרי"ש אלישיב שליט"א.

43. פשוט.

IV. General *Halachos* of Kindling and Extinguishing

A. An intermediary flame, such as a match or piece of paper, should not be put down in a way that will cause it to go out. It should be laid down gently and allowed to burn out by itself[44].

B. When one candle is being lit from another, such as the *Yom Tov* candles, caution must be used not to drip any wax when tilting the candle. This would be equivalent to the *melachah* of *mechabeh* / extinguishing[45]. To avoid this, one can tilt the unlit candle to the lit one. In this way, there is no concern over dripping wax.

Practical Applications

A. Matches

It is forbidden to strike a match on *Yom Tov*. It may be lit, however, from an electric stove but only when the coil is red hot.

---

44. ס׳ מנחת שלמה סי׳ י״ב אות ד׳, שש״כ פי״ג ס״ח ושו״ת באר משה ח״ח סי׳ קצ״ו.

45. בספר יו״ט שני כהלכתו פ״א הע׳ נ״ב הביא בשם הגרש״ז אויערבך זצ״ל שאין לחבר ב׳ נרות כאחד ממש להבדלה משום שאם יחברם יחד קרוב הדבר שיכשל באיסור גרם כיבוי ע״י טפטוף השעוה (ואע״פ שאין כאן פסיק רישא), לכן כתבנו בפנים שיש עצה טובה לקרב האחד שאינו דלוק אצל הדלוק ולא להיפוך, וכן כתב עצה זו בספר הלכות המועדים פ׳ ט׳ הע׳ 16.

B. Electric Appliance

An electric light or appliance may not be turned on or off on *Yom Tov*.

C. Lighting Candles

It is permitted to light candles for a *bris* or in a dark room. One should not light a multi-wick candle specifically for *havdalah*. Regarding a *yahrzeit* candle see Section II, B.

D. Lighting Through an Intermediary

If one is using a candle to light another fire, such as a burner on the stove, the candle should be brought directly to the stove. A piece of paper or splinter should not be used to transfer the fire unless it is necessary.

E. Smoking

Smoking a cigarette on *Yom Tov* is very questionable. See section III.

F. Placing Candles in Holder

It is permitted to remove leftover wax from inside a candle holder[46]. It is forbidden however, to melt the bottom of the candle to make it secure[47] or to cut the bottom of the candle to fit it into its holder. The candle may, however, be forced into the holder.[48]

---

46. חיו"א כלל צ"ב סעי' ב'.

47. מ"ב סי' תקי"ד ס"ק י"ח.

48. עי' בשש"כ פ' י"ג סעי' מ"ב ובשו"ת באר משה ח"ח סי' קס"ח.

10/ *Mechabeh* - Extinguishing

The *melachah* of *mechabeh* / extinguishing includes not only putting out a fire completely but also partially. For example, it is forbidden to extinguish even a single log of a large fire even if the rest of it will continue to burn[1].

One could, therefore, assume that this *melachah* has a direct relation to food preparation. Since, at times, a lower flame is required for cooking, extinguishing or lowering part of a larger flame has a direct use in the cooking process.

Yet, the Sages teach us that this *melachah* is seen only as indirectly involved with food preparation. The reason is, that the part of the flame which was extinguished is not being utilized to cook food. With other *melachos*, such as kindling, their use is a direct result of the *melachah* itself.

For this reason, there are many stringencies involving the *melachah* of *mechabeh* / extinguishing on *Yom Tov*[2].

---

1. שו״ע סי׳ תק״ב ס״ב ובמ״ב ס״ק י״ט.

2. ביצה (כב.) בעי מיניה אביי מרבה מהו לכבות את הדליקה ביו״ט וכו׳, א״ל אסור, איתיביה אין מכבין את הבקעת כדי לחוס עליה ואם בשביל שלא יתעשן הבית או הקדירה מותר, (ומשני) ההיא ר׳ יהודה (דס״ל מכשירי אוכ״נ מותר ביו״ט), כי קאמינא אנא לרבנן (שאוסרים מכשירי אוכ״נ ביו״ט) עכ״ל הגמ׳. ומבואר, דאע״פ שהצלת הבית כדי לישב שם הוא כמכשירי אוכ״נ, מ״מ מסקינן כאן דאסור לכבות אש בשביל זה משום דקיי״ל כרבנן שאוסרים מכשירין ביו״ט.

והקשו הראשונים, שלכאורה סוגיא זו סותרת למסקנת הגמ׳ (דף כ״ח) שהלכה כר׳ יהודה שמכשירי אוכ״נ שא״א לעשותן מערב יו״ט מותר, וא״כ איך קאמר הגמ׳ כאן שאנא קאמינא כרבנן שאוסרים מכשירי אוכ״נ. ותירצו הראשונים בג׳ אופנים.

א׳ הרא״ש בתירוצו הראשון כתב שבאמת פסקינן כר׳ יהודה, וכהגמ׳ לקמן (דף כ״ח), אלא דמכיון דאמרינן בגמ׳ שם הלכה ואין מורין כן לא רצה רבה לפסוק היתר בדבר בפירוש. וכן כתב הר״ן בשם הרז״ה דלדינא כיבוי מותר ביו״ט

I. *Mitoch*

According to many *poskim*, since extinguishing a fire is only seen as indirectly related to food preparation, the principle of *mitoch* is not applied to this *melachah*. Others hold that we do apply *mitoch* to this *melachah*. Yet, since extinguishing for other needs is only an indirect benefit, it is not permitted[3].

For these reasons, one may not put out a fire that is threatening to burn down a house unless, as on *Shabbos*, there is a life threatening situation[4]. The exception is where one would have nowhere else to eat the *Yom Tov* meal. In such a situation, saving the house is considered as directly related to food prerparation[5].

כשא״א מערב יו״ט מטעם מכשירי אוכ״נ, אלא שאין מורין כן לאחרים. והובאו דבריהם בט״ז סי׳ תקי״ד ס״ק ב׳ להלכה.

ב׳ ברי״ף כתב שכיון שכל האמוראים בסוגיא דידן (דף כ״ב) נקטינן כרבנן, כן היא ההלכה שמכשירי אוכ״נ אפילו כשא״א מערב יו״ט אסור ביו״ט. ועי׳ במגיד משנה פ״ד מהל׳ יו״ט שהקשה סתירת הרי״ף ממש״כ הרי״ף בפ׳ אין צדין דהלכה כר׳ יהודה.

ג׳ והרמב״ן תירץ סוגיא זו באופן אחר, שאע״פ שמן התורה קיי״ל כר׳ יהודה, מדרבנן אסרו הני מכשירין שאינם קרובים לאוכ״נ ממש, ורק במכשירין כמו גריפת תנור (להסיר הגחלים מהתנור) כדי לאפות, אע״פ שמכבם, לא אסרו מדרבנן כיון שהוי מכשירין שהוא לצורך אוכ״נ ממש. אבל כיבוי הבקעת כדי שלא יתעשן הבית או הקדירה שפיר אסור מדרבנן. וכ״כ רבינו ירוחם.

והנה בשו״ע סי׳ תקי״ד ס״א תפס דברי הרמב״ן להלכה, ואסר כיבוי האש ביו״ט אפילו אם רואה קדירתו נשרפת, וכ״ש באופן שאינו אוכ״נ כלל, כגון לכבות נר כדי לשמש מטתו, ורק לענין גריפת התנור כתב בסי׳ תק״ז ס״ד שמותרת כיון שהוא קרוב יותר לאוכ״נ כנ״ל אלא דהרמ״א כתב שבאופן שא״א להציל קדירתו באופן אחר מותר לכבות וה״ה בבית שנשרף אם צריך לאכול שם. וביאור דבריו הוא, שבאופן כזה, שהוה א״א באופן אחר, יצא מדין מכשירין ונחשב ממש אוכל נפש אע״פ שאינו עושה תיקון בגוף האוכל, כדמשמע מדברי הרא״ש.

3. עי׳ בהע׳ הנ״ל ובר״אש ביצה דף כב. ובשעה״צ סי׳ תק״ז אות ל״ז.

4. שו״ע סי׳ תקי״ד ס״א.

5. רמ״א שם ועי׳ לקמן הע׳ 8.

Similarly, if a light was left on in the bedroom one may not turn it off to fall asleep[6].

II. Lowering a Flame for the Purpose of Cooking

It is permitted on *Yom Tov* to lower an existing flame for the direct purpose of cooking when no other option is available. For example, if a fire under a pot is too large and the food is going to burn,[a] the flame may be lowered.

In this situation, extinguishing the fire is seen as directly involved with food preparation. Since too large a flame will burn

[a] *This only applies in a case where part of the contents of the pot will burn and affect its taste. If, however, it will only detract from the appearance of the food, the flame may not be lowered.*[7]

---

6. בשו״ע סי׳ תקי״ד ס״א כתב, ״אסור לכבות דליקה אפילו אם רואה ביתו שנשרף אם אין שם סכנת נפשות ואין מכבין הבקעת ואפילו כדי שלא יתעשן הבית או הקדירה או כדי לשמש מטתו״, והרמ״א כתב, ״וי״א דוקא אם אפשר להציל הקדירה בלא כיבוי אבל אם א״א להציל או לבשל הקדירה בענין אחר רק שיכבה מותר לכבות וכו׳, ומבואר דאפי׳ להרמ״א אסור לכבות כדי לשמש מטתו, והטעם, או משום שלא אמרינן מתוך בכיבוי או דלא אמרינן מתוך ממנו בשאר צרכים שהוה רק מכשירין.

וכן בשו״ע הרב שם ס״ג, כתב דאסור לכבות דליקה בבית אע״פ שאין לו בית אחר ״וצריך לישב שם בעישון עינים״, דהרי אף דזה לכאורה ודאי צורך הגוף ממש הוא אפ״ה אסור לכבות כיון דאינו לצורך אכילה ושתיה ממש, וא״כ ה״ה כדי לישן יהי׳ אסור, וכ״כ בספר הלכות המועדים פ״ט אות 92, ובספר נטעי גבריאל פ׳ י״ד ס״ז.

7. מ״ב ס׳ תק״ז ס״ק כ״ג, ועי׳ שש״כ פ׳ י״ג הע׳ נ״ב בשם הגרש״ז אויערבך זצ״ל.

the food and removing it from the fire will leave the food raw, the flame may be lowered for the purpose of cooking[8].

However, it is forbidden to shut off the flame completely under a pot that is fully cooked. In this case, even though leaving the food on the flame will cause it to burn, one has the option of removing the pot. Therefore, the act of extinguishing is not a direct need for the food preparation and is forbidden.

Lowering a Flame If Another Can Be Ignited

We mentioned above that lowering a flame is only permitted when no other option is available. There is considerable dispute amongst the *poskim* over a case where a lower flame is required for cooking, so that the food will not burn, but one also has the option of starting a new, lower fire.

---

8. ברא״ש ביצה (כב.) כתב, והא דאסור לכבות כדי שלא יתעשן הקדירה היינו באפשר להצילה מעישון בלא כיבוי, כגון שיסירנה מאש זה לבשלה על אש אחר, ואם אין לו אש אחר וצריך לבשל קדירתו באש זה ואם לא יכבה חלק ממנה תתעשן הקדירה מותר לכבותו לצורך אוכ״נ כמו שמותר לבשל ולאפות עכ״ל. ומבואר מדבריו, שרק אם יש לו עצה אחרת אז נחשב כיבוי כמו מכשירין ואסור אבל כשאין מקום אחר לבשל אז נחשב הכיבוי כאוכ״נ ממש כמו בישול ואפיה. וכן ביאר בשו״ע הרב סי׳ תצ״ה בקונט״א סק״ד בשיטת הרא״ש. ועל פי זה פסק הרמ״א בסי׳ תקי״ד ס״א שכל זמן שא״א לבשל על אש הגדולה כיון שיקדיח תבשילו מותר לכבותו קצת כשאין לו עצה אחרת. וכן כתב המ״ב שם סק״ז לבאר דברי הרמ״א.

אלא דבשו״ע הרב סי׳ תצ״ה בקונט״א סק״ד הביא דרוב ראשונים חולקים על הרא״ש, וס״ל שכל שאינו נהנה מהמלאכה עצמה נחשב רק מכשירי אוכ״נ, ולפי דבריהם לכבות כדי שלא תשרף הקדירה יהי׳ מותר רק מטעם מכשירין שא״א מערב יו״ט. וכן כתב השו״ע הרב בסי׳ תקי״ד ס״ב. (ואע״פ שכתב שם בס״ד שכיבוי להציל הקדירה מעישון הוא לצורך אוכ״נ ממש הרי הביא מקור לזה מהרשב״א. ועי׳ במ״מ פ״ד מהל׳ יו״ט ה״ד שכתב בשם הרשב״א שכיבוי זה הוא מכשירין הקרוב לאוכ״נ וא״כ י״ל שזהו ג״כ כוונת השו״ע הרב הנ״ל.) ויש להבין לפי דבריו שלכאורה הוה רק מותר אבל אין מורין כן לאחרים כמו כל מכשירי אוכ״נ. ואפשר שהוא דומה לגריפת תנור שהוה ממש קרוב לאוכ״נ והתירו אפילו להורות כן, וכמו שכתב הר״ן ביצה (כב.).

A practical example would be a situation where one is cooking on a gas stove top with a constant gas pilot. In such a case, one has the option of lowering the existing flame or starting a new smaller one.

Some *poskim* hold that since there is an option of starting a new lower flame, it is forbidden to partially extinguish the existing flame (i.e. lowering it) even for the purpose of cooking. Other *poskim* hold that it is better to lower the existing fire since that involves less of a *melachah* than kindling a new fire[9].

---

9. **ברא״ש, המובא בהערה הנ״ל, כתב שמותר לכבות חלק מהאש הגדולה ביו״ט כדי שלא יקדיח תבשילו כשאין לו אש אחרת שהיא קטנה ממנו לבשל עליה. ומשמע, דדוקא כשיש לו כבר אש אחרת, ורק צריך לסלק הקדירה מכאן ולהניחה שם, הוא דלא הותר לכבות. אבל במ״א בסי׳ תקי״ד סק״ב כתב שה״ה אם אין לו אש אחרת, ויכול להדליק אש קטנה אחרת במקום אחר, שנחשב ג״כ כיש לו אופן אחר כדי לבשל, ואסור לכבות האש הגדולה שהיה לו כבר. והובאו דבריו במ״ב שם סק״ו.**

אבל בשו״ת אג״מ ח״א סי׳ קט״ו כתב בפשיטות שאין חילוק בין הקטנת האש הגדולה להדלקת אש חדשה. וביאור דבריו יותר באג״מ ח״ד סי׳ ק״ג, דמאחר דהעברה וגם כיבוי מותרים ביו״ט לצורך אוכ״נ אין מקום להעדיף אחד יותר מחבירו. ואע״פ דחזינן שבהעברה אמרינן מתוך ולא בכיבוי, מ״מ כאן אין להעדיף העברה על כיבוי כיון דכאן נוגע לאוכ״נ גופה. ועוד הוסיף, דרוב ראשונים פוסקים כר׳ שמעון, שמלאכה שאינה צריכה לגופה אסור רק מדרבנן, וא״כ כיון שכיבוי זה הוה רק מלאכה שאינה צריכה לגופה א״כ אינו אלא איסור דרבנן, ואין להעדיף לעשות אש קטנה מחדש על ידי הדלקה, שהוא מלאכה מן התורה כשאפשר באופן דהוי רק דרבנן.

וכדי שלא יסתור דבריו מהמ״א הנ״ל, פי׳ האג״מ בתשובה שני׳, באו״ח ח״ד, שע״כ המג״א מדבר באופן שכדי לכבות היה צריך לעשות הרבה מעשה כיבוי, כגון שצריך לכבות כל עץ ועץ בעצמו, ויעשה בזה מלאכת כיבוי כמה פעמים, ואילו ההבערה נעשית הכל במעשה אחד, ולכן זה עדיף אע״פ שהוא מלאכה מן התורה. אבל בנוגע לכירי גז שלנו, שבין להדליק בין להקטין הגז נעשה בחד מעשה, גם המ״א יודה שהקטנת האש עדיף. ועי׳ בשו״ת עמק התשובה להג״ר יחזקאל ראטה שליט״א, ח״א סי׳ פ״ג שכתב ג״כ כעי״ז, אלא דליישב דברי המג״א פי׳ בע״א, דהמג״א קאי באופן שכדי להקטין אש זה היה צריך לכבותו לגמרי ולהדליקו מחדש, דהוי שתי מלאכות, משא״כ להדליק במקום אחר היא רק מלאכה אחת, ורק בציור כזה סובר המ״א שצריך להדליק אש במקום אחר. אלא דדוחק הוא בסתימת לשון המג״א.

It is difficult to give a halachic ruling on this matter and one should follow his custom or consult a *Rav*.

Summary

The *melachah* of *mechabeh* is only indirectly related to food preparation and has many restrictions. Therefore it is only permitted for actual food preparation. Furthermore, the *melachah* is only permitted when no other option is available.

There is disagreement amongst the *poskim* as to whether the ability to light a new smaller flame is considered another option.

III. Separating One Flame From Another

It is forbidden on *Yom Tov* to remove a burning log from a large fire, intending it to extinguish by itself. Furthermore, many *poskim* maintain that any form of separating two adjoining flames is forbidden.

אבל בשש"כ פ' י"ג ס"י הע' מ"ט כתב בשם הגרש"ז אויערבך זצ"ל שאם יכול להדליק אש קטנה חדשה במקום אחר אין להקטין האש הגדולה שיש לו כבר, וכפשטות לשון המ"א והמ"ב. ופי' הטעם שאע"פ שכיבוי כזה הוה רק איסור דרבנן מ"מ רק נחשב מכשירי אוכ"נ כיון שיש אופן אחר בהעברה שהיא ממש אוכ"נ, וא"כ יש להעדיף לעשות מלאכת העברה מלעשות מלאכת כיבוי, אע"פ שהיא מלאכה מן התורה, כיון שהעברה הותרה לגמרי, ממה שיעשה מכשירין שרק הותרו כשאין לו עצה אחרת. וכן כתב בשו"ת שרגא המאיר ח"ג סי' ס"ה. [ויעויי"ש באג"מ או"ח ח"ד מש"כ ע"ד סברא זו]. ועי' בשו"ת חלקת יעקב ח"א ס"ס שכתב ג"כ שמן הדין יש להדליק אש אחרת, אלא שמלמדים זכות על מה שאין העולם נוהגין כן.

ובשו"ת מנחת יצחק ח"א סי' נ"ו כתב שפשוט אם יש אופן אחר דאסור להקטין האש ואע"פ שאינו מבאר שם אם להדליק אש אחרת נחשב כיש לו עצה אחרת. אבל זה פשוט שאם אינו מקטין משום אוכ"נ ממש, אלא באופן הערמה כדי להקטין הגז שלא להפסיד ממון או שלא יהיה חם כ"כ בבית בודאי אין להתיר להני פוסקים.

The reason is that the larger flame which is created when the two flames are joined together, is diminished when they are separated. This gives the appearance of extinguishing[10].

---

10. ברמ"א סי' תק"ב ס"ב כתב, "מותר ליקח עץ הדלוק מצד זה של מדורה ולהניחו בצד אחר הואיל ואינו מכוון לכיבוי (מרדכי)." ופי' שם המ"ב ס"ק י"ט שכיון שיכול להתמעט אורו ע"י זה אבל אינו פסיק רישא תלוי בכוונתו אם מכוון לשם כיבוי או לא.

ויש לעיין במה הוא הכיבוי כאן בהפרדת עצי המדורה, דיל"פ שהכיבוי הוא בזה דמעיקרא הי' אש ואור גדול והשתא הוא שני מדורות בכל אחד אור קטן, והכיבוי הוא בזה דהקטין אור הגדול, או דלמא י"ל שחשש הכיבוי כאן הוא, דכל זמן שיש הרבה עצים דולקים ביחד כל אחד מחזיק חבירו, והאש ידלק ליותר זמן, ובהפרדתם יכבה יותר מהר.

ונפ"מ לכאורה בשני נרות של שעוה אדוקים יחד, דבזה ע"י הפרדתם ג"כ יתקטן אור הגדול, אבל בנרות של שעוה אין ענין דאחד מחזיק חבירו, ובהפרדתן לא תקטין את אורך זמן ההדלקה. ונראה מדברי השו"ע הרב, דלמד דיש כאן שני חששות כיבוי הנ"ל, אחד, דהקטנת אור הגדול, ועוד חשש אחר דכיבוי ממש, דז"ל, כל זמן שמפריד ב' שלהבות מכחיש עצם האור, וזה ודאי, אלא שהוא רק דומה למכבה, ובאופן שמיד מחזירו לצד אחר של המדורה אינו דומה לכיבוי, ויש עוד חשש כשהוא מסלק אחד, יכול לכבות קצת אבל אין זה פ"ר, עכ"ל.

והיינו דס"ל בכוונת הרמ"א שיש לחשוש לשני מיני כיבוי, אלא דלכל אחד יש טעם אחר להתיר, דמטעם חשש הקטנת האור הגדול כיון שאין כאן כיבוי ממש ורק דומה לכיבוי אין לאסור כשהוא מחזירו לצד האחר מיד. ואילו מטעם דיכול שיכבה קצת ממש ע"י מעשה הפרדתו זאת יש להתיר מטעם דאינו פסיק רישא ושרי כשאינו מתכוין לכך.

ולפ"ז בהפרדת שני נרות שעוה יש לאסור מטעם הראשון דהקטנת האור, דאסור משום דדומה לכיבוי ואין כאן ההיתר דמחזירו מיד.

מיהו במ"ב הביא רק הטעם דאינו פסיק רישא, ובשעה"צ כ' דמקורו מהשו"ע הרב, והרי דרק הביא טעם השני של השו"ע הרב ולא טעם הראשון דחשש להקטנת האור, הרי דלית לי' חשש זה. וא"כ בשני נרות שעוה אין לחוש.

אך צ"ע, דבשעה"צ הראה מקורו גם מהפמ"ג, והפמ"ג שם סי' תקי"ד במ"ז סק"ה פי' החשש כיבוי, שהוא למה שמקטין האור ושדומה למ"ש התוס' ביצה (כב.) באיסור הסרת שמן מן הנר דאסור משום שמקטין האור ונראה ככיבוי, וא"כ גם בנרות של שעוה נוגע חשש זה וצ"ע. ועי' בס' ברכת יו"ט עמ' ל"ח.

A. Lighting One Candle From Another

It is permissible, however, to light one candle from another one that is already lit. This is true even though afterwards the two flames will be separated.

Since the whole prohibition of separating two flames is based on the appearance of extinguishing, where there was no intention of maintaining the larger flame, removing one candle from the other is permitted[11].

B. Holding Two Candles Together for *Havdalah*

For the above reason, many *poskim* maintain that when *Yom Tov* falls on *motzoei Shabbos*, it is permitted to place two candles together to form a multi-wicked flame in order to recite *havdalah.* Since these two flames were never intended to remain one large flame, it is not prohibited to separate them[12].

Other *poskim*, however, hold that the two candles should be held only in close proximity to each other, but not joined together to avoid various other prohibitions[13].

However, one should not light a special multi-wicked candle for the sole purpose of *havdalah.* (See Chapter 9, Section II D.)

---

11. עי׳ הע׳ 12.

12. המטה אפרים בסי׳ ת״ר באלף המגן סק״ג כתב בשם היסוד ושורש העבודה שיש לקרב ב׳ נרות לעשות אבוקה כדי להבדיל עליו. וכן כתב בשו״ת באר משה ח״ח ס׳ קפ״ד ובספר הלכות המועדים עמ׳ רפ״א בשם הגרי״ש אלישיב שליט״א.

13. שו״ת ויגד משה סי׳ ט״ו סק״ט, קונטרס מנהגי חב״ד בסוף ספר שו״ע הרב חלק ג׳ וד׳ דף צ״ז ובס׳ שיח אבות אות ס״ז. ועי׳ בס׳ יו״ט שני כהלכתו פ״א הע׳ נ״ב שכתב בשם הגרש״ז אויערבך זצ״ל שיש לחשוש שיורד ממנו טיפת שעוה נמאס שהוא בכלל כיבוי ועי׳ בהוספות שם בשם מרן הגר״מ פיינשטיין זצ״ל.

Summary

It is permitted to light one candle from another even though this will cause the separation of two adjoining flames. There is disagreement amongst the *poskim* as to whether one should adjoin two flames for *havdalah* or just hold the flames in close proximity.

IV. Safeguards for the *Melachah* of Extinguishing

A. Walking With a Flame

It is permitted on *Yom Tov* to walk with a lit candle (i.e., to take it into a dark room) as long as one does not move in a way that will cause the candle to go out.

When using an oil flame, extra care must be taken. Here it is not enough to only avoid putting out the flame, one must also be careful to prevent the oil from shaking back and forth in the container. This is because causing oil to come near to and further away from the flame is equivalent to lighting and extinguishing it.

With such a flame, one may only walk with extremely slow steps in a way that will not cause the oil to shake back and forth[14].

B. Walking Outside With a Flame

It is forbidden to carry a fire outdoors since the wind is almost certain to extinguish the flame. In a case of necessity,

---

14. שו״ע סי׳ רע״ז ס״א, ועי׳ במ״ב שם סק״ז וס״ק י״ז ובסי׳ רע״ו סק״ל.

when one must get fire from a neighbor and has no other way to obtain it, a candle may be carried outside in a protective container (e.g. a *yahrtzeit* candle) so that the wind will not be able to affect it[15].

Summary

It is permitted to walk with a flame inside the house if care is taken not to let it go out. In case of necessity it may also be taken outside in an enclosed container.

V. Causing a *Melachah*

On a Torah level, a *melachah* is only forbidden if one does the *melachah* directly. When one only causes the *melachah* to happen there is no prohibition[16].

On *Shabbos*, however, the Sages forbade even causing a *melachah*, except in circumstances that would incur a financial loss[17]. For example, even though it is forbidden to extinguish a fire that is causing damage, one may set up containers of water at a distance from the actual fire that will burst and extinguish the flame when it reaches them.

There is a difference of opinion among the *poskim* if causing a *melachah* is permitted on *Yom Tov* even in a situation that will not incur a financial loss. The accepted ruling is not to

---

15. בבה"ל סי' תקי"ד ד"ה ומותר כתב בשם המ"א שכשהולך בנר לחוץ הוי פ"ר לכבות, ועי' בס' הלכות המועידם פ"ט סי' י"ג שכתב אם הוא מכוסה בכלי מותר וכ"כ בשו"ת באר משה ח"ג סי' צ"א.

16. בה"ל סי' של"ד ד"ה דגרם כיבוי מותר.

17. רמ"א שם סעי' כ"ב.

rely on this alone but when there are other reasons to be lenient this can be added as well[18].

Therefore, even those who are stringent regarding opening the door of a refrigerator on *Shabbos* when the motor is off, or opening the door of an oven when the flame is off on *Shabbos* would be more lenient concerning those appliances on *Yom Tov.* This is because in these cases, one is only indirectly doing the *melachah* by causing the air to enter.

---

18. בשו״ע סי׳ של״ד סעי׳ כ״ב כתב לענין שבת ועושים מחיצה בכל הכלים להפסיק בין הדליקה אפילו כלי חרס חדשים מלאים מים שודאי יתבקעו כשתגיע להם הדליקה דגרם כיבוי מותר עכ״ל וע״ש ברמ״א שכתב בשם המרדכי שדוקא במקום הפסד מותר לגרום כיבוי האש.

והנה בדרכי משה הביא בשם המרדכי שה״ה ביו״ט, שרק מותר לגרום כיבוי האש במקום פסידה אבל עי׳ ברמ״א סי׳ תקי״ד ס״ג שכתב ומותר להעמיד נר במקום שהרוח שולטת כדי שיכבה אבל אסור להעמידו שם אם כבר הרוח מנשבת, ופי׳ שם במ״ב ס״ק כ״ב בשם הגר״א הטעם, משום שהוה רק גרם כיבוי. ומשמע דס״ל בשיטת הרמ״א שגרם כיבוי ביו״ט מותר אפילו שלא במקום פסידה. וכ״כ במאמר מרדכי, דחלוק שבת מיו״ט בזה, דבשבת מותר רק במקום פסידה משא״כ ביו״ט מותר בכל אופן. ובאמת שכן הוא משמעות לשון התוס׳ ביצה (כב.) ד״ה והמסתפק לחלק בזה בין שבת ויו״ט, שכתבו וגרם כיבוי ביו״ט שרי אע״פ שממהר כיבויה ובשבת נמי אינו חייב עכ״ל, וכן משמע דעת המ״ב הנ״ל ועי׳ בשעה״צ ס״ק ל״א.

אבל במ״א סק״ה כתב שאין חילוק בין שבת ליו״ט אלא שיש חילוק בין אופני הגרמא, שבאופן שרק מונע מלשרוף מותר אפילו שלא במקום הפסד אבל בגרמא שמכבה האש ממש אלא שאינו עושה בידים כמו כלים מלאים מים רק מותר במקום פסידה, ומטעם זה הקשה על פסק הרמ״א כאן דכתב דמותר להוציא הנר לחוץ דכיון שזה דומה למכבה ממש צריך להיות מותר רק במקום פסידה.

וגם בשו״ע הרב שם ס״ט חילק כהמ״א. אבל בחיי״א כלל צ״ה ס״ה כתב שבכל אופן מותר רק במקום פסידה אפילו ביו״ט.

ועי׳ בשו״ת חלקת יעקב ח״א סי׳ נ׳, ובמנחת שלמה סי׳ י״ג שלא הקילו למעשה בגרם כיבוי שלא במקום פסידה אפילו ביו״ט, אבל צירפו לסברות אחרות ע״ש.

What is Considered Causing

There are many intricate *halachos* involving what is considered only causing and what is considered actually doing a *melachah*. One must, therefore, consult with a competent halachic authority regarding each individual case.

The general rule is that anytime one does something to the object itself, such as removing some oil from a burning flame or placing a candle in water that will extinguish it when it burns down to the water level, the *heter* of only causing a *melachah* does not apply.[19]

For this reason, many *poskim* forbid changing the setting of a time clock since here too one is doing a direct action to the clock itself.[20]

---

19. עי׳ סי׳ של״ד ס״ג ובמ״ב שם ובבה״ל ד״ה דבר המונע ובסי׳ רס״ה ס״ד.

20. הנה בענין הזזת ״שעון שבת״ יש ג׳ שאלות, א) אם מה שיקדים פעולת השעון בין להעביר בין לכבות אם זה נחשב גרם מלאכה או עשיה ממש, ב) אפילו אם נחשב גרם מלאכה, שבשבת רק מותר במקום פסידה, מה הדין ביו״ט אם גרם מלאכה מותר גם שלא במקום הפסד, ג) אם יש איסור מוקצה במה שמזיז הטבלה או הבורג של השעון.

עוד יש לברר אם יש חילוק בין זה שמקדים פעולת השעון כגון להדליק או לכבות יותר מוקדם למה שסובב אותו כדי שישאר זמן יותר במצב שהוא עכשיו, כגון אם הודלק כבר ורוצה להזיזו שישאר דולק יותר זמן קודם שיכבה.

והנה בשו״ת מנחת שלמה סי׳ י״ג כתב, שמה שיקדים פעולת השעון (לכבות) חלוק הוא קצת מגרם כיבוי ע״י העמדת כלי חרס מלאים מים דשרי במקום פסידא כמבואר בסי׳ של״ד סכ״ב, דשאני התם דבשעה שמעמיד את הכלים לא נעשה עדיין כלום, כיון שהכל יתחיל רק לאחר זמן, דהיינו לאחר שתגיע אליהם הדליקה והכלים יתחממו ויתבקעו ורק אז יצאו המים ויכבו, משא״כ הכא בשעה שהוא מזיז את המחוג הרי הטבלה מסתובבת והמחוג מתחיל תיכף להתקרב למקום הכבוי, נמצא שהרי זה דומה לשופך מים במקום מדרון רחוק ממקום השריפה אבל מיד כששופך את המים הרי הם מתחילים תיכף לרדת למקום הנמוך ולהתקרב אל האש לכבותה, דיש לדון טובא אי חשיב רק גרמא או כמכבה בידים. אך אעפ״כ נראה דכיון שבנד״ד הכיבוי הוא רק בגחלת של מתכת, דלא שייכא כלל בעשיית פחם (וממילא אינו אלא מדרבנן) אין להחמיר

Summary

There is a question as to whether one may cause a *melachah* to occur on *Yom Tov*. However, in a case where the cause affects the object directly, all agree it is forbidden.

ויש לסמוך דאף גם זה חשיב רק גרמא דשרי במקום פסידא או בשביל צורך גדול כמו בשביל החולה שיישן וכדומה עכ"ל.

והיינו, דמסופק הגרשז"א זצ"ל אם זה נחשב גרמא או עשייה ממש, ורק הקיל באופן כזה, שהוא גחלת של מתכת שבלאו הכי אינו ממש כיבוי, להחשיבו כגרמא ולהתירו במקום פסידה. וגם ביו"ט כתב שם לבסוף, שרק מותר במקום פסידה כיון דנפישי רבוותא המחמירים בגרם כיבוי ביו"ט שלא במקום פסידה, אבל כתב שלסבב השעון דרך משל באור שכבר מאיר לאחר זמן הכיבוי אין בו איסור כלל וגם אין בו איסור מוקצה, אלא שיש להזהר בהזזתו שלא להפסיק פעולת השעון לגמרי דא"כ כשמחברו אח"כ הרי זה גורם המלאכה מחדש ע"ש. וכ"כ בשו"ת חלקת יעקב ח"א סי' נ'. וע"ע בשו"ת יביע אומר ח"ג סי' י"ז ובשו"ת ציץ אליעזר ח"א סי' כ'.

אבל בשו"ת אג"מ או"ח ח"ד סי' צ"ה אות ב' ויו"ד ח"ג סי' מ"ז אות ד' כתב, שבין להקדים פעולת השעון ובין לאחרה, אסור כמו מכבה או מדליק ממש, ולא שייך להתיר בזה מטעם גרם מלאכה כלל, ואפילו בשעה שאין נר החשמלי דולק ורוצה אז לשנות השעון שבת שהועמד להדליקו לעשות שלא ידלק אסור משום מוקצה במה שמזיז השעון. והיינו, דלדעת האג"מ אין היתר כלל להשתמש בשעון בין בשבת בין ביו"ט.

אך לכאורה אינו מובן מש"כ האג"מ שלאחר זמן הכיבוי (דהיינו שימשיך זמן ההדלקה) אסור כמו מדליק לכתחילה, דהלא אינו עושה שום השתנות, ודומה לסוגר החלון בפני הרוח כדי שלא יכבה הנר. ואפשר דכוונתו, לאופן שצריך להפסיק פעולת השעון לגמרי כדי לאחרה, וא"כ כשמחזירו מקדים פעולתו.

ועי' בשו"ת אז נדברו ח"ג סי' כ"ה שכתב לענין איסור מוקצה, שיש עצה להזיזו כלאחר יד במפרקו וכדומה, אלא שכתב שם שאפילו להזיזו לכבות יותר מאוחר אסור מטעם שנעשה פעולה לדבר הדולק שאסור בכל אופן כמו שכתב הרא"ש הובא בשו"ע סי' תקי"ד, וע"ש במ"ב ס"ק כ"ג, וא"כ אפילו באופן שאינו צריך להפסיק פעולת השעון יהא אסור וזה חידוש גדול.

וכן מסיק בשו"ת באר משה ח"ז בקונטרס עלעקטרי סי' מ"ז להחמיר שלא להזיז השעון בכל אופן בין להקדימו בין לאחרו, וגם כתב שיש איסור מוקצה בזה.

ועפ"י זה סתמתי למעלה שלא להזיזו שברוב פעמים א"א להמשיך פעולתו בלא הפסקה, וגם קשה מאד להזהר מאיסור מוקצה.

VI. Practical Applications

A. Lowering the Fire on a Stove

In certain situations one may lower a gas flame for the purpose of cooking. (See Section II). An electric burner may not be lowered. (See Chapter 7 Section IV).

B. Lowering an Oven

For lowering a gas or electric oven, see Chapter 7 Section II and Section V.

C. Walking with a Candle

It is permitted to walk with a candle in a way that does not cause it to go out.

D. Turning off a Light

It is forbidden to turn off a light, even if this is necessary in order to fall asleep.

E. Time Clocks

In most situations, a time clock may not be adjusted on *Yom Tov*.

11/ *Machshirin*

Until now, we have only discussed the permissibility of a *melachah* which is directly related to the preparation of food. Using the principle of *mitoch*, we applied this to the direct use of any *Yom Tov* need.

We will now discuss the permissibility of a *melachah* in a situation where it does not directly alter the status of the food itself. This form of *melachah* is known as *machshirei ochel nefesh / melachos* necessary to enable the preparation of food. These *melachos* are permitted in certain circumstances where one was unable to do them before *Yom Tov*[1].

---

1. הנה דינא דעשיית מכשירי אוכ"נ ביו"ט היא מן הסוגיות המסובבות במסכתין, דבגמ' ביצה (כח.) גבי השחזת סכין משמע דפסקינן כר' יהודה, דמותר לעשות מכשירין ביו"ט, וכן בגמ' שם (לב:) גבי גריפת תנור איתא ואם א"א בלא גריפה מותר לגרוף התנור ביו"ט, ופי' רש"י שם שהוא אליבא דר' יהודה שמתיר מכשירי אוכ"נ, ולעומת זה בגמ' שם (כב.), קאמר לענין כיבוי הנר והדליקה, כי קאמינא אנא לרבנן, משמע שנקטינן כרבנן, שאין היתר לעשות מכשירין ביו"ט.

ולתרץ סתירת הסוגיות, יש ג' דרכים בהראשונים. הרא"ש שם (כב.) כתב בתירוץ ראשון שלו שכיון שאמרינן בגמ' הלכה (כר"י שמתיר מכשירין) ואין מורין כן, לא רצו האמוראים לומר היתר בדבר לאחרים ומטעם זה בענין כיבוי הנר רק אמר כי קאמינא אנא לרבנן, דסבר שאסור לעשות מכשירין ביו"ט, אבל הילכתא כרבנן לא נאמר כאן. וכ"כ הר"ן בשם הרז"ה דלדינא מותר לעשות מכשירי אוכל נפש רק שאין מורין כן.

אבל ברי"ף שם כתב להיפך, שבאמת קיו"ל הלכה כרבנן האוסרים מכשירין ביו"ט כהני אמוראים בגמ' כ"ב ע"א ע"ש.

והר"ן בשם הרמב"ן כתב דרך ממוצע בזה ליישב שתי הסוגיות, שבאמת מן התורה כל מכשירין מותרים כר' יהודה, וכדאיתא בגמ' דף כ"ח ודף ל"ב שם, אלא דבסוגיא דדף כ"ב מבואר שהחכמים גזרו על הני מכשירין שאינם קרובים כ"כ לאוכ"נ כמו כיבוי הנר והדליקה.

והנה בסי' תק"ט ס"א פסק הרמ"א דמותר לעשות מכשירין אלא שאין מורין כן לרבים, אבל במחבר שם לא כתב היתר זה ואוסר שם לתקן שפוד שנרצף בכל

122 CHAPTER ELEVEN

Furthermore, in a situation where *machshirin* are permitted, it is not limited to the *melachos* that are usual in the food process. Any type of *melachah* is permitted provided certain conditions are met[2].

אופן וכן אוסר שם לנקוב נקב חדש בחבית, ומשמע אפילו אם היה א"א מערב יו"ט. ובאמת כל לשון המחבר מועתק מלשון הרמב"ם פ"ד ה"ח, ועי' בב"י שפי' שהלך בשיטת הרי"ף שפסק כרבנן האוסרים מכשירין, וכ"כ המגיד משנה בדברי הרמב"ם. וזהו דפסק המחבר כאן כהרבנן דאסור לעשות מלאכה למכשירי אוכ"נ. אלא דלפ"ז קשה שיטת המחבר בסי' תצ"ה ס"א דכתב להדיא שמכשירין שא"א מערב יו"ט מותרים.

ועי' בערוך השולחן סי' תצ"ה סעי' כ"ה דתי' שכיון שפסקינן שהלכה היא אלא שאין מורין כן משום זה סתם המחבר שמכשירין מותרים אלא שבפרטיות הדינים המובאים בסי' תק"ט לא רצה לכתוב ההיתר בפירוש משום שאין מורין כן, וכן פי' בדברי הרמב"ם, והביא סיוע לזה ע"ש.

ובביאור הגר"א בסי' תק"ט למד ג"כ בשיטת הרמב"ם שמכשירין מותרים אלא דלבאר מה שכתב שאסור לתקן שפוד פי' משום שבפוף הרבה והוה כמו אשוי' מנה שאסור לכו"ע. ויוצא לפי דבריו שהרמב"ם והמחבר מקילים עוד יותר מהרמ"א, דלהרמב"ם והמחבר (לפי' הגר"א הנ"ל) מותר לנו אפילו להורות היתר במכשירין, ורק כתבו הרמב"ם והמחבר שם איסור להורות היתר בהשחזת סכין בדרך המותר שלא יבא להשחיזו במשחזת ובאבן תיקון גמור, שזה אסור משום ששויה מנה (עי' מ"ב שם סק"ז) אבל בסתם מכשירין מותר אפילו להורות היתר לרבים.

2. כן מוכח בגמ' ביצה (כח:) ויש שהקשו לפ"ז דאם כל מלאכה מותרת לצורך מכשירין כשא"א מערב יו"ט ולאו דוקא הני שרגילים באוכ"נ למה לא נתיר הני מלאכות גם לאוכ"נ גופה כגון לתלוש פרי לצורך אותו היום כשא"א לעשותם מערב יו"ט מטעם מכשירין. ובגמ' ביצה (כט:) גבי נפל צרור לקמח מוכח שגם באופן זה אסור. ועי' בשו"ע סי' תק"ו ובמ"ב סק"ה שנפסק כן להלכה, וצ"ע כנ"ל.

ובס' ברכת אברהם לביצה שם (יד:) כתב לתרץ על פי' הר"ן (כח:) שהקשה למה אסור לעשות כלי כשא"א מערב יו"ט ואינו מותר מטעם מכשירין, ותירץ משום שא"א להתיר במכשירין יותר מאוכ"נ גופה, ולכן כיון שעשיית כלי בדרך כלל הוה לזמן מרובה אסור כמו אוכ"נ גופה שאין היתר להני מלאכות שבדרך כלל נעשה לזמן מרובה עכ"ד הר"ן. ולפי דבריו מיושב קו' הנ"ל ג"כ, דאין להתיר מטעם מכשירין יותר ממה שהותר למלאכת אוכ"נ גופה, וכיון דלמלאכת

I. Definition

The definition of *machshirin* is any *melachah* that does not alter the food itself, but enables one to prepare the *Yom Tov* meal[3]. For example, sharpening a dull knife is considered a *melachah* that is *machshirin*.[a, 4] The reason is that sharpening the knife itself does not alter the food, but only prepares the utensil that will later alter the food's status.

[a] *Even when sharpening a knife is permissible, the knife may not be sharpened on a whet stone. Only a wooden sharpener or another knife may be used. Furthermore, a knife that is so dull that it does not cut may not be sharpened on Yom Tov*[5].

אוכ״נ גופה לא הותרה בדברים שרגילים לעשותם לזמן מרובה, או מלאכות דקודם לישה, ה״ה מטעם מכשירין כשא״א לעשותן מעיו״ט א״א להתירן.

3. בשו״ע הרב סי׳ תצ״ה ס״ד ובקונטרס אחרון שם סק״ד הביא מדברי הרא״ש שכל שא״א להכין האוכל בלא מלאכה זו אע״פ שאין המלאכה נעשית בגוף האוכל נחשב ג״כ אוכ״נ ולא מכשירין, כגון מי שאין לו אש אחרת לבשל עליה ורוצה לכבות מקצת מהאש הגדולה, שאע״פ שאינו מלאכה הנעשית בגוף האוכל אפ״ה נחשב אוכ״נ ממש ומותר אפילו לרבנן דר׳ יהודה. אבל כתב שרוב ראשונים חולקים עליו בזה וסוברים שכל שאינו נעשה בגוף האוכל נחשב מכשירין, וסיים שכיון שנוגע לאיסור תורה הולכין לחומרא בפרט שרוב ראשונים מחמירים וכן כתב בסי׳ תקי״ד ס״ב שהיתר כיבוי לצורך אכילה הוא מטעם מכשירין שא״א מערב יו״ט. (ואע״פ שבס״ד כתב שכיבוי מקצת הבקעת שלא יתעשן הקדרה הוא לצורך אוכ״נ ממש עי׳ במ״מ פ״ד מהל׳ יו״ט ה״ד שכתב בשם הרשב״א שהוא מכשירין הקרוב לאוכ״נ ובאמת זהו המקור לדברי השו״ע הרב הנ״ל כמו שציין שם.) וכן פי׳ הערוך השולחן שם ס״ג.

אבל במ״ב בס׳ תקי״ד סק״ז פי׳ דברי הרמ״א כמו הרא״ש הנ״ל שכיבוי באופן שא״א לבשל באופן אחר נחשב אוכל נפש ממש, והיינו דאע״פ שאין המלאכה נעשית בגוף האוכל אם א״א בלא זה נחשב כאוכ״נ ולא מכשירין.

4. ביצה (כח.).

5. שו״ע סי׳ תק״ט ס״ב ועי׳ מ״ב שם.

Similarly, to sew up a chicken to hold in the stuffing is considered a *melachah* of *machshirin*[b, 6]. Here too, the *melachah*, in this case sewing, is not altering the food itself but merely enabling the chicken and stuffing to cook together in order to enhance their flavor.

[b] *However, the Sages only permitted it if one threads the needle before Yom Tov; then even if it falls out it may be reinserted on Yom Tov itself. One may also not cut the string on Yom Tov to the correct length before sewing the chicken. After the chicken is already sewn it is permitted to cut off the remaining string. However, the accepted practice is to burn it off rather than cut it off.*[7]

---

6. במ״ב סי׳ תק״ט ס״ק ט״ו פי׳ בשם הגר״א שההיתר לתפירת עופות הוא מטעם מכשירין שא״א לעשות מערב יו״ט.

אולם יעויין בס׳ מלאכת יו״ט אות ק״ט, וז״ל, והנה כפי הנראה מהראשונים דכל מלאכה הנעשית באוכל עצמו אפילו כמו קצירה טחינה והרקדה וכדומה דעוד לא יוכשר האוכל לגמרי לאכילה במלאכות אלו דעדיין חסר עוד הרבה מלאכות עד גמר תיקונו בכל זה מיקרי אלו המלאכות אוכ״נ עצמו כיון דהם נעשים בהאוכל עצמו וזה מוכח ממה דהקשו הראשונים (עי׳ תוס׳ ביצה (ג.) ד״ה ״גזירה״ ורמב״ן במלחמות ר״פ אין צדין) דאמאי אסור קצירה וטחינה אף שאפשר מערב יו״ט, עכ״ל. ומבואר דעתו שכל שנעשה בהאוכל גופה אינו מיקרי מכשירין אלא אוכל נפש.

ובאמת בשו״ע הרב סי׳ תק״ט ס״ח, ובחיי״א כלל פ״ז ס״ב ובערוה״ש סי׳ תק״ט ס״ט פי׳ ההיתר לתפירת עופות מטעם שהוא אוכל נפש ממש. אלא דהקשה בחיי״א בזה דהלא אין תפירה מן המלאכות המותרות לצורך אוכל נפש. ועי׳ בערוה״ש דכתב שכיון שאינו תפירה המתקיימת והוה הכרח לאוכל נפש התירו חכמים.

ואפשר שזאת היתה כוונת הגר״א לתרץ קושיא זו, דלזאת כ׳ שבאמת אין ההיתר מטעם אוכ״נ (כיון שמלאכת תפירה אינה מלאכה הרגילה באוכ״נ כנ״ל) אלא טעם ההיתר הוא דלא גרע ממכשירין שא״א לעשות מערב יו״ט.

7. שו״ע סי׳ תק״ט ס״ג ומ״ב ס״ק ט״ו- י״ט.

II. Forbidden *Machshirin*

A. *Machshirin* That Do Not Prepare The Food Directly

Even though the Torah permitted *machshirin* in certain situations, this only applies to cases where the utensil will later be used directly to prepare the food. If the *machshirin* will not be directly involved afterwards in the preparation, it is forbidden.

For example, one may not write down a recipe on *Yom Tov* in order to prepare a certain dish. This is forbidden, even though one will not remember the ingredients and will be unable to prepare the food [8]. Similarly, it is forbidden to fix a broken table on *Yom Tov* since the table does not have a direct role in the food preparation [9].

B. *Machshirin* of *Machshirin*

For the above reason, it is forbidden to do a *melachah* that is a preparation of a preparation. For example, in a case where a knife may be sharpened one may not first fix the knife sharpener[10]. In this situation, the item fixed was not used directly to alter the food but only to enable the second step which had the direct effect on the food.

---

8. ספר הלכות המועדים פ״ג ס״ג, ומקורו ממה שכתב בשו״ע סי׳ תקמ״א שרק עושין מצודות בחול המועד באופן שהוה מעשה הדיוט אבל לא מעשה אומן, והקשה שם המ״א סק״א, למה גרע זה מכל מכשירי אוכ״נ שמותר על ידי מעשה אומן כמו לתקן תנור אפי׳ ביו״ט, ותירץ, דלא מיקרי מכשירין אלא דבר המכשירו לאכילה כגון תנור וסכין אבל רשתות לא מיקרי מכשירין עכ״ל. והובא דבריו במ״ב שם סק״ב. ומוכח מזה שרק מכשירין הקרובים לאוכ״נ מותרים.

9. שש״כ ח״ג פ״ב הע׳ מ״ה. ועי׳ הע׳ הנ״ל.

C. Creating a New Utensil

In a situation where *machshirin* is permitted, one may only fix an existing utensil but not create a new one. Just as with food preparation itself, long-term *melachos* are forbidden (see Chapter 1, Sect. III) similarly, they are forbidden with *machshirin*.

Therefore, fixing a utensil which is viewed as a *melachah* done for the moment is permitted. However, making a new utensil which is considered something more permanent is forbidden.c , 11

Summary

Machshirin, which is the enabling of food preparation is permitted in certain circumstances on *Yom Tov*. However, this only applies when the *machshirin* will be used to directly prepare the food. Furthermore, even in a case where *machshirin* is permitted, one may not create a new utensil.

III. Conditions Permitting *Machshirin*

The Torah states regarding food preparation "*hu levado ye'ase*", this alone you may do. Our Sages derive from these words that indirect forms of food preparation are forbidden.

---

c *Where the utensil that is being fixed was not usable at all beforehand, such as a knife that does not cut, at times fixing it alone is considered as if one is creating a new one. One must, therefore, be familiar with the halachos or ask a competent halachic authority before fixing any utensil[12].*

---

10. ספר הלכות המועידם פ״ג ס״ה.

11. מ״ב בהקדמה לסי׳ תק״ט בשם כל הפוסקים, ועי׳ הע׳ 2.

12. בה״ל ד״ה אותו בשם הר״ן.

Yet, afterwards the Torah tells us "*ye'ase lochem*", which implies that one may do all that he needs to do - including even indirect forms of food preparation.

The Sages understood this to mean that direct forms of preparation are permitted, even if one could have done the *melachah* before *Yom Tov*. However, indirect forms of preparation (i.e. *machshirin*) are only permitted in cases where one was unable to do them before *Yom Tov*[13]. (This only applies according to strict Torah law. The Sages required, however, that any melachah which can be done before Yom Tov without the food losing any of its taste should be done beforehand. [See Chapter I Section V.])

Furthermore, regarding indirect preparations, the Sages have taught us that if one has another way of achieving the same goal the indirect preparations are forbidden[14]. We will now elaborate on these two conditions.

1. Unable To Be Done Before *Yom Tov*

A utensil that broke on *Yom Tov* itself is considered a situation that one was unable to attend to before *Yom Tov*. Even if the utensil broke before *Yom Tov*, but one was unaware of it or did not have the time to fix it, it may be fixed on *Yom Tov* itself under the guidelines of *machshirin*[15].

However, where one planned to fix a broken utensil before *Yom Tov* but forgot to do so, it may not be fixed on *Yom Tov*[16].

---

13. ביצה (כח:).

14. עי' מ"ב סי' תק"ט ס"ק ג' וסק"ו.

15. מג"א, והביאו המ"ב בהקדמה לסימן הנ"ל.

16. שם.

In a situation where one was aware a few days before *Yom Tov* that the utensil was broken, but put off fixing it and then was unable to do so it is questionable whether it may be fixed on *Yom Tov*[17].

2. There is No Other Alternative

Machshirin are only permitted when one does not have another alternative. If one has an alternative way to accomplish the same goal, he may not fix a utensil on *Yom Tov*. Therefore, if the utensil can be used in the condition that it is in, even though this would require extra difficulty, the utensil may not be fixed[18].

Also, if a similar utensil can be borrowed from a neighbor, one may not fix his own[19].

Summary

Machshirin is only permitted when the *melachah* could not have been done before *Yom Tov* and when another alternative can not be found.

V. One May Not Rule on *Machshirin* For Others

We learned above that the *melachos* of *machshirin* are only permitted when one was unable to do the *melachah* before *Yom Tov*. The Sages were afraid that people would not be cautious about this point. For this reason, they only permitted

17. שו"ע הרב סי' תצ"ה ס"ד וע"ש בקונטר"א סק"ה.

18. מ"ב סי' תק"ט סק"ג.

19. שם סק"ו.

one who was familiar with the permissibility of *machshirin* to do the *melachah* himself but not to tell others[20] - even members of his own household[21] - that it is permitted.

Furthermore, one may not even do the *melachah* in front of people who will learn to do the same by watching him[22].

There is even doubt among the *poskim* as to whether it is permitted to tell someone who inquires about the *halachah* where it can be found in a *sefer* so that he can learn it and do it himself.[23]

VI. *Mitoch*

A. Applying *Mitoch* to *Machshirin* of Food to Permit Other Needs

Regarding certain *melachos* on *Yom Tov* that are directly related to food preparation, such as cooking and carrying, we have learned to apply the principle of *mitoch*. This permits these *melachos* for all other *Yom Tov* needs as well.

---

20. רש"י ביצה (כח:) ד"ה הלכה.

21. בס' הלכות המועדים הביא ראי' לזה מדברי הרמב"ן במלחמת ביצה (כב) דהק' שם בהא דאיתא בגמ' ל"ב ע"ב דר' חייא הורה לדביתיה לעשות מכשירי אוכ"נ וכן רבא הורה לשמעיה לעשות מכשירי אוכ"נ, והק' הרמב"ן הא קיי"ל דהלכה ואין מורין כן, ותי' הרמב"ן דשאני התם שהי' א"א בענין אחר ובלעדם הי' מונעם לגמרי משמחת יו"ט, ע"ש. ומבואר מקו' הרמב"ן, דבמכשירין שהלכה ואין מורים כן הכוונה דאפילו לאשתו ובני ביתו אין מורים כן, דהתם קאי באשת ר' חייא ומשרתו של רבא, וגם בתירוצו לא חזר מזה (דרק תי' שבמקום שא"א אף מורים כן), ודו"ק.

22. במ"א סי' תק"ט סק"ו כתב שאסור לעשות בפני רבים, והובא דבריו בשעה"צ שם סק"י, ומשמע דדוקא בפני רבים אסור אבל לא בפני יחיד. אמנם בשו"ע הרב שם ס"א כתב, ובלבד שלא יעשה כן בפני אדם אחר שאינו יודע היתר זה. וכ"כ בהגהות המהרש"ם לספר אורחות חיים ס"א. ואפשר דמש"כ המג"א בפני רבים לאו דוקא הוא.

23. מנחת יו"ט סי' צ"ח ס"ק ק"א אות ב'.

With *machshirin*, however, even though any *melachah* is permitted we do not apply the principle of *mitoch*. Therefore, even when *machshirin* is permitted (i.e. one was unable to prepare it before *Yom Tov* and has no other alternative) one may only do these *melachos* for food preparation but not for any other *Yom Tov* need[24].

For example, even though in certain situations it is permitted to fix a cooking utensil that broke on *Yom Tov*, one may not fix a broken stroller. This applies even if the stroller broke on *Yom Tov* and another one is not available.

---

24. במ״א ריש סי׳ תקי״ח כתב שרק אמרינן מתוך במלאכות שהם באוכ״נ גופה, פירוש שבהני מלאכות שנהנה מהם ישר באוכ״נ כמו בישול מותר גם לעשותם לשאר צרכים, אבל שאר מלאכות שרק הותר במכשירין לא אמרינן בהם מתוך להתירם לשאר צרכים אפילו כשא״א לעשותם מערב יו״ט. והנה בפנ״י ביצה (יב.) הוכיח כן, מדאם לא כן אין לך מלאכה שאסורה מן התורה, דכולהו שייכי במכשירי אוכ״נ לבד ממלאכת זורע וא״כ אם אמרינן בהם מתוך לא תעשה כל מלאכה שכתבה התורה מאי עבדית ביה. אבל עי׳ בפמ״ג בפתיחה להלכות יו״ט פ״א אות י״ג, שג״כ הקשה קושיה זו וכתב ששייך לא תעשה כל מלאכה שכתבה התורה כשהיה אפשר לעשותם מבעוד יום, שבזה לא הותר מכשירין, או באופן שעושה לצורך מחר, שזה אסור בכל ענין, וממילא בפ״ב אות ב׳ הקשה שבאמת איך ידעינן שלא אמרינן מתוך ממכשירי אוכ״נ למכשירי שאר צרכים. ובספר מלאכת יו״ט אות ה׳ תי׳ עפ״י דברי הר״ן בפ״ב דביצה, דכ׳ שם לפרש למה הותר להרבות בשיעורים ביו״ט מה שאסור בשבת ותירץ שמלאכת אוכ״נ ביו״ט הוי בגדר הותרה וא״כ הותרה לעשותם לשאר צרכים ג״כ ע״ש. ולפ״ז י״ל שהיינו טעמא דחלוק אוכ״נ ממכשירי אוכ״נ לענין מתוך, דדוקא באוכ״נ גופה הוו המלאכות בגדר הותרה ולכן אמרי׳ בהו מתוך, משא״כ מכשירי אוכל נפש י״ל דרק הוו בגדר דחויה, דכן משמע ממה שצריך לעשותם מערב יו״ט אם אפשר, ולכן לא אמרינן בהם מתוך, ודו״ק.

B. Applying *Mitoch* to Permitted *Melachos* to Permit Indirect Needs That Could Have Been Done Beforehand

Furthermore, those *melachos* that have direct use in food preparation, such as cooking and carrying, and are permitted by Torah law even when one could have done them before *Yom Tov* can only be used for another direct *Yom Tov* need. In a situation where the use is indirect they are only permitted under the strict guidelines of *machshirin*, namely, that it could not have been done before *Yom Tov* [25].

For this reason, one may not heat water to *kasher* a utensil that became *treif* before *Yom Tov*. Even though heating water is permitted to wash one's hands even though they became

---

25. בתוס' כתובות (ז.) ד"ה "אמר" והרא"ש ביצה (כב.) הקשו בהא דאיתא בגמ' ביצה שם שכיבוי אסור ביו"ט לצורך תשמיש המטה דלמה לא אמרינן מתוך שהותר כיבוי לצורך אוכ"נ כגון גריפת תנור הותר נמי לצורך תשמיש המטה, ותירצו התוס' והרא"ש בתירוצם השני, "אי נמי כיבוי זה חשוב כמכשירי אוכל נפש ולא אמרינן מתוך" עכ"ל. (ועי' ק"נ שם). ומבואר דרק אמרינן מתוך מאוכ"נ לשאר צרכים שנהנה ישר מהם אבל לא אמרינן מתוך מאוכ"נ להתיר שאר צרכים שאינו נהנה ישר מהם, והיינו מכשירין, והובאה ראיה זו בשו"ע הרב סי' תצ"ה בקונטר"א סק"ד. אלא דכתב שם שמתוס' שבת (צה.) ד"ה "הרודה" שהקשו דלמה אינו מותר לבנות בית בשבת מטעם מתוך שהותר לגבן גבינה משמע דס"ל לתוס' דשייך מתוך גם להתיר מכשירין, ע"ש. ועי' במלאכת יו"ט אות צ"א שג"כ הביא הראיה הנ"ל מתוס' והרא"ש, ובאות צ"ב הביא ראי' דהר"ן בפ' המביא (לא.) חולק על זה, דהקשה שם הר"ן, למה התירו לבקוע עצים לצורך בישול הא הוי מכשירין שאפשר לעשות מערב יו"ט, ותירץ שכיון שמותר לבקוע לצורך מדורה לחמם שנהנה ישר ממנו ה"ה לצורך בישול מותר מטעם מתוך, והרי דס"ל שאמרינן מתוך מאוכ"נ למכשירין. וכן כתב בספר ישועות יעקב סי' תצ"ה ובשו"ת באר יצחק סי' י"ג ובמאורי אש עמ' ז'. אמנם בשו"ע הרב הנ"ל וכן בשו"ת חתם סופר סי' קמ"ז כתבו דהלכה כתוס' והרא"ש, וכן מוכח ברמ"א סי' תק"ט ס"ה דכתב שאסור להגעיל כלי ביו"ט, ופי' שם המ"ב ס"ק כ"ו שכיון שנטרפה מערב יו"ט אסור לבשל מים לצורך זה דהוי מכשירין שאפשר מאתמול, ואע"פ שמותר לבשל מים לצורך שתיה, וא"כ י"ל מתוך להתיר גם לצורך הגעלת הכלי אלא ע"כ דלא אמרינן מתוך מאוכ"נ למכשירין.

dirty before *Yom Tov*, that is because washing hands is considered a direct need. It is, therefore, permitted to heat water for this purpose using *mitoch* even though it is not for food preparation. To *kasher* a utensil, however, only prepares it to cook food which is an indirect need. It is therefore only permitted under the guidelines of *machshirin* (namely one could not *kasher* it beforehand because it became *treif* on *Yom Tov*)[26].

Summary

The permissibility of *machshirin* is only for one who is familiar with the *halachos*. It is forbidden, however, to rule on *machshirin* for others, even one's own family. Similarly, to do *machshirin* in front of others is also forbidden.

We do not apply the principle of *mitoch* to *machshirin* to permit indirect needs other than food preparation. Furthermore, we do not apply *mitoch* to permitted *melachos* to allow indirect uses that could have been done before *Yom Tov*.

Note: The laws of machshirin are very involved. The purpose of this chapter was merely to give a background so that one could have some understanding of their application on Yom Tov. It is advisable however, to consult with a competent halachic authority for any practical situations that may arise.

---

26. מ"ב סי' תק"ט ס"ק כ"ו, ועי' לעיל הע' 24.

12/ *Rechitzah* - Bathing

Regarding bathing on *Yom Tov*, there are two *melachos* that must be considered. The first is *bishul* / cooking, which occurs when heating the water on *Yom Tov* for washing. The second *melachah* is *hav'arah* / kindling a fire since a source is needed to heat the water.

We have previously learned (Chapter 2 Section IV) that to both of these *melachos* we apply the principle of *mitoch*, which teaches us that since these *melachos* are permitted for food preparation they are permitted for other *Yom Tov* needs as well. It is therefore permitted, in certain situations, to heat water for bathing on *Yom Tov*.[1]

I. A Universal Need

We have also learned (Chapter 2 Section V) that a *melachah* is permitted on *Yom Tov* only if it fulfills a universal need. It would, therefore, seem that heating water to wash one's body would be permissible on *Yom Tov*. This can be classified

---

1. בר״ן ביצה (כא:) כתב שההיתר להחם מים בשביל רחיצה הוא מטעם מתוך. וכן מבואר בתוס׳ שם ד״ה לא. אבל הרמב״ם בהל׳ יו״ט פ״א הל׳ ט״ז כתב וז״ל שרחיצה וסיכה הרי הן בכלל אכילה ושתיה ועושין אותם ביו״ט שנאמר אך אשר יאכל לכל נפש לכל שצריך לגוף, עכ״ל. ומשמע מדבריו, שאפילו בלא טעם דמתוך הרי הם מותרים מטעם שרחיצה וסיכה עצמן ״אוכל נפש״ הן. והנה להרמב״ם הנ״ל רק מבואר סברא זו לענין רחיצה וסיכה בלבד שי״ל שהן בכלל אוכ״נ (וכמו שמצינו שסיכה הרי הוא כשתיה לענין תרומה). אלא הרשב״א בעבוה״ק שער ג׳ אות ה׳ כתב עוד יותר, שכל ״הנאות הגוף״ הן בכלל היתר אוכ״נ גופה ולא צריך לטעם דמתוך.

as a universal need since most people bathe on a regular basis. However, the *poskim* have made clear that heating water for bathing one's whole body - or even most of it - is not considered a universal need and is forbidden[2]. There are many different reasons given for this *halachah*. In the footnote below they have been explained at length[3].

---

2. שו״ע סי׳ תקי״א ועי׳ מ״ב שם סק״ט.

3. במשנה ביצה (כא:) ב״ה מתירין להחם חמין לרגליו. וכתבו בתוס׳ שם בד״ה לא וכו׳, וז״ל, וב״ה מתירין, ודוקא לרגליו, אבל לכל גופו מודה דאסור, דדבר השוה לכל נפש בעינן וזה אינו ראוי אלא לבני אדם מעונגים אבל ידיו ורגליו שוה לכל נפש עכ״ל וכן כתבו בתוס׳ שבת (לט:) ד״ה וב״ה בשם הריב״א דרחיצת כל הגוף אינו אלא לתענוג ואסורה כמו מוגמר. וכן כתב הרי״ף וכן נפסק בשו״ע סי׳ תקי״א ס״ב.

והרבה אחרונים חוקרים אם בזמנינו י״ל שהדין משתנה כיון שיש לכל אחד בביתו חדר לרחיצה והעולם נוהגין לרחוץ תדיר, אם נחשב היום גם רחיצת כל גופו כדבר השוה לכל נפש. והנה בספר בית מאיר יו״ד סי׳ קצ״ז ס״ג כתב שע״כ צ״ל שאפילו בזמנם היו אדוקים ברחיצה שהרי בגמ׳ שבת (מו.) איתא כשגזרו על החמין בשבת הותרו את חמי טבריה ועדיין היו רוחצים בחמי האור ואומרים בחמי טבריה רחצנו ואז אסרו להם אף חמי טבריה והתירו להם רק את הצונן, ראו שאין הדבר עומד להם התירו להם חמי טבריה. ופי׳ רש״י שלא היו הציבור יכולין לקבל מתוך שאסרו להם את הכל עכ״ל. והרי חזינן מכאן שגם בזמנם רחצו הרבה שהרי כשאסר להם הכל רק יום אחד בשבוע לא היו יכולין לקבל, ואף על פי כן נחשב גם בזמנם רחיצת כל הגוף דבר שאינו שוה לכל נפש. וכן הביא ראי׳ זו בפנ״י לשבת (לט:). וע״כ כתב הבית מאיר שהפי׳ של שוה לכל נפש אינו תלוי ברוב ומיעוט מה שהם נוהגין, אלא שאם הוא תענוג יתירה שהמיעוט שאינם מפונקים אינם מתאוים לזה אינו נחשב שוה לכל נפש. וא״כ י״ל שה״ה בזמננו שמי שאינו רגיל ברחיצה אין לו תשוקה כ״כ לזה וא״כ אינו נחשב שוה לכל נפש.

ובחזון יחזקאל על התוספתא פ״א ה״ז פי׳ באופן אחר, שכדי להיות שוה לכל נפש צריך דבר שיש בו צורך כל יום, ורחיצת כל גופו אינו צריך כל יום וזהו גם בזמננו להרבה אנשים.

ובספר הלכות המועדים פ׳ ט״ז ה׳ 1 מסביר הגדר של שוה לכל נפש באופן אחר קצת, שאינו תלוי ברוב או מיעוט אם יש להם רצון לדבר זה או לא, אלא דתלוי בחוזק התשוקה שיש בו, אם הוא רק תפנוק יתירה או שיש באמת צורך לזה וזהו מה שכתב התוס׳ שאינו אלא תענוג וא״כ אע״פ שעכשיו הרבה אדוקים ברחיצה

II. Rabbinic Prohibitions

In order to safeguard against heating water to wash in cases where washing is forbidden, the Sages prohibited washing most of one's body even with water heated in a permissible manner on *Yom Tov*[4] (e.g. for drinking) and even with water that was heated before *Yom Tov*[5]. Furthermore, in addition to these

---

הוא רק בגדר תפנוק יתירה ולא צורך ממש כמו אכילה והעברה להחם הבית. וכתב להסביר עפ"ז גם מה שנחשב עישון סגריא להרבה פוסקים שוה לכל נפש אע"פ שאין רוב בעולם אדוקים בזה, כיון דלמי שאדוק בו צורך גדול הוא לו וקשה להפסיק.

ועי' בשש"כ פ' י"ט הע' ג' בשם הגרש"ז אויערבך זצ"ל שנוטה לומר שעכשיו נחשב רחיצת כל הגוף שוה לכל נפש, אבל בפ' י"ד הע' כ"ה הביא בשמו שלא פסק כן למעשה. ועי' בשו"ת באר משה ח"ח סי' קנ"ט שאוסר בהחלט גם היום להחם מים בשביל רחיצת כל הגוף.

והנה ברמב"ם פ"א הל' ט"ז לא הזכיר כלל הטעם של שוה לכל נפש, אלא פי' שאסור לרחוץ כל הגוף משום גזירת מרחצאות. ולפי דבריו הוה איסור דרבנן ופשוט ששייך גם בזמנינו.

4. מ"ב סי' תקי"א ס"ק י"ב ועי' שעה"צ שם.

5. הרי"ף ביצה (כא:) כתב "ולענין רחיצה ביו"ט בחמין שהוחמו מעיו"ט חזינן לגאון דקא כתב הכי דההיא דאמרינן לא ירחץ אדם כל גופו בחמין שהוחמו מע"ש דוקא בשבת אבל ביו"ט שרי לרחוץ כל גופו בחמין שהוחמו מעיו"ט, דלאו דבר שחייבין עליו משום שבות וכו' אלא גזירה היא, וכי גזרי בשבת אבל ביו"ט לא" עכ"ל. וכן כתב הרמב"ם פ"א הל' ט"ז מהל' יו"ט. אבל הרא"ש אוסר גם בחמין שהוחמו מעיו"ט. וכן כתב הר"ן, שלדברי רבותינו בעלי התוס' שאומרים דלהחם חמין ביו"ט לרחיצת כל הגוף אסור מדאורייתא א"כ בחמין שהוחמו מעיו"ט נמי אסור גזירה עיו"ט אטו יו"ט כשם שגזרו ע"ש אטו שבת. והנה המחבר סי' תקי"א ס"ב פסק כהרי"ף והרמב"ם שמותר לרחוץ בהם, אבל הרמ"א הביא שיש אוסרין וכן המנהג. ועי' בשו"ע הרב שם ס"א ובעורה"ש שם ס"ד דביארו מחלוקת הראשונים כסברת הר"ן הנ"ל, שלשי' הראשו' שלהחם מים לרחיצת כל הגוף אסור מן התורה (שאינו שוה לכל נפש) י"ל שגזרו עיו"ט אטו יו"ט כמו שגזרו ע"ש אטו שבת, אבל הרמב"ם ודעימיה לשיטתם, דס"ל שהאיסור ביו"ט הוא מטעם גזירת מרחצאות, ולכן לאסור חמין שהוחמו מערב יו"ט הוה גזירה לגזירה דלא אמרינן. אכן אין דברים אלו עולים בשי' המחבר.

rabbinic prohibitions, there is a well-established custom not to bathe most of one's body even in cold water. This custom was adopted to avoid violating other prohibitions that may arise during bathing[6]. However, this applies only when one is bathing most of one's body, but does not apply if only parts of the body are being washed[7].

דהא כבר כתב המ"א בסי' הנ"ל סק"ד והט"ז סק"ב טעם המחבר שאסור להחם ביו"ט לכל הגוף משום שאינו שוה לכל נפש, ואפילו הכי התיר המחבר אם הוחם מעיו"ט. וצ"ל טעם אחר בשיטתו שכיון שאיסורי יו"ט קיל משבת לא גזרו ביה.

וסיים השו"ע הרב הנ"ל וכן הערוה"ש הנ"ל שאע"פ שרוב פוסקים סוברים כדעת המקילים המנהג לאסור ואין לשנות. וכ"כ המ"ב שם ס"ק י"ח.

6. במ"א סי' שכ"ו סק"ח הביא מהמהרי"ל "שהמנהג פשוט שלא לרחוץ בצונן בשבת וטעמא דשייך למגזר משום סחיטה ומשום שנושא המים שעליו ד"א בכרמלית ומשום שיטת גופו וקסמים (האסורים גזירה שמא יעשה חבית של שייטין)". ויש לעיין אם מנהג זה הוה גם ביו"ט או לא. והנה בשו"ת אג"מ או"ח ח"ד סי' ע"ה כתב, דאפשר רק בצירוף כל הטעמים הנ"ל נהגו לאסור בשבת, וא"כ ביו"ט שמלאכת הוצאה מותרת (לצורך) אפשר שאין בהילוכו ד' אמות כשיש מים עליו איסור, וכ"ש אם רוצה דוקא המים על גופו (ולא רק כשלא ניגב עצמו מחמת חוסר הפנאי), ועוד שאיסור סחיטה ביו"ט במה שאינו לזמן מרובה אינו דבר ברור בפוסקים אם אסורה או לא, ואע"פ שמחמירין למעשה ביו"ט אבל אין ראיה שיש לגזור בשבילו לאסור הרחיצה בצונן, וכ"ז הוא טעם גדול לומר שאין המנהג ביו"ט לאסור לרחוץ גם בצונן.

האמנם מדברי המ"ב סי' שכ"ו ס"ק כ"ד משמע דתפס שהמנהג הוא לאסור גם ביו"ט, דהנה דן המ"ב שם לומר דאע"פ שאסור לטבול כלי בשבת ויו"ט משום שנראה כמתקן, י"ל דאדם מותר לטבול מטומאתו משום שנראה כמיקר, אלא דשוב כ' שעכשיו שאין נוהגין לרחוץ אפילו בצונן אין לנו עוד טעם זה שנראה כמיקר, [ואח"כ הביא מחלוקת הפוסקים אם מה שטובל מקריו נראה כמתקן כיון שכבר נתבטל התקנה, וסיים שעכ"פ אם נטמא בשבת ויו"ט גופא אין להחמיר, ע"ש]. והרי מבואר בתוך דבריו דתפס המ"ב שהמנהג שלא לרחוץ בצונן הוא גם ביו"ט וכנ"ל, דאל"כ הרי פשוט דמותר לטבול ביו"ט לקריו דנראה כמיקר. וכן מבואר בקצות השולחן סי' קל"ג בבד"ש סק"ח וכ"כ בשש"כ פ' י"ד סעי' י"א שהמנהג שלא לרחוץ בצונן הוה גם ביו"ט.

7. כן כתב בשו"ע סי' שכ"ו ס"א בענין חמין שהוחמו מע"ש. ובמ"ב שם ס"ק כ"א בענין צונן. ועי' לקמן הע' 13 בענין חמין שהוחמו ביו"ט גופא.

Summary

It is forbidden to heat water to wash one's whole body or even most of it on *Yom Tov*. Furthermore, it is forbidden to wash most of one's body even with water that was heated before *Yom Tov*. One should also not bathe most of his body, even in cold water.

III. Three Categories of Bathing

There are three different categories to consider when bathing on *Yom Tov*:

A) washing one's hands, face, and feet
B) washing part of one's body other than the above mentioned limbs
C) washing one's entire body or most of it.

A. Hands, Face, and Feet

It is permitted to heat water on *Yom Tov* to wash one's hands, face, and feet[8]. This is considered a universal need according to all opinions. One may, therefore, turn on the hot water from the sink to wash these limbs. Even though turning on the hot water causes cold water to enter the boiler and become cooked, it is nevertheless permitted since cooking itself is permitted in order to wash these limbs. [a, 9] (See hebrew

---

8. שו"ע סי' תקי"א ס"ב ומ"ב שם סק"ט.

9. הנה בענין פתיחת הברז מים חמים ביו"ט יש לעיין שכשמשתמש במה שיוצא מהברז גורם למים אחרים ליכנס להבולר ולהתבשל ובהני מים אחרים אין בהם צורך יו"ט וכן אינו משתמש בהם. ובשש"כ פ"ב הע' כ"ב הביא ממרן הגרש"ז אויערבך זצ"ל דאפילו אם מוציא מים שעה קלה לפני צאת החג ג"כ י"ל דשרי

footnote for explanation.) It is also permitted to turn off the hot water after using it.

(Note: One must be aware that using bar soap, both on *Shabbos* and on *Yom Tov*, is forbidden[10]. Only liquid soap is permitted[11]. One may also not use any form of cloth or sponge for washing since that would cause one to violate the prohibition against squeezing water out of them. One must likewise be careful not to squeeze water from one's hair or towel when drying.)[12]

[a] *This only applies to the standard boiler system that works with a thermostat. However if turning on the hot water immediately turns on the boiler and shutting off the hot water shuts it off, the hot water may not be used on Yom Tov.*

ולא אסרינן מחמת המים שנכנסים בחג שלא לצורך החג, דכיון שא"א להוציא מים חמים אא"כ נכנסים תחתיהם מים קרים י"ל דנחשב צורך יו"ט. ובקונטרס להל' יו"ט מהרב הגאון ר' פסח אליהו פאלק שליט"א מדמה דין זה למה שכתב המ"א סי' תק"ג סק"ה שמותר להוסיף מים לקדירה כדי שלא תבקע, פי' שאינו צריך להמים ורק מוסיף כדי שלא ישבר הקדירה ויכול לבשל בו. והוא כסברא הנ"ל.

וכ"כ בשו"ת שרגא המאיר ח"א סי' מ"א וכ"נ כסברא זו בשו"ת באר משה ח"א סי' מ"ד ע"ש. אבל בספר מועדים וזמנים ח"ז סי' קל"ז בהג"ה הביא מעשה מהחזון איש במי שנקרע דבר בבגדו והיה דעתו לתקנו באופן שהיה אסור לצאת בו משום איסור הוצאה ולא הניחו החזו"א לצאת בו אע"פ שהיה א"א ליקח הבגד בלא זה ולכאורה צ"ע אם זהו היפך סברת הנ"ל.

10. ברמ"א סי' שכ"ו ס"י אוסר מטעם מוליד, וע"ש במ"ב סק"ל שיש עוד משום ממחק וממרח.

11. בערוך השולחן סי' שכ"ו סי' י"א, ובכף החיים שם ס"ק מ"ג, ובשלמי יהודה פ"ט ה"ג בשם מרן הגרי"ש אלישיב שליט"א מתירים להשתמש בבורית לח, אבל באג"מ או"ח ח"א סי' קי"ג כתב בזה שראוי להחמיר ועי' בשו"ת אז נדברו ח"י סי' ט"ז שכתב אם מערב הבורית לח אם עוד מים מערב שבת הוא יותר טוב ואפשר דגם בעל האג"מ יסכים לזה.

12. מ"ב סי' שכ"ו סק"ו.

B. Washing Other Parts of One's Body

It is permitted to wash other parts of one's body on *Yom Tov* even with hot water, provided that one does not wash most of his body. There is, however, a question as to whether one may heat up water expressly for the purpose of washing parts of his body other than his hands, face, and feet. This is because there is disagreement among the poskim as to whether this is also considered a universal need. If the hot water was already turned on for a permitted purpose, one is surely allowed to continue to use it for washing other parts of the body[13].

For example, hot water that was turned on to wash one's hands, face, or feet may then be left on and used for other parts of the body, as long as one does not wash most of his body. It is also permitted to turn off the hot water after using it. (See hebrew footnote.) This is true even though turning off the water

---

13. בבה״ל סי׳ תקי״א ד״ה אבל הביא מחלוקת הפוסקים אם מותר להחם מים ביו״ט דוקא בשביל רחיצת פניו, ידיו ורגליו או הוא הדין לכל מקצת אברים בלבד שלא יהיה רוב גופו. ונוטה שם להקל, אבל לא החליט בדבר למעשה. ועי׳ בערוה״ש שם ס״ו שהחמיר בזה, אבל בכף החיים ס״ק י״ד ובשו״ת באר משה ח״ח סי׳ קס״ט כתבו להקל בעת הצורך.

והנה כל זה בנוגע להחם המים ביו״ט גופא שנוגע איסור תורה אבל לרחוץ במים חמין שהוחמו ביו״ט באופן היתר כגון לצורך שתיה שרק נוגע איסור דרבנן י״ל דשרי. וכן משמע באמת מהביה״ל הנ״ל שכתב בענין להחם מים בשביל מקצת אברים חוץ מפניו ידיו ורגליו שבאמת ס״ל להרמ״א שמה שכתב היתר רק לצורך פניו ידיו ורגליו לאו דוקא וה״ה לכל מקצת אברים ומה שלא הביא זה כאן הוא משום שלא רצה להקל בנוגע איסור תורה ע״כ משמע שזהו רק להחם בשבילם שהוא איסור תורה משא״כ בענינו שהוא רק גזירה דרבנן נראה שס״ל להבה״ל להקל, ובפרט שנוטה שם להקל אפילו להחם מים בשביל שאר מקצת אברים, וכן התירו הרבה פוסקים בעת הצורך אפילו להחם בשביל מקצת שאר אברים כמו שמובא למעלה וכ״ש שמותר לרחוץ בהם אם נתחממו המים באופן היתר.

causes the unheated water in the boiler to cook faster and the boiler to shut off sooner[14].

C. Washing One's Entire Body

It is forbidden to wash one's entire body or even most of it on *Yom Tov*. This prohibition applies not only to heating water to wash most or all of one's body but also to using water that was heated before *Yom Tov*[15]. Furthermore, even with cold water, one may not wash most of one's body to avoid violating the many prohibitions that may arise when bathing[16].

---

14. בשו"ת באר משה ח"א סי' מ"ד כתב שאע"פ שכיבוי מותר ביו"ט רק לצורך אוכ"נ ממש, כאן שרי כיון שהוה רק גרמא בעלמא. ואפשר אפילו גרמא אינו. ועי' כסברא זו בשו"ת שרגא המאיר ח"א סי' מ"א ובשש"כ פ"ב ה"ז ובהע' כ"ג בשם הגרש"ז אויערבך זצ"ל לענין פתיחת המים חמין כשהבוילר פועל ע"י חשמל, שאע"פ שבהשתמשות בחשמל ביו"ט יש איסור דמוציא אש מחדש אפ"ה יש להתיר בזה מטעם שהוא רק גרמא, ובאיסור דרבנן של מוליד יש להקל.

15. שו"ע סי' תקי"א ס"ב וברמ"א שם ועי' בחידושי רע"א שבת (לט:) ושו"ת רע"א סי' י"ז שהקשה למה אסור להחם מים לצורך רחיצת כל הגוף בשביל שאינו שוה לכל נפש, הלא בכלל כל הגוף הוא גם פניו ידיו ורגליו שמותר להחם בשבילם, וכיון שבישול המים הוא באופן היתר להני אברים י"ל שהשאר הוא רק בגדר ריבוי בשיעורים שמותר ביו"ט ? ועי' בשו"ע הרב סי' תקי"א ס"א שרמז לקו' זו, ומשמע דעתו שדוקא אם מחמם המים בב' כלים חייב אבל בכלי אחד אין איסור כמו קושית רע"א, אלא דכנראה ממנו שנשאר בספק בדבר זה. והנה בשו"ת ציץ הקודש ח"א סי' ל"ו וכן בספר מאורי אש דף י"ח כתבו לתרץ לפי השיטות שסוברים ששאר הנאת הגוף אינו בכלל אוכל נפש ורק מותר מטעם מתוך (עי' בר"ן ביצה כא:), אין זה בגדר הותרה ורק בגדר דחוי' ולא שייך בדחוי' ההיתר של ריבוי בשיעורים כמו שכתב הר"ן ביצה (יז.). ועי' במאורי אש שם מה שהקשה על זה והניח בצ"ע.

ובס' ברכת אברהם על מס' ביצה (כא:) כתב שכשרוחץ כל גופו בבת אחת זהו הנאה אחרת מרחיצת פניו ידיו ורגליו ואינו מחשב בהני אברים לבד אלא הרי הם כחלק מכל הגוף. וכ"כ בשש"כ פי' י"ד ה' ל' כסברא זה בשם הגרש"ז אויערבך זצ"ל ועי' עוד בשו"ת ציץ הקודש הנ"ל.

16. עי' לעיל הע' 6.

However, there are two exceptions: 1) washing limb by limb and not all of one's body at once and 2) in a case where one is under great discomfort.

1. Washing limb by limb

Even though washing one's entire body is usually forbidden, it is permitted if one does not wash his whole body at once, but only washes limb by limb[17]. However, one must not use water that was heated on *Yom Tov*, even in a permitted manner (i.e. for drinking or washing hands) for this purpose. Only water that was heated before *Yom Tov* or cold water may be used[18]. Therefore, hot or warm water from the tap is forbidden because fresh water got heated in the boiler on *Yom Tov*.

2. In a Situation of Great Discomfort

Where one is under great discomfort, for example when sweating heavily, one may wash one's entire body even at once using cold water[19]. (Note: Here too, any bar soap is forbidden and only liquid soap is permitted[20]. One must also be careful not to squeeze any water from his hair or from a towel when drying.)[21]

---

17. מ"ב סי' תקי"א ס"ק י"ח.

18. שו"ע שם.

19. הגהות רע"א מובא בביה"ל סי' שכ"ו ד"ה במים.

20. עי' לעי' הע' 10 והע' 11.

21. מ"ב סי' שכ"ו ס"ק ו' וס"ק כ"ה.

Summary

It is permitted to turn on hot water to wash one's hands, face, and feet. Other parts of the body, but not most of the body, may be washed with warm water that was turned on for a permitted purpose. One's whole body may be washed limb by limb in cold water or in hot water that was heated before *Yom Tov*. In a case of great discomfort, one may wash even his whole body at one time with cold water.

IV. Washing a Child

Regarding children, the Sages were more lenient with the *halachos* of bathing. Therefore, a child who is urgently in need of a bath, such as a child who soiled himself, may be bathed even in warm water on *Yom Tov*[22]. There is a difference however if most of his body is in need of bathing or only part. Where one only wishes to bathe part of the child's body one may turn on the hot water for this purpose[23]. If most of the

---

22. רמ"א סי' תקי"א ס"ג ועי' במ"ב שם ס"ק י"ח.

23. בביה"ל סי' תקי"א ד"ה אבל דן בענין חימום מים בשביל רחיצת מקצת אברים שבגוף חוץ מפניו ידיו ורגליו שאם רחיצת כל מקצת אברים נחשב שוה לכל נפש ומותר להחם בשבילם או רק פניו ידיו ורגליו בלבד ונוטה שם להקל אלא שלא החליט למעשה. וכבר הבאנו זה לעיל בהע' 13 וגם הבאנו שם הפוסקים שמקילים בזה בשעת הדחק.

והנה בשש"כ פ' י"ד הע' כ"ה הביא חקירה מהגרש"ז אויערבך זצ"ל בענין מי שנתלכלך גופו באופן שרוב בני אדם רגילים לרחוץ בחמין בשביל זה אם נחשב הרחיצה שוה לכל נפש כיון שבמצב כזה הדרך לרחוץ בחמין, או דלמא כיון שהוא רק למי שנתלכלך הוה כמו רפואה לחולה שאינו שוה לכל נפש כיון שרוב בני אדם אינו נתלכלך כזה, והניח בצ"ע.

ושמעתי מהג"ר שמואל פעלדער שליט"א שיש לצרף הני ב' סברות, ובאופן שנתלכלך מקצת גופו באופן שאינו רוב מותר להחם מים בשביל רחיצתם. וכן

child's body needs bathing then it is only permitted provided
that the water was turned on for a permitted purpose such as
washing one's hands or washing dishes[24].

Practical Applications

A. Washing Hands, Face, and Feet

It is permissible to turn on the hot water in the sink to
wash one's hands, face, and feet.

B. Washing Parts of the Body

One may also wash other parts on one's body, but not
most of it, in warm or hot water from a sink that was turned on
to wash one's hands, face or feet.

C. Washing a Child Who Soiled Himself

It is permitted to turn on the hot water to bathe a child
who soiled part of his body.

D. Bathing a Child

One may wash the whole body of a child who soiled
himself in warm water from a sink that was turned on for
washing hands, face or feet or other permitted purpose.

שמעתי מהגאון ר׳ חיים פנחס שיינברג שליט״א להקל להחם חמין לרחוץ תינוק
שנתלכלך ומותר לפתוח ברז מים חמין בשביל זה.

24. רמ״א סי׳ תקי״א ס״ג ומ״ב ס״ק י״ח.

E. Taking a Bath or Shower

It is forbidden to bath or shower most of one's body on *Yom Tov* even in cold water.

F. Washing Limb by Limb

It is permitted to wash one's whole body limb by limb in cold water.

G. One Who Is Under Great Discomfort

One who is in great discomfort may wash even his whole body at one time in cold water.

13 / Washing Dishes

The *halachos* of washing dishes on *Yom Tov* are similar to those of *Shabbos*. However, on *Yom Tov* it is even permitted to turn on the hot water in the sink[1] in order to wash one's dishes. This is provided though, that these dishes became dirty on *Yom Tov* itself.[2]

---

1. עי׳ פרק י״ב הע׳ 9.

2. ברמ״א סי׳ תקי״א ס״ב כתב מותר להחם מים ביו״ט כשצריך להם לבשל או להדיח. ולמדו בלבוש שם ס״ק א׳ ובשו״ע הרב שם ס״ק א׳ מזה שמותר להחם מים ביו״ט בשביל הדחת כלים. וכן כתב בשו״ת נודע ביהודה מהדור״ת ס״ס כ״ה.

ולכאורה צ״ע שהרי הרמ״א בסי׳ תק״ט ס״ק ה׳ אוסר להגעיל כלי ביו״ט, ובמ״ב שם ס״ק כ״ו פי׳ הטעם שאסור להחם מים לזה דהוי מכשירין שאפשר מערב יו״ט, ורק אם נטרפה ביו״ט גופה אז הביא שיש מקילין דהוי כמכשירין שא״א מערב יו״ט, רק שאין להורות כן לאחרים כמו כל מכשירין וא״כ למה כתב הרמ״א בענין הדחת כלים שמותר להחם מים בשבילם הלא כיון שיודע שיהיה צריך לזה היה לו להחם המים קודם יו״ט ועי׳ בשש״כ פ׳ י״ב הע׳ י״ב שהביא קושיא זו בשם הגרש״ז אויערבך זצ״ל, והוסיף שאע״פ שאמרינן מתוך במלאכת בישול, ע״כ דחשש הרמ״א להני פוסקים שסוברים שלא אמרינן מתוך מאוכ״נ למכשירין. ועכ״פ צ״ב מהו החילוק בין חימום מים לצורך הגעלה לחימום מים לצורך הדחה. ותירץ הגרשז״א זצ״ל, שאפשר דכוונת הרמ״א היא רק לענין הדחה באופן שלא ידע מאתמול, או שמדובר שם בהדחת בשר או פירות ולא בהדחת כלים, ועי׳ בחלק ג׳ בתיקונים ומלואים דכתב להקל דכיון דצריך לשמור חום המים הוי הפסיד ואינו נחשב כאפשר מע׳ יו״ט. אבל איך שיהיה, אם א״א מערב יו״ט כגון שנשתמש בהם ביו״ט והוי הרבה כלים ולא מספיק לנקותם בכלי מלא מים חמין שהוחמו מע׳ יו״ט בודאי מותר להחם מים להדיחם.

ועי׳ בספר הלכות המועדים פ׳ י״ז הע׳ 8 שכתב טעם להתיר אפילו להחם בשביל הני שנתלכלכו מערב יו״ט, אלא שהחמיר שם לבסוף. וכן בשו״ת באר משה ח״א סי׳ מ״ג וח״ח סי׳ רי״ז כתב שמותר להחם מים רק בשביל כלים שנתלכלכו ביו״ט. ולא כתבתי בפנים שלכתחילה יש להחם מים מע׳ יו״ט כיון שברוב

A. Dishes Used Before *Yom Tov*

One may not turn on the hot water to wash dishes that were used before *Yom Tov* if they could have been washed prior to *Yom Tov*[3].

However, if one did not know that these dishes were dirty or was unable to wash them before *Yom Tov*, the hot water may be turned on to wash them even on *Yom Tov*[4]. Furthermore, if one has already turned on the hot water to wash the dishes that were used on *Yom Tov* or for another permitted purpose, such as washing one's hands, he may continue to use the hot water to wash dishes that became dirty before *Yom Tov*[5].

B. Dishes That Will Not Be Needed Again

It is important to stress that washing dishes, whether with hot or cold water, is only permitted if they will be used again on that same *Yom Tov* day. Dishes that will not be used

---

פעמים א״א להכין מים חמין שיספיק לזה. וא״כ הוי כמכשירין שא״א לעשות מע׳ יו״ט שמותר ביו״ט גופה וכן שמעתי מהגר״ש פעלדער שליט״א והסכים לזה הרה״ג ר׳ שמואל קמנצקי שליט״א.

3. במ״ב סי׳ תק״ט ס״ק כ״ו כתב שאסור להחם מים כדי להכשיר כלי שנטרף מבעוד יום, משום דהוי מכשירין שאפשר מערב יו״ט. ועי׳ לעיל בהע׳ 1 שכתבנו שיטת הפוסקים בענין רחיצת כלים, שג״כ נחשב רק כמכשירי אוכ״נ. וכן כתב בשו״ת באר משה ח״ח סי׳ רי״ז, שאסור לפתוח מים חמים בשביל רחיצת כלים שנתלכלכו מבעוד יום. אבל בשש״כ פ׳ י״ב ס״ד כתב בלשון ״טוב להמנע מלהחם מים ביו״ט לצורך הדחת כלים שנתלכלכו מבעוד יום״, וביאר שם בהע׳ י״א בשם הגרש״ז אויערבך זצ״ל הטעם שלפי הני שיטות שסוברים שאמרינן מתוך מאוכ״נ למכשירין מותר גם אם אפשר מבעוד יום ועי׳ לעיל פ׳ י״א הע׳ 25 שכתבנו שיטת הפוסקים בזה.

4. במ״ב בהקדמה לסימן תק״ט כתב שאם אינו יודע נחשב א״א מערב יו״ט.

5. שו״ת באר משה ח״ח סי׳ רי״ז.

again that day may not be washed (even if they will be used on the second day)[6]. The reason is that it is forbidden to prepare on *Yom Tov* for another day. This is true for all types of preparation even if a *melachah* is not involved in the preparation, such as washing dishes in cold water.

However, when one is afraid that leaving dishes dirty will attract insects, it is permitted to soak the dishes in water even if there is no more need for them that day[7]. Similarly, utensils such as silver may be soaked in water to prevent them from getting stained[8].

In both of these situations, only cold water may be used. Turning on the hot water to soak these dishes is forbidden since this involves the *melachah* of cooking. In a case where the hot water had already been turned on for a permitted purpose it may be left running and used in the above situations.

C. How Many Dishes May Be Washed

One who is washing dishes for use on the same day is not required to wash precisely the amount of dishes needed, but may wash all items that serve the same purpose. For example,

---

6. שו"ע סי' שכ"ג ס"ו.

7. שש"כ פ' י"ב ס"ב ושו"ת ציץ אליעזר חו"ד סי' ל"ז.

8. שש"כ שם. ועי"ש בהע' ח' שהביא בשם שו"ת מהרש"ג או"ח ח"א סי' ס"א שכל איסור הכנה הוא רק מה שעושה כדי להרויח זמן, שלא יצטרך לעשותו בחול, אבל דבר שאם לא יעשה בשבת א"א לעשותו בחול אין בו משום איסור הכנה. אמנם בשו"ת מחזה אליהו סי' נ"ד הקשה על דברי המהרש"ג ממה שכתב הרמ"א בסי' תנ"ט ס"ד שכלים שעשה בהם מצה ביו"ט יתן לעכו"ם להדיחם קודם שיחמיץ או יטולם לצונן, דמשמע שאסור לישראל להדיחם, ועי"ש מה שרוצה לחלק בין זה לשאר מניעת הפסד שאין בו איסור הכנה, ומטעם זה כתב שם בסי' נ"ה אות ה' שרק מותר להשרותם במים אבל לא להדיחם.

one who is washing soup bowls may wash all of them since each one is suitable for the same purpose[9].

Furthermore, one may wash and use again dishes that were used previously even though clean ones are available. There are, however, some *poskim* who are stringent in this case[10].

(NOTE: Both of the above rules only apply to the actual washing itself. Doing a special *melachah* for the extra dishes is not permitted. Therefore, in the first case, if one turned off the water after he washed enough dishes to suffice for that day, he may not turn on the hot water to wash the rest of the dishes even though they are the same type. Similarly, in the second case, the hot water may not be turned on to wash the dishes when there are others available that are clean.)[11]

D. Cleaning Utensils

---

9. מג"א בהל' שבת סי' שכ"ג סק"ח בשם הרוקח, והביאו המ"ב שם ס"ק כ"ו. וכתב בפמ"ג שם שלאו דוקא בכוסות משונות שיש להם תשמיש שוה, אלא דה"ה אפילו אם שוים ממש מותר, כיון שכל אחד ראוי להשתמש בו. ואם כבר הדיח אחד מהם ולאחר זמן רוצה להדיח השאר עי' בשו"ת מחזה אליהו סי' ס"ב אות ב' שהביא ראיה מהמ"א סי' רנ"ד ס"ק כ"ג שבאופן זה אין היתר.

10. בשו"ת שבט הלוי ח"ה סי' ל"ט מסתפק בדין זה. ועי' בשו"ת מחזה אליהו סי' ס"ב אות ג' שלמד היתר לזה מדין התוספתא שמותר להדיח עשר כוסות אע"פ שאינו צריך אלא לאחד מהם, דמוכח מזה שכל שהפעולה מתייחסת לצורך שבת, אפילו רק משום "הואיל וראוי כל אחד" אין בו איסור, וה"ה בנידון דידן, כיון שמשתמש בהם בשבת אין בו איסור. אלא שכתב שם שיש מדת חסידות שלא לטרוח בכדי בשבת. וכן הביא מהתוס' שבת סי' שכ"ג סק"ח שטוב שלא להדיחם.

11. פשוט, שכל הסברות הנ"ל הם רק בנוגע לאיסור טרחה אבל לא כשנוגע לעשות מלאכה ממש.

Any utensil that absorbs water is forbidden to be used on *Yom Tov* as on *Shabbos*[12]. Therefore, all sponges and wash pads may not be used. Furthermore, even non-absorbent pads that trap water between their fibers are forbidden. This includes steel wool and scouring pads with bristles bound closely together. However, it is permissible to use synthetic scouring pads whose fibers are widely spaced and do not trap water[13]. The use of a rubber scraper is also permitted[14].

E. Detergents and Soaps

The use of liquid soap is permitted on *Yom Tov* as on *Shabbos*. Preferably, the liquid soap should be diluted with water to liquify it even more before using[15]. One may also dissolve powdered soap in cold water to form a liquid detergent[16]. The use of bar soap is always forbidden[17].

F. Dishes Soiled With Grease

It is permissible to wash dishes with hardened grease directly under the hot water on *Yom Tov*, even though one

---

12. שו"ע סי' ש"ב ס' י"ז.

13. כ"כ בשו"ת באר משה ח"א סי' מ"ג. ובשש"כ פי"ב הע' מ"ו בשם הגרש"ז אויערבך זצ"ל. ועי"ע בשו"ת מנחת יצחק ח"ג סי' מ"ט.

14. שש"כ שם סי' י"ג.

15. בכף החיים סי' שכ"ו ס"ק מ"ג ובערוך השולחן שם סי' י"א כתבו שמותר להשתמש בבורית לח, אמנם בשו"ת אג"מ ח"א סי' קי"ג כתב שראוי להחמיר. ועי' בשו"ת אז נדברו ח"י סי' ט"ז שכתב שטוב יותר אם מערבו עם מים ואז יתכן שגם בעל האג"מ הי' מתירו.

16. קצות השולחן סי' קכ"ז ס"ק י"ג.

17. רמ"א סי' שכ"ו ס"י ומ"ב שם ס"ק ל'.

should not do so on S*habbos* due to the prohibition of *molid*. One may also rub off the grease by hand, even though this causes it to melt into liquid[18].

G. Drying and Storing

It is permitted to dry dishes with a towel after washing them[19]. They also may be placed on a drain board or in the dishwasher to drip dry.

Normally, when clearing the table and storing the dirty dishes, one must exercise caution not to separate a mixed pile into different types. This would violate the prohibition of *borer*. Rather, each type should be gathered separately and placed in its proper position. However, when one is washing the dishes for use the same day and rinses each one separately, the dishes may be placed to dry in their proper positions since they are already separated for the purpose of washing. Similarly, if one mixed all the clean dishes after washing them, he can dry each one separately by hand and place it wherever he chooses[20].

(NOTE: One may not, however, pick out all of a certain type of utensil to wash or dry in order to place them together afterwards. He must take each type as it comes up, and only after it is washed or dried separately may he place it in its proper position.)[21]

---

18. שש״כ פ׳ י״ב הע׳ כ״ט בשם הגרש״ז אויערבך זצ״ל שמותר להוליד ביו״ט לצורך אוכ״נ אם אינו מכוון לכך וה״ה לצורך מכשירי אוכ״נ, וכ״כ בשו״ת באר משה ח״ח סי׳ קל״ח. ובספר הלכות המועדים פ׳ י״ז הע׳ 21 העיר שכיון שמותר רק מטעם מכשירין א״כ אם יש אופן אחר לכאורה אסור, וא״כ כשיכול לעשות ע״י שריה במים חמין זה נכון יותר.

19. מ״ב סי׳ ש״ב ס״ק נ״ט.

20. שש״כ פ׳ י״ג סי׳ כ״ג.

21. שם פ׳ ג׳ בהע׳ ר״ט בשם הגרש״ז אויערבך זצ״ל.

14/ *Hotza'ah* - Carrying

We explained earlier that certain *melachos* are permitted on *Yom Tov* for food preparation. Carrying is one of those *melachos*[1]. The Torah defines the *melachah* of carrying as:

A) moving an object from one domain to another domain.

or

B) moving an object four cubits (approximately six feet) in a public domain.

To fully understand how the Torah classifies domains (i.e. house, yard, or street) and what is considered moving (i.e. throwing, kicking, etc.) one must study the *halachos* of carrying in relation to *Shabbos*. In this chapter, we will only concentrate on the *melachah* of carrying in it's relationship to *Yom Tov*.

Consider the following example. On *Yom Tov* one would be permitted to borrow potatoes from a neighbor to make a dish needed for that day. One may carry the potatoes home even though no *eruv* encloses the area where they will be carried. Furthermore, unlike other permissible *melachos* on *Yom Tov*, carrying is permitted even when one could have done so before *Yom Tov*[2]. (See Chapter I Section V regarding other *melachos*.)

---

1. שו"ע סי' תצ"ה ס"א.

2. בשו"ע סי' תצ"ח ס"ב כתב, "יכול להוליך סכין והבהמה אצל טבח לשחוט וכו' ואע"פ שהיה אפשר להוליכם מאתמול" עכ"ל. ומקורו מדברי הר"ן בביצה (יא.), וז"ל, "ואע"ג דאפשר דעביד לה מאתמול אפ"ה שרי, משום דהוצאה

I. The Principle of *Mitoch*

The *melachah* of carrying is one of the *melachos* to which our Sages have instructed us to apply the principle of *mitoch*. This means that in certain instances when the Torah permitted us to do a specific *melachah* for the sake of food preparation, it also permitted us to do the same *melachah* for non-food uses as well. Thus, it is permitted to carry on *Yom Tov* if the carrying fulfills a *Yom Tov* need, even though that need has nothing to do with food preparation. An example would be going outside on *Yom Tov* and taking some tissues along for possible use[3].

באוכ״נ כתיקון אוכ״נ עצמו היא, ולא כמכשירין, ושרי אפילו אפשר מערב יו״ט״, והובא דבריו במ״א ס״ק ג׳, ועי״ש במ״א עוד, שאפילו להאוסרים בסי׳ תצ״ה מדרבנן כל מלאכה אפילו באוכ״נ אם אפשר מערב יו״ט בלא הפגת טעם כי אם ע״י שינוי, מ״מ באיסור הוצאה לא מחמרינן כולי האי.

והנה לכאורה קשה מנין לו זה, הלא הר״ן משיטת המתירים בסי׳ תצ״ה דס״ל שאפילו באוכ״נ שאינו מפיג טעם מותר לעשות ביו״ט בלא שינוי. ועי׳ בפמ״ג שכתב, שיצא לו המג״א דין זה מדשתיק הרמ״א, ולא כתב שאם אפשר צריך לעשותו מערב יו״ט, דמוכח שגם האוסרים בשאר מלאכות, מקילים כאן בהוצאה שמותר אפילו אם אפשר מערב יו״ט, וטעם לזה, הוא ממה שכתב הים של שלמה בפ״א דביצה סי׳ ל׳, ״דהוצאה מלאכה גרועה היא״ וא״כ אינה דומה לשאר מלאכות ואפילו לשיטת האוסרים בשאר מלאכות אם אפשר מערב יו״ט מודים שבהוצאה לא גזרו חכמים משום שהיא מלאכה גרועה (עי׳ תוס׳ שבת ב׳ ע״א ובשארי ראשונים שם). וכ״כ במחצית השקל בביאור דברי המ״א.

והרמב״ם פ״א מהל׳ יו״ט ה״ו כ׳ טעם אחר, וז״ל, ״ומזה הטעם עצמו לא אסרו ההוצאה ביו״ט, ואע״פ שכל הוצאה היא מלאכה שאפשר לעשות מערב יו״ט, ולמה לא אסרוה, כדי להרבות בשמחת יו״ט ויוליך ויביא כל מה שירצה וישלים חפציו ולא יהיה כמי שידיו אסורות״ עכ״ל. (והביאו בערוה״ש שם ס״ד). ועי״ע במאירי ביצה (יב.) שכתב טעם אחר לזה, דא״א לדעת הכל מערב יו״ט מה שצריך ביו״ט וממילא לא גזרו חז״ל במלאכת הוצאה.

3. שו״ע סי׳ תקי״ח ס״א, והנה אע״פ שבמלאכת הוצאה אינו עושה שינוי בהאוכלין גופה אפ״ה מיקרי מלאכת אוכ״נ ולא מכשירין ואמרינן ביה מתוך

II. Carrying for the Next Day

As with all *melachos* that are permitted on *Yom Tov*, carrying is permitted only for things that will be of use on that *Yom Tov* day. For the next day, however, whether it is *chol* or the second day of *Yom Tov*, it is forbidden.

Therefore, one who comes to *shul* on *Yom Tov* after *minchah*, may not bring along his *machzor* for *ma'ariv* since it will not be needed until the next day (*ma'ariv*, being at night, is at the start of the next day). Similarly, after *shul* one may not

---

והטעם הוא כיון שמעשה ההוצאה נעשה בגוף האוכל כמו שמפורש בדברי הר״ן המובא בהערה הקודמת, והובא בשו״ע הרב ס״ב ובמ״ב סי׳ תצ״ח סק״י, ולכן יכולין לומר בו מתוך שהותרה לצורך אוכ״נ הותרה נמי לשאר צרכים אם נהנה מגוף החפצא שהוציא, כגון לולב לצאת בו או בגד ללבוש (דאי היה הוצאת אוכלין גופה רק בכלל מכשירי אוכ״נ לא היינו אומרים ביה מתוך כמו בכל מלאכה במכשירין שלא אמרינן ביה מתוך (עי׳ פי״א הע׳ 24).

אלא דאכתי צ״ב דמ״מ בהוצאה שאינו נהנה מגוף הדבר כגון המוציא כלי אוכ״נ שרק מכין בהם האוכל איך מותר להוציאם כשאפשר מערב יו״ט הא מכשירי אוכ״נ אינו מותר כשאפשר מאתמול. ותי׳ בשו״ת חת״ס סי׳ קמ״ז שאע״פ שבשאר מלאכות לא אמרינן מתוך מאוכל נפש למכשירין, שאני הוצאה, כיון שהוא מלאכה גרועה אמרינן ביה מתוך מאוכ״נ למכשירין, והוה ליה כאוכ״נ גופה שמותר אפילו כשאפשר מערב יו״ט. וחילי׳ דידיה מדברי הר״ן הנ״ל דמותר להביא סכין אצל בהמה לשחוט אע״פ שאפשר מערב יו״ט, ונפסק בשו״ע סי׳ תצ״ח ס״ב.

אבל בשו״ת אבני נזר סי׳ ת״ו השיג עליו וכתב שאין טעם ומקור בדבריו. אלא הטעם דמותר להוציא סכין אע״פ שאפשר מערב יו״ט הוא, כיון שכל תכלית מעשה הוצאה הוא רק לקרב דבר אחד אצל חבירו מה לי אם מקרב הבהמה אצל הסכין (שמובן פשוט שזה הוא אוכ״נ ממש כיון שנעשה בגוף האוכל) או מקרב הסכין אצל הבהמה, כיון דביסודם המעשה אחד הוא, וא״כ כל מעשה הוצאה אע״פ דהוי במכשירין הוא כמו שנעשה בגוף האוכל או בגוף ההנאה שאמרינן ביה מתוך ומותר אע״פ שאפשר מערב יו״ט, ע״ש.

ועכ״פ, איך שיהיה, לדברי הכל מותר להוציא גם חפצים שאינו נהנה ישר מהם ורק הם בגדר מכשירי אוכ״נ או מכשירי הנאה אחרת אע״פ שאפשר מערב יו״ט.

bring home his *machzor* (if he can find a safe place for it in *shul*) when he has no more use for it at home that day[4]. (Regarding one's *esrog* and *lulav* see Section IV.)

Ha'aramah

However, one may decide to make a point of using the *machzor* to learn *mishnayos* or to say *tehillim* from it, while it is still day. It may then be brought to *shul* before sunset for *ma'ariv* and home afterwards. Even though one's main intention is to use the *machzor* on the next day (i.e. *ma'ariv*), since it will also be used on the same *Yom Tov* day it is permitted[5].

---

4. בראש ביצה (יב.) כתב שמותר להוליך ספרים עמהם לבהכנ"ס ואף להחזירם דהתירו סופן משום תחילתן. וכ"כ במרדכי.

האמנם הסכמת הפוסקים, עי' במ"א סי' תקי"ח סק"ב, הוא שרק אם יש חשש שמא יגנבו אז אמרינן שיש היתר להחזירם. וכ"כ בח"א סי' צ"ו ובמ"ב שם סק"י. וכן נדחק הקרבן נתנאל בשם המהרש"ל בכוונת הרא"ש, דכוונתו במש"כ שמותר להחזירן הוא רק כשרוצה ללמוד בהן בעוד יום או שמתיירא שמא יגנבו, ע"ש. וי"ל עוד, דהראשונים סתמו בזה ולא חילקו בין היכא דמתיירא שמא יגנבו ובין לא מתיירא, משום דבימיהם שבתי כנסיות שלהם היו בשדות מן הסתם היה חשש גניבה, אבל עכשיו תלוי באמת בכל מקום אם יש חשש גניבה או לא. ועי' להלן הע' 6 בביאור היתר זה דשמא יגנבו. והנה בשו"ת משנת שכיר ח"ב סי' קל"ח הוסיף עוד, שאם יש מקום משומר בבהכנ"ס שיכול ליתן המחזורים שם אז צריך להצניעם שם ואין היתר להחזירם לביתו אע"פ שיש חשש גניבה אם לא יצניעם. ועפ"י דבריו כתבתי בסתמא למעלה, שאין להחזירם (שלא לצורך היום), כיון שברוב פעמים יכול להצניעם ואין חשש גניבה.

וע"ע בשו"ת ויברך דוד סי' ס' שכותב עוד סברא להחמיר, כיון שנמצא בכל בהכנ"ס סידורים לרוב ואפילו אם לא יביא את שלו יש שם כבר כדי להתפלל מהם וכיון שכל היתר להחזירם הוה כדי שלא ימנע מלהביאם ויהיה מזומן לו כדי שיתפלל [דזהו מש"כ הראשונים שהתירו סופן משום תחילתן] באופן כזה שלא אכפת לן אם לא יביאם מתחילה אין היתר להחזירם.

5. בחיי"א כלל צ"ו ס"א כותב שמחזורים שהיו מונחים כבר בביהכנ"ס לא יביאם לביתו וכו' ואם רוצה לומר בהם דברי שירות ותשבחות ביו"ט לעולם מותר להביאם עכ"ל. ומשמע מדבריו שאע"פ שבאמת אין עוד צורך היום בהני

(For the *halachos* of carrying before sunset for use *bein hashmashos*, or carrying *bein hashmashos* for immediate use see Chapter 2, Section I.)

Taking Out the Garbage

It is forbidden to take the garbage outside to the street on *Yom Tov* if the area is not enclosed with an *eruv*. Once the

---

מחזורים מותר להביאם אם משתמש בהם לאיזה צורך. ולכאורה דהוא מענין הערמה דמצינו שמותר ביו״ט באיזה מקומות.

אבל באמת צ״ע מהא דפסק בשו״ע סי׳ תק״ו ס״ז שאם יש לאדם הרבה פת נקיה אינו אופה פת אחרת ודין זה נובע מהסמ״ק והר״ן במס׳ שבת פ׳ כל כתבי גבי הצלת סעודת שבת מהדליקה. ובמ״ב שם ס״ק ל״ו פי׳ שאסור לאפות בין פת נקיה יותר ובין פת קיבר כיון שהיה לו פת נקיה שהוא טוב יותר ועי׳ גם בסי׳ תק״ז במ״ב ס״ק מ״ג ובשעה״צ ס״ג שכתב להדיא שאסור לגבל טיט כדי לסתום פי התנור אם יש לו כבר, ונראה מכאן שאע״פ שמותר להערים באיזה אופנים ביו״ט כמש״כ הרמ״א בסי׳ תק״ג ס״א מ״מ היינו דוקא אם יש איזה יתרון במה שהוא עושה, כמו לבשל הרבה קדירות ורק טועם קצת מכל אחד שבל קדירה הוי מאכל אחר כמו שמפורש שם בח״א ושו״ע הרב. אבל בסי׳ תק״ו כשיש לו כבר פת חמה אסור לאפות עוד כיון שכבר נמצא אצלו מה שדורש ואין יתרון למה שאופה עוד ביו״ט. ועי׳ בספר מלאכת יו״ט סי׳ קנ״ח שכתב שכן נראה לו בפשיטות.

וכמו״כ כתב בשו״ת פרי השדה ח״ב סי׳ ק״ב שנשאל שם במי שרוצה לנדב ס״ת לבהכנ״ס ביו״ט ורצה להביאו ביו״ט דרך רה״ר ע״י הערמה שיקראו בו, וכתב שם בפשיטות שאם יש לבהכנ״ס ס״ת אחר ורק קורא מס״ת שהתנדב כדי שיוכל להביאו אין זה נחשב צורך היום שכבר יש לו במה לקראות.

וא״כ צ״ל דמש״כ החיי״א להתיר להחזיר המחזור כדי לומר בו דברי שירות ותשבחות, כוונתו רק כשאין לו מחזור אחר שנמצא בו פירוש זה וכדומה, שאז אם מביאו לומר שירות ותשבחות מקיים מצוה שהוה צורך היום שבלאו זה לא יכול לקיים אע״פ שאין זה עיקר כוונתו כשמביאו אבל אם יש לו ספרים אחרים שנמצא פירוש כזה אין עוד היתר לזה וכן שמעתי בשם הגרי״ש אלישיב שליט״א. אבל לאחר זמן כששאלתי לו פעם אחרת צידד יותר להקל שבל זמן שמשתמש בהו נחשב צורך ומותר (וכן נראה שנוהגין להקל בזה. ובאמת יש לתרץ הראיות שכתבנו להחמיר). ושאלתי דבר זה לכמה רבנים גאונים שליט״א ואמרו דאין דין זה ברור, לכן רק כתבתי בפנים מה שכתב החיי״א הנ״ל, שאם משתמש בהו מותר להוציאו.

bag is full or cannot be kept in the kitchen, it should only be brought to an out of the way place within the house, such as the basement.

However, if one lives in small quarters and the garbage is giving off an odor that makes the house uncomfortable, it may be taken outside to the bins even if there is no *eruv*. Yet, if leaving it on the porch would not attract animals (e.g. an upper level apartment), one is required to leave it there[6].

Summary

Carrying is permitted on *Yom Tov* where there is no *eruv* whether for food preparation or any other *Yom Tov* need. This is true even if one could have just as easily carried the object before *Yom Tov*. However, if the carrying does not fulfill a *Yom Tov* need, it is forbidden.

---

6. הרמ״א בסי׳ תקי״ח ס״א כותב שמותר להוציא כלים ביו״ט אם מתיירא שלא יגנבו או בשביל שאר פסידא, וע״ש בט״ז סק״א שאם יכול לתת למי שהוא נאמן בביתו ואז אין עוד חשש גניבה אסור להוציאו לדברי הכל. וכן כתב בשו״ע הרב שם ס״א בענין מפתח שהוא לדבר מאכל. וצ״ע בדבריהם שהלא בכל מלאכות שהתירו ביו״ט אמרינן בהם הכלל שאינו צריך לחפש איזה אופן לעשותם בהיתר (עי׳ שו״ע הרב ס׳ תק״י בקונטר״א ס״ק ב׳ ועי׳ לעיל פ״א הע׳ 1) ולמה כאן כותב הט״ז והשו״ע הרב שלכתחילה צריך לחפש אחר אופן שלא להוציא הני כלים שחושש שמה יגנבו?

והנראה בזה שיש חילוק בין מלאכות שנהנה בפועל מהמלאכה, ובין מלאכות שההנאה היא רק סילוק דבר המפריע לו, דדוקא במלאכה שנהנה בפועל ממנו, כגון בהוצאת לולב כדי לצאת בו, אינו צריך לחפש תחילה אופן אחר להשתמש בי׳ בלי הוצאה, משא״כ כשכל ההוצאה היא רק לסלק מה שמפריע לו ואינו נהנה מגוף הדבר שהוציא (כגון זה, שהוא רק לסלק דאגתו על גניבתו) אז לכתחילה אין לעשות מלאכה כזו אם יש עצה אחרת, ודו״ק.

ולפי״ז גם בהוצאת האשפה שאין הנאה בעצם בהוצאתו, ורק הוציאו לסלק ממנו מה שמפריע לו, א״כ כשיש איזה עצה אחרת לסלקו בלא עשיית מלאכה צריך לעשותו באופן כזה, וכן שמעתי בשם מרן הגרי״ש אלישיב שליט״א ומהרבה פוסקי זמננו.

One may not carry something on *Yom Tov* for the next day whether the next day is the second day of *Yom Tov* or *chol*.

III. Carrying is Only Permitted When There is a *Yom Tov* Need

There is an argument amongst the early authorities as to whether one who carries for no purpose at all (i.e. one who walks outside with something in his pocket that he has no use for on this trip) is transgressing a Torah prohibition or a Rabbinic one. Most authorities agree that to carry for no purpose at all is forbidden[7].

What is Considered a *Yom Tov* Need

Not everything that one wishes to do on *Yom Tov* is considered a *Yom Tov* need. Below we give some examples of what the Torah classifies as "a *Yom Tov* need."

A. Food Preparation

Anything that is related to food consumption for that same day is considered a *Yom Tov* need. For example, one who is taking children to the park may take along food for them. Similarly, one may bring food over to a neighbor's freezer or refrigerator if there is no room in his own. This is provided that he will have use for these foods again the same day.

---

7. עי' פ"ב ציון 15, ועי' בס' מנחת יו"ט סי' קב"ו שהביא בשם הישועות חכמה סי' צ"ח שצריך לדקדק בכל מה שמוציא ביו"ט אם הוה צריך לו עכשיו או לא ואם לאו יסירנו.

(It must be kept in mind that a day of *Yom Tov* is calculated from sundown to sundown and only those foods that will be used again the same *Yom Tov* day may be carried out of the *eruv*.)

B. Personal Use

Anything that one needs for one's personal use is also considered a *Yom Tov* need[8]. For example, it is permissible to carry a watch even where it would be forbidden on S*habbos* since one uses it to keep track of time[9]. Similarly, on *Yom Tov* one who is going to a different house to sleep may carry night clothes along with him. However, these clothes may only be carried after nightfall so as not to carry on one day for the next.

C. *Yom Tov* Enjoyment

A person is permitted to carry for his personal enjoyment even if the carrying is not done for his physical needs. For example, one may go for a walk on *Yom Tov* and take the baby along[10]. This is certainly the case when there is no one available with whom to leave the baby with at home. However, even were there to be someone at home, one may take the baby along either for one's own enjoyment or the baby's. This is also considered an enhancement of *Yom Tov*, and is therefore permitted[11]. Furthermore, anything that may be

---

8. עי' שו"ע סי' תקי"ח ס"א ובמ"ב שם סק"ה.

9. בן איש חי במדבר ט', כף החיים ס' תקי"ח אות ט', ושדי חמד ח"ח מערכת יו"ט אות א'.

10. מ"ב שם סק"ג.

11. מ"ב שם.

needed for the child is also permitted to be carried (i.e. pacifiers, diapers, etc.)[12].

However, not all things that are termed "enjoyments" are permitted. For example, even though playing ball may be considered an enjoyment for children, it is not considered a regular Yom Tov enjoyment for an adult. Therefore, since playing ball can constitute the *melachah* of carrying (i.e. if one throws a ball from one domain to another or four cubits, about

---

12. בראש ביצה (יב.) הביא שיטת ר״ת שאם צריך לילך לבית הכנסת או לטייל בשמחת יו״ט ואי אפשר לו להניח את הקטן יחידי בבית יכול הוא להוציאו עמו.

ועי׳ בים של שלמה סי׳ ל״ד שפסק כר״ת, אלא דאח״כ כתב שהרוצה לילך מביתו, והניח שם מעותיו, וחושש משום גניבה ורוצה להביא עמו המפתח לתיבת המעות, שזה אסור, שאין בהוצאה זו צורך יו״ט, דההוצאה היא רק משום חשש הפסד, ומוטב שישאר בביתו מליקח המפתח עמו עיי״ש. וצ״ב בהחילוק בין הני ב׳ ציורים, דהלא בשניהם אינו צריך לעצם ההוצאה, ורק שאם אינו יכול להוציאם הם מעכבים את הילוכו לבהכנ״ס או לטיולו. ועי׳ בשו״ת באר משה ח״ג סי׳ צ״ב שהקשה בעין זה על הים של שלמה.

ויש לחלק, דהוצאת הקטן היא לצורך הקטן, שלא ישאר לבדו בבית, משא״כ בהוצאת המפתח, הוא רק משום דאגת ההפסד וזה לא מיקרי צורך היום כיון שמשום זה הי׳ יכול לישב בביתו.

אבל אכתי צ״ע דבמ״ב בסי׳ תקי״ח סק״ו הביא שיטת היש״ש להחמיר בענין הוצאת המפתח, ובסק״ג הביא הדין שמותר להוציא הקטן, וכתב הטעם משום שיצטער האב כשיבכה הקטן, ומשמע מדבריו שההוצאה היא בשביל צערו של האב, וא״כ הדרא קושיא לדוכתא, דמ״ש הוצאת הקטן מהוצאת המפתח? ועוד יש להבין למה לא כתב המ״ב טעם פשוט, שנחשב צורך הקטן להוציאו?

ובספר משנה הלכה תירץ על הקושיא השני׳, שמדובר כאן אפילו אם אין הקטן רוצה לילך, ודי לו אם ישאר האב עמו בבית, וא״כ כל ההוצאה היא רק בשביל האב. וכן פי׳ בשו״ת באר משה הנ״ל. אבל א״כ עדיין אינו מובן מה נ״מ בין צער זה לדאגתו על ממונו להוצאת המפתח וצ״ע.

six feet, in a public domain)[13], an adult should refrain from playing ball in an area where there is no *eruv*.[14]

D. Carrying for a *Mitzvah*

Carrying for the sake of a *mitzvah* is also permitted[15]. This is true not only for a *mitzvah* of the Torah (i.e. to carry a *sefer* to a place where one wishes to learn or to carry a *shofar* to *shul* on *Rosh Hashanah*) but also for a rabbinic ordinance as well (i.e. to carry a *lulav* for a child who has reached the age of *chinuch* so that the child may make a *bracha* on it)[16]. Furthermore, it is even permitted to carry in order to fulfill a *mitzvah* which one is not obligated to perform, but only chooses to fulfill (i.e. to carry a *lulav* home from *shul* for a woman to

---

13. מ״ב סי׳ תקי״ח סק״ט.

14. שם.

15. ביצה (יב.).

16. בבה״ל סי׳ תקי״ח ד״ה ״הצריכים לו״ כותב שכן מוכח מתוס׳ כתובות (ז.) שמותר להוציא ביו״ט בשביל מצוה דרבנן. אבל בשע״ת סי׳ תקפ״ט סק״א הביא שיטת השאגת אריה ס׳ ק״ו וק״ז, שאוסר הוצאת שופר ולולב לצורך קטן שרק יש חיוב דרבנן בשביל חינוך וכ״ש בשביל נשים שאין עליהם חיוב כלל וכן לגדול ששמע כבר תקיעות דמיושב ורוצה לשמוע תקיעות דמעומד וכן בלולב שנענע כבר ורוצה להוציאו לצורך נענועי הלל וטעמו שכל שאינו מצוה של תורה אין היתר הוצאה ואע״פ שמותר להוציא לכל צורך קצת ביו״ט זהו רק אם היה צורך הגוף אבל צרכי מצוה רק מותרת אם היא מצוה של תורה.

אבל כבר חלקו עליו הרבה פוסקים, עי׳ בשו״ע הרב סי׳ תקפ״ט ס״ב, שכתב שמותר להוציא שופר בשביל אשה, וכן הביא באורחות חיים שם סק״ג בשם השיורי ברכה אות ב׳. וע״ע בשו״ת אגרות משה ח״ג סי׳ צ״ד מש״כ לדון על דברי השאגת אריה ובמש״כ לתרץ ראיותיו מסוגית הגמ׳, ומסיים בפרט עכשיו שאין לנו רשות הרבים מן התורה. וכן כ׳ בקצה המטה על המטה אפרים שם סק״ה שמנהג העולם להקל מטעם זה שאין לנו רשות הרבים וכל חומרת השאגת אריה היא רק בהוצאה דאורייתא. ועי׳ בשו״ת אז נדברו חי״ג ס׳ ל״ח שלפי המתירים מותר להוציא לולב גם לצורך בנותיו הקטנים כדי לחנכם במצות.

make a *bracha* on it)[17]. However, it is only permitted to carry for the sake of a *mitzvah* that is going to be fulfilled on that same *Yom Tov* day. For this reason, on *Yom Tov* one may not carry a *sefer* to *shul* that will only be used the following day[18].

E. Carrying to Prevent a Loss

The *Poskim* argue about whether it is permitted to carry to prevent a financial loss. An example of this type of carrying would be if one wishes to carry along the key to a safe since he does not feel secure just hiding it in the house. Some rule that since one would constantly worry about the possible loss and thus detract from his *Yom Tov* enjoyment, the carrying becomes a *Yom Tov* need[19]. Others hold that since the purpose of the

---

17. עי׳ ציון הנ״ל. והנה בענין הוצאה בשביל דבר שאינו מצוה רק מנהג בעלמא עי׳ במ״ב סי׳ תקי״ד סק״ל שהביא מהרבה ראשונים שמותר להדליק נרות לכבוד ברית מילה שהוה רק מנהג, וכן בס״ק ל״א הביא מתשובת הרא״ש שמותר להדליק נרות בבהכנ״ס אפילו ביום, שהוא רק בשביל כבוד בהכנ״ס, אבל בסי׳ תע״ג ס״ק ל״ב הביא ד׳ הדרכי משה שאסור לצלות הזרוע (ביו״ט) לצורך קערת הסדר כיון שאינו יכול לאוכלו בלילה משום שהוא בשר צלי, אא״כ דעתו לאוכלו למחר. וצ״ב מה גרע זה משאר מנהג דאמרינן מתוך.

אמנם להוציא מחזורים לצורך אמירת תשליך משמע מהמ״ב בסי׳ תקפ״ג סק״ח בשם הפמ״ג דמותר הוא, דכתב שם הטעם שקצת מקומות אין אומרים תשליך בר״ה שחל בשבת משום שחוששין להוצאת המחזורים, והרי משמע דרק בשבת אסור מטעם זה אבל ביו״ט מותר להוציאם, ועי׳ בס׳ הלכות המועדים פ״ד הע׳ 38 בסוף שהאריך בזה.

18. בה״ל שם ד״ה ״וס״ת״.

19. הרא״ש בביצה (יב.) כתב בשם תשובת הגאונים, וז״ל, כל הוצאה גבי צורך יו״ט שמותרת משום אכילה דכוותיה מותרת גבי תכשיט משום כבוד יו״ט אבל הוצאה שלא לצורך אכילה ולא לצורך תכשיט כגון אותם שיוצאים עם מפתחות קשורות באזוריהם שלא כדין הם עושים ואסור לעשות כן וכן פסקו בשתי ישיבות עכ״ל. וכן פסק בר״ן ובטור, אבל בב״י הביא בשם הגהות סמ״ק סי׳ רפ״ב דמפתח תיבה שאין בה אלא מעות כיון שלבו דואג משום פסידה חשוב צורך

carrying is primarily to prevent a loss, the carrying is not a *Yom Tov* need and is forbidden[20]. One should abide by the stricter opinion[21].

However, if one is carrying to prevent the loss of something that is needed for *Yom Tov*, (i.e. a key to a place where food or dishes are kept) then everyone agrees that it is permitted[22]. In the case of a house key, even though the concern is primarily to prevent a financial loss, the accepted custom is to be lenient. (See footnote for explanation.)[23]

קצת. ובמ״ב סק״ו ביאר יותר קצת, שכיון שלבו דואג ומצטער חשוב הוצאת המפתח צורך עונג יו״ט וכן כתב רבינו ירוחם בשם ר״ת.

והנה ברמ״א סי׳ תקי״ח ס״א נקט כשיטת המקילים, שמותר להוציא אם מתירא שלא יגנבו, אבל בט״ז שם סק״א תמה עליו, איך פסק כן כנגד רוב ראשונים ואחרונים. וכן הביא במ״א סק״ב שיטת היש״ש להחמיר בזה. ועי׳ במ״ב סק״ו שכתב דהרבה מחמירים בזה, וסיים שנכון להחמיר לנהוג כמותם. אבל בערוה״ש שם סק״ה תירץ שיטת הרמ״א, לכוון שיטתו עם דברי הגאונים, שהם רק אוסרים באופן שהוציאו בפרהסיא משום עובדא דחול, אבל בלאו הכי אין קפידה על עצם ההוצאה, ודייק זה ממה שכתוב בתוספתא במפתח שבאצבעו. וכן הוא לשון הגאונים, במפתח הקשור באיזוריהן, שרק יש קפידא על מה שהכל רואים.

20. עי׳ ציון הנ״ל.

21. שו״ע הרב ס״א ומ״ב סק״ו.

22. שו״ע הרב הנ״ל ומ״ב סק״ה.

23. כבר הבאנו לעיל שדעת המ״ב להחמיר בענין הוצאה בשביל הפסד ממון. ועי׳ בשו״ע הרב ס״א שכתב שרק באופן שהמפתח רק שומר על המעות וכיו״ב דברים שאין בהם צורך ביו״ט אסור, אבל אם שומר תכשיטים, וכן כלי אכילה שיש בהם צורך ביו״ט, אז מותר להוציאו. ועי׳ בשו״ת באר משה ח״ג סי׳ צ״ב דהורה להתיר מטעם זה להוציא מפתחות הבית שבו מונחים כל צרכי יו״ט, ואף שיש מקום לדון שעיקר הדאגה היא על הדברים שאין בהם צורך היום, כבר כתב המנחת יו״ט סי׳ צ״ח ס״ק קכ״ה שמנהג העולם להקל בענין זה. וכן כתב בספר שש״כ פ׳ י״ט ה״ח. ותו יש לצרף שיטת הערוה״ש שלומד שהעיקר כהרמ״א, ופי׳ הירושלמי וכן תשובת הגאונים רק באופן שהוא בפרהסיא שהוא זילותא דיו״ט, וכתב שם ג״כ שמנהג העולם להקל. ומ״מ אף בשו״ת באר משה הנ״ל כ׳, שמש״כ להתיר הוא רק אם אין מישהו בבית, אבל אם יש אדם שם אז אסור ליקח המפתחות, ועי׳ בהע׳ 24.

The following is an example of carrying to prevent a financial loss that all agree is forbidden because one can prevent the loss in a permissible way. One takes a coat to *shul*. After *davening* is over, it is clear that the coat is not needed for the rest of the day because it warmed up or stopped raining. In this case one may not carry the coat home, even if he fears it might get misplaced. Since it is permissible to wear the coat home, which does not violate the prohibition of carrying, one may not alleviate his worry by doing a *melachah*[24].

Summary

One is permitted to carry on *Yom Tov*, if there is a need. This includes food preparation, personal use, *Yom Tov* enjoyment, and performing a *mitzvah*. One should not carry to prevent a loss of something that will not be needed on *Yom Tov*.

F. Carrying for No Purpose

To carry for no purpose at all is forbidden[25]. Therefore, one who is leaving the house should remove from his pocket all items that will not be needed (i.e. papers, candy, etc.).

---

24. בט"ז סי' תקי"ח סק"א כתב שאפילו לדברי המקילים בהוצאת מפתחות אם יש איש נאמן להניח אצלו אז לכל הדעות אסור להוציאו, והובאו דבריו במ"ב סק"ו. ואע"פ שמלאכה שהותרה ביו"ט אין צריך לחפש אופנים לעשות בהיתר, י"ל שגרע כאן שרק רוצה לסלק הדאגה מעליו, ואין כאן צורך בעצם, וא"כ צריך לסלקו באופן היתר אם יכול. ועי' ציון 6 עוד בזה. ובשו"ע סי' ש"א סעי' ל"ו ובמ"ב ס"ק קל"ב מבואר שכשלובש בגד אע"פ שאין בו צורך אין איסור הוצאה. וא"כ לפי הנ"ל מחויב לעשות כזה לכל הדעות.

25. עי' פ"ב ציון 15.

Similarly, if one is leaving the house with a child and is taking along a baby bag, he should make sure that the only objects inside the bag are those that will be needed for this trip. One should remove all unneeded items from the bag[26].

G. If There is Doubt Over an Item's Need

In situations where carrying is permitted on *Yom Tov*, it is allowed not only when one knows for sure that the object will be needed, but also when one can reasonably assume the object will fulfill a *Yom Tov* need[27]. For example, one who is going out with a little child may take a diaper along, since it is reasonable to assume that it may be needed. Similarly, if it looks like it might rain soon, one may carry a raincoat if he is going out. However, if there is no forecast of rain and not a

---

26. בשו״ע סי׳ רנ״ב ס״ז כתב שמצוה למשמש בגדיו ערב שבת סמוך לחשיכה, שלא יהא דבר בהם שאסור לצאת בו בשבת וכתב המג״א ס״ק כ״ו שה״ה לדידן, אע״פ שאין לנו רשות הרבים, מצוה למשמש בגדיו דשמא יש אצלו דבר המוקצה שאסור לטלטל. וא״כ י״ל שה״ה בערב יו״ט יש למשמש, שאע״פ שאין איסור הוצאה בהרבה דברים ביו״ט, אבל טעם איסור מוקצה יש. וכן כתב בשו״ת באר משה ח״ח סי׳ ק״מ שמצוה לבדוק כיסו ערב יו״ט, אבל ביו״ט גופה אע״פ שיש טעם לבדוק קודם שיוצא בשביל חפצים שאין בהם צורך היום ואסור להוציאם, אין לחדש גזירות שלא נמצאים בפוסקים עכ״ד.

27. במ״א סי׳ תקי״ח סק״ג הביא דברי הים של שלמה, שכשיוצאים לטייל חוץ לעיר מסירין הסכינים שאין בהם עוד צורך היום כ״כ, שאין רגילים עוד לאכול, ובט״ז שם סק״ב כתב עליו, אבל מ״ש רש״ל להחמיר בסכינים לא נלע״ד כן, דודאי סכינים כל היום מיקרי צורך אוכ״נ, דאי מזדמן לו איזה פרי יאכל עמהם, ומשמע מדבריו, שכל שיש ספק שמא יצטרכו מותר לקחתו עמו. וכ״כ בשו״ע הרב שם ס״א כדברי הט״ז. ועי׳ במ״ב סק״י שהביא ב׳ הדיעות, וסיים שאם יודע בודאי שלא יצטרכו לו בהליכה זו, כמו אם הולך עכשיו לבהכנ״ס, אסור להוליכו לדברי הכל. ובס׳ שש״כ פי״ט ס״ב דייק מזה, דדעת המ״ב לדינא כשיטת המקילים, שכל שיש ספק מותר להוציאו. ועי׳ בשו״ת באר משה ח״ח סי׳ ק״פ שכתב להחמיר בספק בעלמא, אלא דהוסיף, שכשיש דבר לפניו שנראה שצריך לאותו חפץ אז אף לפי שיטת היש״ש והמ״א שרי להוציאו, ומטעם זה הורה להקל לקחת בגדים חדשים לתינוק, וכן בגדי גשם, אם נראה שצריכים לכך.

cloud in the sky, one may not take along a coat on the remote possibility that it could rain. This is only true of carrying. If one wishes to wear the raincoat, it is always permissible.

Summary

It is forbidden to carry an object for which there is no need. If there is a reasonable assumption that the object may be needed, it is permissible.

IV. *Sofan Mishum T'chilason*

In certain situations where a *mitzvah* is involved, the Sages permitted carrying even if there is no *Yom Tov* need[28]. For example, one may bring his *lulav* and *esrog* home from *shul* even though he will have no further use for it that day. The reason for this is that if it were not permitted to bring them home one might decide not to bring them in the first place because of the fear that they might get damaged when left in *shul*[29]. Since the Sages wanted each person to bring his *lulav* to *shul*, they permitted him also to bring it home afterwards[30].

---

28. בעטרת זקנים בגליון השו"ע סי' תקי"ח כתב שבכל דבר שמותר להוציא
ביו"ט אמרינן התירו סופן משום תחילתן ומותר להחזירם. אכן בשאר הפוסקים
מבואר שרק אמרינן סברא זו לדבר מצוה ועי' בהערה הבאה.

29. בגמ' ביצה (יא:) אמר עולא, ג' דברים התירו סופן משום תחילתן, ואלו הן,
עור לפני הדורסן, ותריסי חנויות, וחזרת רטיה במקדש. ועי' ברא"ש שם (יב.)
בסוגיא דמתוך, שה"ה שכשמוליך ספרים לבהכנ"ס שמותר להחזירם, דהתירו סופן
משום תחילתן. וכן הוא במרדכי. והרא"ש בעצמו הק' דהא לא מנה עולא אלא ג'
דברים? ותירץ, שעולא רק קאי על המפורש במשניות, אבל יש עוד אופנים כאלו.
ולכאורה צ"ב, שלפי שיטת הראשונים שהוצאה שלא לצורך היום הוי איסור
תורה ביו"ט, איך התירו הרבנן להחזיר הספרים מטעם שלא יביאם בתחילה

It is important to remember that one may bring home his *lulav* and *esrog* only if he goes directly home from *shul*. However, if he stops at a different house along the way to eat a *Yom Tov* meal or to meet someone, he must leave his *lulav* and *esrog* there, since in a private home there is no great worry of damage. However, one is not required to look for the house closest to the *shul* in order to leave his *lulav* and *esrog*[31].

V. *Shoveh Lechol Nefesh* / A Universal Need

A *melachah* may be done on *Yom Tov* only in a situation that is considered a universal need meaning something that is needed by most people[32]. (See Chapter 2 Section V.)

היתר להחזירם אז לא יביאם. אלא דלפי"ז צ"ע למה רק יש היתר זה בדבר מצוה, הלא בכל מיני הוצאה יש לפרש כזה. ובאמת י"ל שזהו סברת העטרת זקנים המובא בהע׳ הנ"ל. ועוד י"ל לפי מ"ש הבה"ל בסי׳ תצ"ח ס"ו ד"ה כדי לתרץ מש"כ בפמ"ג שמותר להפשיט כל העור של הבהמה אע"פ שאינו רוצה אלא כזית, דאל"כ ממנע ולא שחיט, דהק׳ הביאור הלכה איך מתירים איסור תורה של הפשטת עור הבהמה כשאין בו צורך היום משום זה? ותירץ, שכיון שיש סברא של הואיל ומקלעי אורחים, וכל הבהמה חזיא, ממילא אין בזה אלא איסור דרבנן, ולאיסור הדרבנן מתירים מטעם ממנע ולא שחיט. ועל דרך זה י"ל הכא נמי, דמטעם הואיל הוה ההוצאה רק איסור דרבנן, ולזה התירו מטעם סופן משום תחילתן כדי לקיום המצוה, וכן כתב בשו"ת ויברך דוד סימן ס׳.

30. בשו"ת משנת שכיר ח"ב סי׳ קל"ח כתב שאם יש מקום משומר בבהכנ"ס אז אין עוד היתר להחזיר הלולב, דלא שייך הטעם שלא יביא מתחילה כיון שיכול להצניעו. וכן כתב לגבי טלית, שכיון שיכול ללבשו כדי להחזירו אין היתר להוציאו ביד. אולם בערוה"ש ס"ו הביא גם טלית לדוגמא למה שהתירו משום זה ומשמע שסובר שגם כשיכול ללובשו יש היתר להחזירו בידו לביתו. וע"ע בשו"ת ויברך דוד סימן ס׳.

31. קיצור פסקי תשובות דף נ"א בשם הגאון ר׳ משה פיינשטיין זצ"ל. וכן כתב בס׳ הלכות המועדים פ"ה ס"י. וע"ע בעם התורה מהדורה ב׳ חוברת יד בתשו׳ הגרח"פ שיינברג שליט"א.

32. גמ׳ כתובות (ז.).

Therefore, to carry something that is only needed by certain individuals is forbidden.

There is a disagreement among the *Poskim* as to whether things that are needed solely for a sick person are considered a universal need. Since most people are well they do not have the needs of sick people. Others hold that getting well and staying well is a need of all people. One should abide by the stricter opinion[33].

Therefore, it is forbidden for one to carry medicine (i.e. antibiotics, pain killers, etc.) for a sick person (even in a case where it is permitted to take these medicines on *Yom Tov*) in a place where there is no *eruv*. Yet one may carry these items if a *shinui* is used (i.e. one carries them in his belt or between his arm and body)[34].

This rule holds true only for a routine illness. In a life-threatening situation, one may do whatever is needed as on *Shabbos*[35].

VI. *Marbeh B'shiurim* / Extra Amounts

There is a concept on *Yom Tov* known as *marbeh b'shiurim* / larger amounts. This means that when one is doing a permitted *melachah* on *Yom Tov*, one may do it on a larger

---

33. עי' פ"ב ציון 20-22.

34. בשש"כ פ' ל"ג הע' צ' כתב בשם הגרש"ז אויערבך זצ"ל דמכיון דעירובי חצרות רק דרבנן אפשר להעביר ע"י שינוי ושמעתי מהג"ר שמואל פעלדער שליט"א שיכולין לסמוך על זה ברוב הוצאות שלנו לפי הני פוסקים שסוברים שרוב הוצאת שלנו הוי רק כרמלית ובצירוף עוד טעמים להקל והסכים לזה הגאון ר' אברהם פאם שליט"א.

35. עי' או"ח סי' שכ"ח.

scale than needed, if this does not involve any more of a *melachah*[36]. (This is true only on *Yom Tov*. On *Shabbos*, however, *marbeh b'shiurin* / extra amounts, are forbidden.[37]) For example, if one is going out on *Yom Tov* and wishes to take baby wipes along, one may take the whole container, even if only a few wipes are needed. Similarly, if one borrows cereal from a neighbor, one may carry the whole box and not just the exact amount he wishes to eat. The reason is that since it is permitted to carry what is needed, the Torah does not require one to be exact in the amount that is carried as long as there is just one act of carrying[38].

This is true, however, only if each and every one of the extra items being carried has the same purpose. If, however, the items that are being carried together have different uses, then

---

36. באור שמח פ׳ י״ח מהלכות יו״ט המציא יסוד חדש, דלא שייך היתירא דריבוי בשיעורים במלאכות שהאדם פועל בעצמו במשך עשיית המלאכה כמו קצירה והוצאה, ורק במלאכות כמו בישול ואפייה שהאדם רק גורם וממציא המלאכה ע״י הנחת הקדירה על האש הוא דנאמר בו כללא דריבוי בשיעורים. אבל מוכח מהרבה פוסקים שלא תפסו כחילוק הזה, אלא דהיתר דריבוי בשיעורים שייך לכל מיני מלאכות, עי׳ בס׳ מחנה ישראל להחפץ חיים פ׳ ל״א ס״ק ב׳, ובשו״ת ארץ צבי סי׳ ע״ה, ובשו״ת הר צבי ח׳ או״ח סי׳ קע״ז, ובשו״ת אגרות משה ח״ב סי׳ ק״ג, ובשו״ת באר משה ח״ג סי׳ צ״ג. ועי׳ בשו״ת מחזה אליהו סי׳ ל״ה דהאריך בזה.

37. עי׳ פ״ב ציון 26.

38. הנה בענין אם מותר להוסיף יותר ממה שצריך לאותו היום להקופסה שמוציא או רק אם כבר נמצא שם מותר להוציאם, כבר כתבנו מזה בפ״ו הע׳ 9. ונחזור עליה כאן בקצרה. בשו״ת אג״מ או״ח ח״ב סי׳ ק״ג הורה שמותר להוציא יותר ממה שצריך כשהם מונחים כבר בהקופסה, אבל אסור להוסיף יותר כדי להוציאם, ולמד זה ממה שכתב הפרי חדש סי׳ תק״ג שאסור למלא מים מדלי הרבה פעמים ליתן בקדרה אפילו קודם שיתן על האש יותר ממה שצריך ליו״ט. אבל בהגהות רע״א בשו״ע שם הביא משו״ת פני משה ח״א סי׳ ב׳ דמותר גם להוסיף, ופי׳ דלענין הדלי שם רק אסור משום שהוא טרחה גדולה. וכן כתב בערוה״ש שם ס״ב. וכן משמע במ״ב שם סק״ה. ועי׳ בפ״ו הע׳ 9 שביארנו כל זה באורך.

only those with a *Yom Tov* need are permitted to be carried[39]. An example would be a key ring with different keys. One may carry only those keys that are needed for this trip. For example, one may carry the house key, but he has to remove the mail box and cabinet keys. Similarly, one who is going to another house on *Yom Tov* and is taking along things that will be needed that day may not put in the bag other things that will only be needed the next day.

VII. Carried by Mistake

If one carries something by mistake that has no *Yom Tov* use and realizes it on the street, he may continue to take it along until he finds a safe place to leave it. The reason is that if one already has carried outside by mistake, he may rely on those opinions that hold that it is permitted to carry to alleviate

---

39. בשו״ת אגרות משה או״ח ח״ב סי׳ ק״ג כתב שמותר לצאת ביו״ט בקופסה מלאה סגריות אע״פ שאינו צריך אלא למקצתם. ובחוברת עם התורה מהדורה ב׳ חוברת ט׳ ביאר מרן בעל האג״מ זצ״ל דבריו, שרק מותר באופן כזה, שכל אחד מהסגריות ראוי לתשמיש שוה, ורק שיש הרבה יותר ממה שצריך להיום, ולהכי מותר דהי מינייהו מפקית לומר עליו שאסור להוציאו, אבל באופן שמוציא דבר שאין בו צורך ביחד עם מה שיש היתר להוציאו, כגון הרבה מפתחות במחזיק מפתחות אחד שיש לכל אחד תשמיש מיוחד אין זה בכלל היתר ריבוי בשיעורים.

אמנם בשו״ת מנחת יצחק ח״ח סי׳ ל׳, וכן בשו״ת הר צבי ח״א סי׳ קע״ז ובשו״ת באר משה ח״ג סי׳ צ״ג משמע שבכל דבר שמוסיף כל זמן שמוציאם ביחד אמרינן דהוי רק מרבה בשיעור הוא ומותר. וכ״כ בס׳ מחנה ישראל להחפץ חיים פ״ז סק״ב. ויעויין בשו״ת מחזה אליהו סי׳ ל׳ שרוצה לתלות שאלה זו בספיקת השעה״צ סי׳ תק״ו אות נ״ו אם מותר לאפות חד ככר גדול בשביל עצמו ובשביל עבדו ושפחתו שאינם יהודים. שהניח שם בצ״ע. ועי׳ בקונטרס להלכות יו״ט להמחבר הנ״ל שכתב שרוב פוסקים מחמירים בענין זה ועי׳ בפ״ו הע׳ 10 שהארכנו בזה יותר.

the worry of a loss[40]. However, this is true only if it would disturb him to leave it in the street. Something that is of no importance must be put down and left where one happens to be.

VIII. *Eruv Chatzeros*

When many families live in an apartment building or courtyard an *eruv chatzeros* is needed on Shabbos in order to carry even if the area is properly fenced in. On *Yom Tov*, however, there is a disagreement among the *poskim* as to whether an *eruv chatzeros* is needed to permit carrying those things that are forbidden to carry on the street (i.e. things needed for the next day, even when there is no problem of *hachanah*). The custom is not to make an *eruv chatzeros* for *Yom Tov* alone, but to include *Yom Tov* as well when one makes his *eruv chatzeros* for *Shabbos*[41]. Where an *eruv chatzeros* was not made, carrying things for the next day is forbidden[42].

---

40. שו"ת באר משה ח"ח סי' קס"ג ועי' מש"כ הגאון ר' חיים פנחס שיינברג שליט"א בחוברת עם התורה מהדורה ב' חוברת יד.

41. במ"ב סי' תקי"ח ס"ק י' הביא דעת המהרש"ל שהמנהג שלא לעשות ע"ח לצורך יו"ט בפני עצמו ואין לשנות המנהג ובקונטרס להלכות יו"ט להגאון ר' פסח פאלק שליט"א ביאר הטעם כדי שלא יהא נראה כפוסק הלכה שאין בה הכרעה אבל כשמערב לשבת וכולל גם יו"ט כתב בשו"ע הרב שם ס"ד שאין זה משנה המנהג כיון שאינו עושה מעשה חדש.

אולם במועדים וזמנים ח"ח סי' ק"מ בהג"ה כ' שהחזו"א סידר ע"ח גם בערב יו"ט כדי להתיר טלטול שלא לצורך היום.

42. כ"כ במ"ב הנ"ל לשיטת הרמ"א, ובח"א סי' צ"ו ס"ב. ובערוך השלחן סי' תקי"ח ס"ח.

Practical Applications

A. Carrying a *Machzor* To and From *Tashlich*

One may carry a *machzor* to the river to recite *tashlich* on *Rosh Hashanah* and then return with it. Care should be taken to use the *machzor* before sunset once it is brought home.

B. Taking the Garbage Outside the *Eruv*

If one's garbage is full on *Yom Tov*, he should remove it to an out of the way area inside the house. If it gives off an odor and it is uncomfortable to leave it around, it may be brought to the bins, even if they are outside the *eruv*.

C. Carrying a Child

It is permitted to carry a child in one's arms or to wheel the child in a stroller. This is allowed either for the enjoyment of the child or for the benefit of those who are carrying the child.

D. Carrying a Whole Box of Cereal

One may borrow a whole box of cereal, a container of salt, or any such item from a neighbor and carry it to one's house, even though only part of it is needed for that day's use.

E. Extra Items That Are Not Needed

When one goes out on *Yom Tov* one should remove from one's pockets all extra items that would not be of use for that trip. Similarly, one should not carry extra items in a baby bag or stroller.

F. Wearing a Watch

It is permissible to carry or wear any type of watch (i.e. wrist, pocket, etc.) on *Yom Tov*.

G. Carrying an Umbrella

It is forbidden to use an umbrella even if it was opened before *Yom Tov*.

H. Carrying Medicine

One who needs to carry along medicine or bring it home from a store or neighbor, should do so only with a *shinui*. Examples would be between his arm and body or in his belt.

I. Carrying a Coat or *Tallis* home From *Shul*

One may not carry a coat or a *tallis* home from *shul* if he has no more use for that item on that day. However, it is permissible to wear them home.

J. Carrying a *Lulav* and *Esrog* Home From *Shul*

One may carry his *lulav* and *esrog* home from *shul* even if he has no more use for them that day but is afraid that they will get damaged. This is provided he goes straight home.

15/ *Hachanah* - Preparing For Another Day

The laws of *hachanah* / preparing on *Yom Tov* for another day, are similar to those of *Shabbos*. However, due to the many practical applications of this *halachah* on *Yom Tov*, and its frequency, we will discuss this *halachah* at length.

There is a rabbinic prohibition against doing any form of preparation on *Shabbos* or *Yom Tov* when one's sole intention is for weekday benefit. The reason is that the Sages did not want one to do anything that causes unnecessary *tirchah* / burden on these days[1].

Therefore, even when no actual *melachah* is involved, any act of preparation that causes even a small amount of burden is forbidden[2].

---

1. מקור דין זה הוא בגמ' שבת (קיח.) ת"ר קערות שאכל בהן ערבית מדיחן לאכול בהן שחרית שחרית מדיחן לאכול בהם בצהרים בצהרים מדיחן לאכול בהן במנחה מן המנחה ואילך שוב אינו מדיח ועי' ברש"י ד"ה שוב דאין הדחה זו אלא לחול עכ"ל, פי', אע"פ שאין איסור מלאכה במה שמדיח הקערות, כיון שעושה לצורך חול אסור הוא.

והנה בטעם איסור זה עי' ברמב"ם הל' שבת פ' כ"ג ה"ז שכתב ואסור להדיח קערות ואלפסין וכיוצא בהן מפני שהוא כמתקן אא"כ הדיחן לאכול בהן סעודה אחרת באותה שבת. ונראה מדבריו, שהבין טעם איסור זה מפני שמתקן מנא. אך קשה לפ"ז, מה מהני אם עושה זה לצורך שבת, הא גם לצורך שבת אין היתר לתקן. וכן הקשה בשו"ת רדב"ז סי' אלף תק"ג. וגם הראב"ד שם השיג על הרמב"ם, וכתב שכל זה אינו אסור אלא מפני שהוא טורח לחול, והיינו, דטעם איסור הכנה הוא מה שאסור לטרוח בשבת בשביל חול.

ועי' במגיד משנה שם, וכן בשו"ת רדב"ז הנ"ל, שכתבו, דבאמת זהו ג"כ שיטת הרמב"ם וזהו כוונתו במה שכתב שהוא כמתקן אם עושה בשביל חול, ולא מתקן ממש. וכן פי' בשו"ע הרב סי' שכ"ג ס"ו ובמ"ב שם ס"ק כ"ח ובערוך השולחן שם ס"ז, שטעם האיסור הוא מה שטורח לצורך חול.

2. מ"ב סי' תק"ג סק"א.

Based on what we have learned previously, the above rule applies not only to acts of preparation on *Yom Tov* for weekday use, but also to an act of preparation on the first day of *Yom Tov* for use on the second day of *Yom Tov*. This is because there is doubt as to which of the two days is truly *Yom Tov*. Hence, preparing on the first day of *Yom* Tov for the second day may, in fact, be preparing on *Yom Tov* for a weekday. Furthermore, even regarding the two days of *Rosh Hashanah*, which is considered as one long day for certain *halachos*, it is still forbidden to prepare on the first day for the second[3].

I. Forbidden Preparations

The prohibition of *hachanah* applies to all forms of preparation that one does for another day. This is so even if only a minimal amount of burden is involved.

Therefore, on *Yom Tov* one may not:

1. wash even a single spoon or plate for which one has no more use during that same *Yom Tov* day[4] (see Chapter 13 where this is discussed at length).

2. set the table, or make any other meal preparations, on the first day of *Yom Tov* for the second day[5].

---

3. שו״ע סי׳ תק״ג ס״א ועי׳ לעיל פ׳ 6 הע׳ 1.

4. סי׳ שכ״ג ס״ו.

5. עי׳ לעיל פ״ב הע׳ 2 שהבאנו חידוש הא״ר בשם פסקי תוס׳, והובא במ״ב סי׳ תצ״ט ס״ק מ׳, שאסור לעשות מלאכה בליל יו״ט שני קודם שמתפלל ערבית או יקדש, וע״ש מה שהבאנו בשם שאר פוסקים בזה. אבל מבואר שם שכל זה רק בנוגע למלאכה ממש אבל באופן שרק מכין ליום שני בלא עשיית מלאכה לכו״ע אין חשש, שמיד שהוא ודאי לילה יכול להכין כל צרכי סעודתו.

3. carry to another location clothes or books which one plans to use on another day. This applies even if no *melachah* is involved, such as an area which is entirely enclosed with an *eruv*[6]; (However if one makes a point to use those items on the same day it is permissible.)[7]

4. roll a *Sefer Torah* to the correct place for the next day's reading[8].

5. organize or clean a room that will no longer be used that day[9]. (Regarding *Bein Hashmashos* see Chapter 2 Sec. 1A and 1B.)

Summary

The *Sages* prohibited any form of preparation on *Shabbos* or *Yom Tov* for a weekday. This applies even where no *melachah* is involved.

II. Forms of Preparation That Are Permitted

A. Preventing A Loss

Even though it is forbidden to prepare on *Shabbos* or *Yom Tov* for another day, it is permitted in a case where one's action is to prevent a loss[10]. For example, a garment that was left

---

6. כן מבואר ממ״א סי׳ תרס״ז סק״ג הובא במ״ב שם סק״ה.

7. ערוה״ש שם ס״ב.

8. מ״ב סי׳ תרס״ז סק״ה.

9. מ״ב סי׳ ש״ב ס״ק י״ט.

10. בגמ׳ שבת (קכ״ד) מבואר שמותר לטלטל כלי שמלאכתו להתיר מחמה לצל וכן נפסק בשו״ע סי׳ ש״ח ס״ד. ומכאן נראה שאע״פ שאין צורך לאותו כלי מותר לטלטלו כדי להצילו מהפסד (שאם מדובר באופן שהיה צריך לאותו כלי אפילו בכלי שמלאכתו לאיסור היה מותר לטלטלו לצורך גופו), והרי מכאן, שאע״פ

hanging outside to dry may be brought in if it is going to rain.[a] Such an action is not considered preparing for the next day but as merely preventing the garment from getting wet again.

Similarly, something may be brought into the house to prevent it from getting stolen. Even though one has no more use for this object on that *Yom Tov* day it is permissible. This is

[a] *A garment that is wet enough to wet one's hand which in turn can wet something else is muktza and forbidden to handle. This is to safeguard against the prohibition of squeezing. Therefore, only in a situation where the garment did not have this degree of wetness "bein hashmashos" is it permitted to carry it on Yom Tov.*

שיש כאן הכנה לחול במה שמצילו שלא לצורך היום, הרי שאין איסור, כיון שאין כוונתו להכין שום דבר רק למנוע ממנו הפסד.

וכן הוא בגמ׳ ביצה (ג.) אחד ביצה שנולדה בשבת ואחד ביצה שנולדה ביו״ט אין מטלטלין אותה לא לכסות בה את הכלי ולא לסמוך בה כרעי המטה אבל כופה עליה את הכלי בשביל שלא תשבר, מבואר שאע״פ שאין לו צורך היום לאותה ביצה שהרי אסור לטלטלה אפילו הכי מותר להביא כלי לכסותה כדי שלא תשבר והיינו למנוע מהפסד.

ועי׳ בשו״ת מהרש״ג ח״א סי׳ ס״א שביאר דכל איסור הכנה משבת לחול היינו דוקא אם כוונת העושה להרוויח זמן שלא יצטרך לעשות את מעשה הזה בימי החול, כמו בהדחת כלים, אבל במקום שאם לא יעשה את מעשה הזה בשבת יופסד הדבר לא גזרו, והבאו דבריו בשו״ת מנחת יצחק ח״ח סי׳ כ״ד.

אלא שעוד צ״ע ממה שכתב המ״א סי׳ רנ״ד ס״ק כ״ג על מה שנפסק בשו״ע שם ס״ז, שבתנורים שלנו, שאין בהם איסור רדיה, מותר להוציא בשבת כל הפת, וכתב שם המ״א שהיינו דוקא אם רוצה לאכול אחד מהם אז מותר להוציא כולם, בשביל שכל אחד חזי עכ״ד. וצ״ע שבלאו הכי למה לא התיר להוציאם כדי שלא ישרפו ויפסיד? ועי׳ במ״ב שם ס״ק מ״ג שהביא דעת הא״ר החולק על המ״א ומתיר להוציאם משום הפסד, אלא שכתב לתרץ שיטת המ״א, שכיון שיש אופן אחר להצילם כשיאכל אחד מהם לא רצה להתיר סתם להוציאם משום הפסד. אבל ביסוד היתר הצלה מהפסד גם המ״א מודה לזה.

ועי׳ בשו״ת מחזה אליהו סי׳ נ״ד שהאריך בהרבה חילוקים בענין זה מתי יש היתר להכין כשהוא מציל מהפסד.

because the intention is to save the object and not to prepare it for another day[b].

B. Walking

Walking, even for a post *Yom Tov* purpose, does not fall under the prohibition of *hachanah*, provided it does not have any halachic ramifications.

This situation can arise when one is eating the second night's meal at another's home some distance from his own. It is permissible to start walking on the first day of *Yom Tov* in order to arrive at the host's house in time for the night meal[11].

[b] *This only applies in a situation where bringing an item into the house does not involve the melachah of hotza'ah / carrying, such as an area that is enclosed with an eruv. Where bringing an item inside also involves the melachah of carrying see Chapt. 14 Sec. III E and Sec. VIII which discusses the permissibility of carrying to prevent a loss.*

---

11. בשו"ע סי' ש"ז ס"ט כתב מותר להחשיך (לילך לעמוד סמוך לחשיכה קרוב לגינתו בכוונה) לתלוש פירות ועשבים (מיד לאחר השבת) מגנתו וחורבתו שבתוך התחום ולא אסרו להחשיך אלא בסוף התחום משום דמינכרא מלתא ע"כ, פי' כשמחשיך בסוף התחום מוכח שרוצה ללכת אחר שבת לעשות דבר האסור בשבת ועי' במ"ב שם סק"מ שכתב אבל בתוך התחום לא מינכרא מלתא על מה הוא מחשיך.

ונראה מכאן, שעצם ההליכה בשבת בשביל חול אינה אסורה כל זמן שאינו ניכר שהוא לצורך דבר שאסור בשבת, וה"ה ביו"ט.

אלא שיש לעיין מאי שנא זה ממה שכתב בשו"ע סי' תט"ז ס"ב, שאם עירב תחומו ברגליו ביו"ט ראשון (ביה"ש דליל ראשון) צריך לערב ברגליו גם ביו"ט שני (דלא מועיל מה שעירב בראשון לשני) וכתב שם המ"ב ס"ק ט"ז, שכתבו הפוסקים, דאם לא עירב בראשון כלל אינו יכול לילך לערב בשני אפילו ברגליו, דמכיון שמתחילה היה אסור במקום זה לילך מחוץ לתחום נראה כהולך לסוף התחום להכין, שאסור כנ"ל. וקשה דמשמע שבהליכה גרידה יש איסור הכנה, ודלא כמ"ש מסי' ש"ז. ועי' בשו"ת מחזה אליהו סי' נ"ז שכתב לחלק בין הליכה בעלמא שהוא לצורך חול דאין בו איסור הכנה, ובין הליכה הפועלת תיקון או חלות, דאז אסורה משום הכנה לחול.

One is also allowed to start walking on *Shabbos* or *Yom Tov* in order to arrive at one's destination at an earlier time after *Shabbos* or *Yom Tov*. This is provided however that the walking is done for a purpose that is permitted on *Shabbos* or *Yom Tov* itself. Where one's purpose for walking is to accomplish something afterwards that is forbidden on this day, it is only permitted when his actions are not apparent. In a situation where his actions are apparent, such as walking over to a broken fence to see how best to repair it, it falls under a separate prohibition[12].

Walking That Has Halachic Ramifications

Where the walking itself has halachic ramifications it is forbidden. An example would be someone who walks to the end of the *t'chum* (two thousand amos / approx. four thousand feet from the end of the city boundary) on the first day of *Yom Tov* in order to enable himself to walk an additional two thousand amos on the second day.

Since walking to this point creates the permissibility of walking further the next day, it falls under the *issur* of *hachanah*[13].

C. Speech

Speech is similar to walking. It is permitted to discuss plans to do things at another time provided those actions are permissible on *Shabbos* and *Yom Tov* itself.

For this reason, one is allowed to invite a guest on the first day of *Yom Tov* to join him in a meal on the second day.

---

12. שו״ע סי׳ ש״ו וע״ש במ״ב סק״א. ועי׳ בהע׳ הקודמת.

13. עי׳ הע׳ 11.

Similarly, one may make plans on *Shabbos* or *Yom Tov* to meet with someone afterwards[14].

But when such a discussion has halachic ramifications, it is forbidden. Hence, it is prohibited to annul a vow on *Shabbos* or *Yom Tov* when the annulment will only be needed on the next day[15].

Summary

There are various forms of preparation that are permitted on *Shabbos* and *Yom Tov*, such as when one is preparing with the intention to prevent a loss.

One may also walk or speak in preparation for something on another day provided it does not have any halachic ramifications. However, where ones actions are obvious it is only permitted when the preparation is for something permissible on *Shabbos* or *Yom Tov* itself.

D. Sleeping

Sleeping during the day on *Shabbos* or *Yom Tov* in order to be rested the following night does not fall under the *issur* of *hachanah*. However, one should not verbalize his intention, since

---

14. בשו"ת מחזה אליהו סי' נ"ו מוכיח כן ממה שנפסק בשו"ע סי' ש"ז ס"ז שמותר לומר לחבירו הנראה שתוכל לעמוד עמי לערב, אע"פ שמכין לחול. אולם בסי' שמ"א ס"א כתב שרק מתירין נדרים שהם לצורך שבת, ופי' שם המ"ב סק"א שאם אינו צורך שבת למה לן לאטרוחי בכדי. והרי דיש בדיבור שאסור משום הכנה ויש בדיבור שאין חוששין משום הכנה. וע"כ צ"ל דהחילוק הוא אם הדיבור פועל שום חלות או לא.

וע"ע בשו"ת קנה בושם ח"ב סי' ו' מש"כ בענין אמירת ותן ברכה בשבת צ' פעמים כדי שלא יטעה בחול.

15. הע' הנ"ל.

this would degrade the holiness of the day[16]. Where one's intention is to be rested to perform a *mitzvah* that does not involve something prohibited on *Yom Tov,* some *poskim* permit even stating one's intention explicitly.[17]

An example of this would be to state that one is going to sleep on the first day of *Pesach* to be rested for the second *seder* night. This situation arises frequently when explaining to the children why one must rest in the afternoon.

Where the *mitzvah* involves an action that is forbidden on *Shabbos* or *Yom Tov*, such as writing down Torah thoughts, all agree that one should not state his intention when he goes to sleep.[18]

E. Preparing Many Items When One Would Suffice

The *issur* of *hachanah* only applies when one is preparing solely for the next day. One may however, prepare a large amount of the same item, if part of the preparation is also needed for the same day. Since each and every item could be used on the day that it is prepared, they are all permitted[19].

The above rule can be very useful when one wishes to remove food items from the freezer on the first day of *Yom Tov*

---

16. ספר חסידים סי׳ רס״ו הובא במ״א סי׳ ר״צ סק״א.

17. כתב התוספת שבת, שמותר לומר אישן היום כדי שאעשה מצוה במוצש״ק, ורק אסור כשהמצוה היא דבר מלאכה שאסור לעשות היום, והבאו דבריו בשו״ת באר משה חלק ו׳ סי׳ ק״ה. וכ״כ בשו״ת אז נדברו ח״ד סי׳ מ״ו אות ב׳. אמנם בחק לישראל הל׳ ע״פ שחל בשבת כתב דאסור לומר אישן כדי להיות נעור לליל סדר וכ״כ בשו״ת נשמת שבת סי׳ שצ״א.

18. עי׳ הע׳ הנ״ל

19. מ״א סי׳ שכ״ג סק״ח ועי׳ בפמ״ג שפי׳ כוונת המ״א כשאין החפצים שווים ממש אלא שיש להם תכלית אחת ויכול להשתמש באיזה שירצה, אלא שכתב שם עוד, שאפילו אם כולם שווים ממש גם כן יש להתיר כיון שיכול להשתמש באיזה מהם שירצה.

in order to defrost for the second day. For example, if one is removing a challah from the freezer to eat on the first day, it is also permissible to remove others that will be eaten the next day as well.

This principle also applies when washing dishes, as was described at length in Chapter 13.

F. Preparation That Is Not Obvious

In a situation of great need that involves a *mitzvah* one may prepare for the next day. However, the preparation must be done early enough in the day so that it will appear as if one is doing it for that day itself.[20]

Therefore, if one has food in the freezer and wishes to cook or reheat it on the second night, it would be preferable to remove it on the first day as described above, along with something else that is needed for that day. When this is not possible, it may be removed alone on the first day if waiting for it to thaw on the second night before cooking would postpone the meal to a very late hour[21].

One must still be careful to remove it early enough so that it could be ready for that day as well.

---

20. ח"א כלל קנ"ג ס"ו וז"ל, ולכן נ"ל דבשעת הדחק שלא ימצא בלילה בקל מותר להביא יין וכן מים מיו"ט לחבירו דכל זה לא מקרי הכנה רק שצריך להביאו בעוד יום גדול דלא מוכח מילתא דאפשר דצריך עדיין לצורך היום. והובאו דבריו במ"ב סי' תרס"ז סק"ה. ושמעתי מהגאון ר' שמואל פעלדער שליט"א שאע"פ שכתב שם הח"א שלא יביא כדרך שנושא בחול, ומשמע שצריך לעשות דוקא בשינוי, כשתעיין בהמ"א שהוא מקור לדבריו אין שם רמז לזה ובשו"ת מחזה אליהו סי' נ"ח כתב שכוונת הח"א הוא למש"כ בשו"ע סי' שכ"ג ס"ה בענין הבאת יין בסל ובקופה שאפילו לצורך אותו היום צריך לשנות וא"כ אין נ"מ למעשה כ"כ בשאר ציורים.

21. שו"ת שבט הקהתי ח"א סי' קנ"ח, שו"ת מחזה אליהו סי' ס"ד.

Summary

It is permitted to sleep on *Shabbos* or *Yom Tov* to be rested for the following night. However, it is best not to verbalize one's intentions.

If an item is needed for that *Yom Tov* day, one may prepare many of the same items with the intention to use the remainder at another post *Yom Tov* time.

In a case of necessity that involves a *mitzvah*, one may prepare for another day provided the item could also be used the same day it is prepared.

III. Practical Applications

A. Preparing on *Yom Tov* For Another Day

Preparations such as washing dishes, setting the table, organizing a room. or carrying items to another location that are no longer needed this *Yom Tov* day are forbidden.

B. Preventing a Loss

It is permissible to bring an item into the house in order to protect it from the rain or from getting stolen. (Where this action also involves the *melachah* of carrying (i.e. the area is not enclosed with an *eruv*) see Chapter 14 Section III E and VIII.)

C. Preparing With Speech

It is permitted on *Yom Tov* to invite someone to one's home at another date or to make plans for another time regarding something that is permissible to be done on *Yom Tov* itself.

D. Annulling a Vow

A vow that has no relevance to the day of *Yom Tov* itself may not be annulled on *Yom Tov*.

E. Preparation Through Walking

It is permitted to start walking on the first day of *Yom Tov* to arrive at one's host at the beginning of the second day. Similarly one may start walking on *Yom Tov* to arrive at one's destination at an earlier time after *Yom Tov*, provided it is for a purpose that is permitted on *Yom Tov* or that his intention it is not obvious.

F. Walking to the End of the *T'chum*

One may not walk to the end of the *t'chum* on the first day of *Yom Tov* to allow himself to walk further on the second day.

G. Taking a Nap

It is permitted to rest on *Yom Tov* in order to be awake the following night. However, one should not verbalize his intention.

H. Removing Items From the Freezer

Someone who needs an item from the freezer, such as *challah*, on the first day of *Yom Tov*, may remove along with it a similar item for the next day.

I. Washing Extra Dishes

See chapter 13 section C regarding washing more dishes than are needed for this *Yom Tov* day.

16 / *Eruv Tavshilin*

On a Torah level, it is permitted to cook food on *Yom Tov* to be eaten on *Shabbos*. However, the Sages were afraid that people would begin to cook on *Yom Tov* even for a weekday. Therefore they only permitted cooking on *Yom Tov* for *Shabbos* if an *eruv tavshilin* is made[1]. This is done by setting aside a portion of cooked food before *Yom Tov* to be eaten on *Shabbos*. In this way, one has technically started cooking for *Shabbos* before *Yom Tov* and is only continuing on

---

1. גמ׳ פסחים (מו:), ר׳ חסדא סבר צרכי שבת נעשין ביו״ט, פי׳ שמן התורה מותר לעשות כל צרכי שבת ביו״ט אע״פ שהוא מלאכה שלא לצורך היום, ורבה סבר אין צרכי שבת נעשין ביו״ט ורק הותרה לבשל ביו״ט לצורך שבת מטעם הואיל ואי מיקלעי ליה אורחים חזי ליה היום משום הכי אין איסור תורה כשמבשל לצורך שבת. ועי׳ במ״א ריש ס׳ תקכ״ז, שלפי טעם זה צריך מן התורה לגמור בישולו כשיש עוד זמן ליהנות ממנו היום. וכל זה הוא מדין תורה.

ובביצה (טו:) תנן, ועושה תבשיל מערב יו״ט וסומך עליו לשבת, ובגמ׳ שם מפרש, מאי טעמא, (תקנו רבנן עירוב תבשילין אם מן התורה מותר לבשל) רבא אמר כדי שיברור מנה יפה לשבת, פי׳, שהחכמים חשו שיבשל הכל ליו״ט ולא ישאר כלום לשבת, לכן תקנו לבשל לצורך שבת גם ערב יו״ט כדי להזכיר אז צרכי שבת, ור׳ אשי אמר כדי שיאמרו אין אופין מיו״ט לשבת ק״ו לחול. וברא״ש שם כתב נ״מ בין שני הטעמים, שלפי רבא צריך להניח הע״ת דוקא בערב יו״ט כדי שיזכור אז כשעוסק בצרכי יו״ט גם להניח לשבת, משא״כ לר׳ אשי יכול להניח הע״ת גם מקודם. ובקרבן נתנאל שם סק״ב כתב עוד נפ״מ, אם שכח מערב יו״ט לעשות העירוב, שלפי רבא יכול לעשות הע״ת גם ביו״ט עצמו, כיון שאז יכול להניח מאכל לשבת, משא״כ לפי ר׳ אשי אין בזה היכר לאיסור מלאכה לצורך חול, דרק יש היכר במה שצריך להתחיל מלאכת שבת בחול.

והנה הרמב״ם בהל׳ יו״ט פ״ו ה״א תופס טעמו של ר׳ אשי, וכן כתב הקרבן נתנאל בשם הרא״ש ברמזים, וכן משמע בשו״ע סי׳ תקכ״ז ס״א. וא״כ לא מהני לעשות הע״ת ביו״ט עצמו, אבל אם עשה קודם ערב יו״ט שפיר דמי. אלא דבשו״ע סי׳ תקכ״ז ס׳ י״ד כתב שלכתחילה אין לסמוך על זה, לחשוש להני שיטות שסוברים שטעם ע״ת הוא כרבא.

Yom Tov what was already begun[2]. The *eruv tavshilin* is for people to realize that it is only permissible to cook on *Yom Tov* for *Shabbos*, but not for weekday use[3].

I. What Foods May Be Used For *Eruv Tavshilin*

A portion of bread or *matzoh* preferably at least the size of an egg, and a food cooked in any manner (i.e. fried, roasted, etc.) that is at least the size of an olive should be used for *eruv tavshilin*[4]. The bread or *matzoh* is needed to enable one to bake. Preparing a cooked food permits all types of cooking (i.e. frying, roasting, etc.). Even a food that can be eaten raw, such as carrots, may be used as long as it has been cooked[5].

However, a food used for the *eruv tavshilin* must be something that one usually eats as part of a bread meal, such as meat, fish or eggs. Something that is not eaten with bread, such as dessert, may not be used[6].

To beautify the *mitzvah*, the Sages teach us that one should take a whole bread or *matzoh* and a nice portion of

---

2. רמ"א סי' תקכ"ז ס"א.

3. הרמב"ם בהל' יו"ט פ"ו ה"ב כתב שלשון "עירוב תבשילין" הוא שם המושאל מעירובי חצירות ועירובי תחומין, שכשם שהם היכרים לענין הוצאה והליכה גם ע"ת הוה היכר לענין מלאכה בשביל חול. אבל הראב"ד שם פי' לשון עירוב, שמערב צרכי שבת עם צרכי יו"ט לעשותם ביחד.

4. שו"ע שם ס"ב - ס"ה.

5. שו"ע שם ס"ה.

6. שו"ע סי' תקכ"ז ס"ד. ועי' במ"ב שם ובבה"ל ד"ה תפוחים דמשמע שתלוי דין זה בדין דברים הבאים בסעודה מחמת הסעודה שאין מברכין עליהם, ועי' בשו"ע סי' קע"ז ליתר הפרטים בענין זה.

cooked food rather than using the minimum requirement[7].
Some people have a custom of using a hard boiled egg for the
eruv tavshilin. This custom was originally adopted because,
before the advent of refrigeration, a hard boiled egg would not
spoil before *Shabbos*[8]. However, one may use any food as long
as it will be edible on *Shabbos*.

Furthermore, since the *eruv tavshilin* is a *mitzvah*, it is
good to continue to use it for another *mitzvah* as well. One can
accomplish this by saving the bread or *matzoh* and using it for
lechem mishna for all the *Shabbos* meals (in this way making
use of it for many *mitzvos*). It should then be eaten during the
third *Shabbos* meal[9].

A. Preparing the *Eruv Tavshilin*

It is preferable that the food be cooked specifically for
the purpose of *eruv tavshilin*, or at least be prepared specifically
for *Shabbos*. However, if one is not cooking before *Yom Tov*,
and it would be a great inconvenience to do so, one may rely on
opinions that permit just setting aside a cooked food before

7. מ״ב סי׳ תקכ״ז סק״ח בשם השל״ה הק׳.

8. ערוה״ש שם סעי׳ י״ג, ובן איש חי פ׳ צו הל׳ ע״ת. ובס׳ קובץ מבית לוי ח״א
עמ׳ נ״ב הביא מהגר״ש ואזנר שליט״א, שהיום שיש לנו מקררים, ולא יתקלקל
המאכל, יש ליקח חתיכת בשר או דג חשובה שזהו הידור מצוה.

9. כ״כ הט״ז והמ״א בסי׳ תקכ״ז סעי׳ ט״ז בשם הים של שלמה. וכן נהג
המהרי״ל הובא במ״ב ס״ק י״א. ובשש״כ פ״ב הע׳ ל״ה הביא בשם הגרש״ז
אויערבך זצ״ל, שמי שנוהג לבצוע בכל סעודה על ב׳ ככרות, כמבואר בסי׳ רע״ד
במ״ב סק״ד, מוטב שיקדימו לכבד את הלחם ולאוכלו בליל שבת, וכן התבשיל
של העירוב יש לאוכלו בליל שבת.

Yom Tov for *Shabbos*[10]. Regarding the bread or *matzo,* the custom is to rely on these opinions[11].

B. If One Does Not Wish to Bake or Forgot the Baked Item

If one does not wish to bake on *Yom Tov* for *Shabbos*, then a cooked item is sufficient for the *eruv*[12]. Furthermore, in a situation where one made an *eruv* but prepared only a cooked item and forgot to prepare a baked item, he may nevertheless bake on *Yom Tov* for *Shabbos*. This is because the main part of the *eruv* is the cooked item. Still, if he remembers before *Yom Tov* that a baked item was not prepared, and wishes to bake on *Yom Tov* for *Shabbos*, he should set aside a baked item without saying a *bracha*[13].

---

10. בשו"ע הרב סי' תקכ"ז סי"ג כתב שאע"פ שמבואר בגמ' שמותר לערב בעדשים הנמצאים בשולי הקדירה, לכתחילה אין לעשות כן משום דהוה ביזוי מצוה, ובב"ח כתב טעם אחר שאין לערב בו לכתחילה, משום שלא היה נתבשל לשם עירוב. והרי מבואר חידוש דין מדברי הב"ח, שצריך לכתחילה לבשל לשם עירוב. והביא שכן הוא משמעות המרדכי. וכ"כ במלאכת שלמה ביצה פ"ב מ"א. ועי' בבה"ל בסי' הנ"ל ד"ה "עדשים" שחשש לכתחילה לדברי הב"ח, אלא דכתב שכל שנתבשל לשם שבת די בזה.

11. כן נראה ממה שלוקחים הרבה אנשים מצה מקופסה לצורך ע"ת. והסביר הגאון ר' שמואל פעלדער שליט"א טעם המנהג בשני אופנים. חדא דהוי טרחה גדולה לאפות חלה לצורך זה בלבד וסמך על המקילים ועוד שיש הרבה פוסקים שאינם מצריכים כלל דבר אפוי לצורך ע"ת (עי' לקמן הע' 13) ודי להם בדבר מבושל לבד וכ"ש שאין צריך להחמיר בחומרה זו.

12. מ"ב ס"ק ו'.

13. משנה ביצה (טו:), ב"ש אומרים שני תבשילין וב"ה אומרים תבשיל אחד, ומשמע שרק צריך לב"ה תבשיל אחד לע"ת, ולא דבר מבושל וגם אפוי. אבל בתוס' (יז:) ד"ה "אמר" הביא שיטת ר"ת שפירש המשנה באופן אחר, דלכו"ע צריך להניח פת בהע"ת כדי לאפות, ורק יש פלוגתא בהמשנה אם כדי לבשל

II. How to Make an *Eruv Tavshilin*

To make an *eruv tavshilin*, one picks up[14] the baked and cooked foods and recites the following *bracha*: *Boruch attoh...*

צריך ב׳ תבשילין, או שדי בתבשיל אחד. ועי׳ ברא״ש שם שהביא שי׳ ר״ת, וכתב כראי׳ לדבריו, דכל מיני הכנות אוכל בכלל בישול, מדכתיב ויבשלו את הפסח, ושם הוה צלי, והרי דצלי בכלל בישול, אבל אפייה משמע שאינה בכלל בישול, מדלענין בישול עכו״ם ופת עכו״ם צרכו לב׳ גזירות. וע״ש עוד ראיות. אלא שהביא שהר״י חולק על ר״ת, ודחה כל ראיותיו, אבל בכל זה אומר ר״י שלא מלאני לבי לעבור על דברי דודי, וכן הביא הרא״ש שהמנהג לעשות דבר אפוי וגם מבושל.

אבל בר״ן שם חולק על ר״ת, וכתב שהרי״ף והרמב״ם ס״ל ג״כ דלדינא סגי בתבשיל לבד לע״ת אף לאפייה (ולא צריך פת), והמגיד משנה כתב שכן נראה מן ההלכות ומקצת הגאונים. וגם הרשב״א ס״ל כן, שרק צריך תבשיל ולא פת ועי׳ בהגה״מ שהמנהג לערב בפת ותבשיל, אבל היכא שאירע שלא עירוב אלא בתבשיל סגי בכך. וכן נפסק בשו״ע סי׳ תקכ״ז ס״ב שלכתחילה יעשה בפת ותבשיל ואם רק עשה בתבשיל סגי. אבל במ״ב סק״ז הביא בשם הח״מ והגר״ז שאם הוא קודם יו״ט כשנזכר שלא עירב בפת יש לערב שנית בלא ברכה.

14. בב״י סי׳ תקכ״ז כתב, הרוצה לעשות עירוב לוקח העירוב בידו ומברך ואומר בדין יהא שרא... ומשמע מדבריו שצריך ליקח העירוב בידו בשעת עשייתו. וכן משמע לשון השו״ע שם סעי׳ י״ב שכתב חוזר ונוטל מיד הזוכה ומברך על מצות עירוב. וכן כ׳ בשו״ע הרב שם ס״ב, כיצד מצות הנחת עירוב תבשילין, נוטל בידו חתיכת פת וכו׳. וכ״כ בערוך השולחן סעי׳ כ״ב. ועי׳ בשו״ת חיים שאל ס׳ כ״ט להחיד״א שדייק מהבה״ג שלקיחת העירוב בידו מעכבת אפילו בדיעבד, והביא ראיה כן מהמ״א סק״א שכתב, שאם אינו עוד בביתו שיש לסמוך על גדול העיר, דמשמע שאינו יכול לעשות הע״ת במקום שהוא שם, והסביר הטעם, משום שאינו בידו, והובאו דבריו בשו״ת מהרש״ם ח״ב ס׳ ל״ו.

אבל בתפארת ישראל מס׳ ביצה בועז סק״ב הביא המ״א הנ״ל, וחולק עליו וכתב שבאופן שכבר הלך להתפלל יכול לעשות העירוב בביהכנ״ס אע״פ שאין התבשיל עמו, שאין צריך דוקא ליקח בידו והביא ראיות לזה, וכן כתב בשו״ת דברי מלכיאל ח״ג ס״ח שבדיעבד מהני אפילו אם לא לקח בידו.

ועי׳ בשו״ת מנחת יצחק ח״ז סי׳ ל״ו שתולה דין זה בדין מי ששכח לומר בדין יהא שרא... שדיוקו של החיד״א הי׳ ממה שכתב הבה״ג שצריך ליקח בידו, וא״כ כיון שכתב שם לומר נוסח בדין... י״ל שגם זה מעכב, שאין דיוק למחצה, וכבר כתב המ״ב ס״ק ס״ג בשם הגר״ז והח״א שבדיעבד אם לא אמר יצא אלא

al mitzvas eruv [Blessed are You, Hashem, our G-d, King of the Universe, Who has sanctified us with His commandments and has commanded us concerning the *mitzvah* of *eruv*.]

Afterwards, the following is said: *B'dain eruva yehay sharah lon le-afu-yay, v'libishulay, v'liatmunay,*[14a] *v'ladlukay shraga u'li-mehvad kol tzorchana m'Yom Tov l'Shabbos*[15]. If one does not understand the meaning of this phrase in Hebrew, one should recite it in English (or any language he understands)[16]: [Through this *eruv* we will be permitted to bake, cook, insulate, kindle a flame, and do anything necessary on the Festival for the sake of the Sabbath.]

A. If One Forgot to Say *B'dain*

If one made an *eruv* but forgot to say the phrase *b'dain* and remembered before *Yom Tov*, one should take the *eruv*

שלכתחילה יש להקנות קמחו לאחרים לבשל בשבילו, וא"כ גם בענין לקיחתו בידו י"ל שיוצא בדיעבד אם הוא כבר יו"ט.

14a. במ"ב סי' תקכ"ז ס"ק ל"ז הביא שיש כתבו גם לאפוקי אבל בהרבה סדורים לא כתבו לשון זה.

15. בשו"ע סי' תקכ"ז סעי' י"ב כתב בנוסח בדין יהא שרא... לנא ולפלוני או לכל בני העיר הזאת אבל פשוט שזהו רק אם מזכה העירוב בשביל אחרים, דבלאו הכי לא מהני להם. וכן מפורש בחיי"א סי' ק"ב ס' י"א שאם אינו מזכה לאחרים אינו אומר "ולפלוני", וכ"כ בשו"ע הרב ס"ה. והנה בט"ז ס"ק י"ב כתב כשיו"ט חל ביום ששי ושבת קודש טוב לומר למעבד כל צרכנא מיו"ט לשבת ומיו"ט לחבירו בשביל שאדם מוסיף יותר תבשילין כשחל יו"ט בשבת וצריך לכלול גם אותם תבשילין, והובא דבריו בפמ"ג במ"ז ס"ק י"ב. וכ"כ בשו"ע הרב ס"ו. אבל בדרכי משה הביא בשם האו"ז, דאין לאומרו וטעות נפלה בירושלמי שאיתא גירסא זו, וכתב שכן המנהג. וכ"כ ביש"ש פ"ב ס"א וכן במאמר מרדכי וכן משמע מסתימת המ"ב ושאר פוסקים שלא הביאו נוסח זה.

16. רמ"א שם סי' י"ב.

again and say the phrase. However, the *bracha* should not be recited again.

If one did not remember to do this before *Yom Tov* and there is no one who has made an *eruv* for the whole city (see Section III), one should give the unprepared food as a present to someone else who has made an *eruv*. This person may then cook the food, since it is his own food, and then give it back. If this is not feasible, one may rely on the opinions that hold that an *eruv* is valid without saying *b'dain*[17]. (Also, see chapter 6 Section IV, B which discusses the adding of extra amounts while cooking on *Yom Tov* in order to have some left over for *Shabbos*.)

If one forgot to say the *bracha* but said the phrase *b'dain*, one does not say the *bracha* even if he remembers before *Yom Tov*[18].

B. When is the *Eruv* Made

The *eruv tavshilin* may be made anytime during the day before *Yom Tov*. If, however, one made it anytime beforehand, in case he might forget *erev Yom Tov*, there is an argument among the *poskim* if it is valid. Therefore, if one remembers during the day before *Yom Tov*, one should make it again without a *bracha*. Otherwise, one can rely on the *eruv* made in advance.

Similarly, in a case where an *eruv tavshilin* is needed twice during the *Yom Tov*, such as the first and last days of *Succos*, one should make a separate *eruv* for each of these

---

17. מ"ב שם ס"ק ס"ג. ועי' בשעה"צ שם שאם זכר ביו"ט ראשון יש לעשות עירוב על תנאי.

18. מ"ב שם ס"ק ס"ד בשם המ"א.

times. However, if one specified that the first *eruv* should be for both the first and last days of *Yom Tov*, the above rule applies. Namely, if one remembers before the second days of *Yom Tov*, one should make it again without a *bracha*. Otherwise, one can rely on the *eruv* made before *Yom Tov* began[19].

C. Making an *Eruv* for Someone Else

If one wishes, one can designate a messenger to make an *eruv tavshilin* for him[20]. For example, a person who will not be home the day before *Yom Tov* may tell someone else to prepare his *eruv tavshilin*. This can be done in one of two ways. Either the messenger can use his own food, or he can set aside food that belongs to the person for whom the *eruv* is being made.

When the messenger is using his own food, a third person has to acquire it for the person for whom the *eruv* is being made. Therefore, the messenger must ask someone other than his wife or children who are dependent on him, to pick up the *eruv* from where it is lying, at least one *tefach* (approximately four inches). This third person must have in

---

19. מ"ב שם ס"ק מ"ה. ועי' לעיל הע' ו שתלוי בטעם ע"ת. ואע"ג דפסקינן כמ"ד דטעם לע"ת הוא כדי לעשות היכר שאסור לעשות מלאכה לצורך חול, מ"מ לכתחילה חוששין לטעם של ברור מנה יפה תחילה לשבת וא"כ יש לעשותו דוקא בערב יו"ט, כ"כ בט"ז ס"ק י"ג. אבל בשה"צ ס"ק ס"ז הביא מהרבה אחרונים שהשו"ע חשש לשיטת הכל בו, שאפילו לפי הטעם דהיכר שלא לעשות מלאכה לצורך חול אינו מוכח שיכול לעשותו קודם ערב יו"ט, דמ"מ לשון המשנה הוא, עושה אדם תבשיל מערב יו"ט וסומך עליו לשבת, דמשמע דוקא ערב יו"ט.

20. מ"ב שם ס"ק כ"ה.

mind to acquire the *eruv* for the person for whom it is being made[21]. The messenger should then take it back from the third party, recite the *bracha* and say the phrase *b'dain*[22].

If the messenger is using food that already belongs to the one for whom the *eruv* is being made and the food was already designated, it is questionable if the *bracha* is recited. Therefore, the messenger should just say the phrase *b'dain* but not recite the *bracha*. However, where the messenger sets the *eruv* aside himself, he may recite the *bracha* as well[23].

---

21. שו״ע סי׳ תקכ״ז סעי׳ י׳ וי״א.

22. בשו״ע סי׳ תקכ״ז סעי׳ י״ב כתב, חוזר ונוטל מיד הזוכה ומברך על מצות עירוב ואומר בדין יהא שרא... ובפשוטו משמע, שמתחילה זוכה ע״י אחר ואח״כ מברך. והנה בס׳ שס״ו סעי׳ ט״ו כתב השו״ע בענין עירוב חצירות אימתי מברך בשעה שמקבץ אותו מבני החצר או בשעה שמזכה להם ואומר בדין עירובא.. ועי׳ בבה״ל שם ד״ה ״בשעה שמזכה״ שהביא בשם הב״י והב״ח שצריך לברך קודם שיזכה ע״י אחר כדי שיהיה עובר לעשיין וא״כ צ״ב מ״ש בעירוב תבשילין מברך אחר הזכיה, הלא גם שם צריך להיות עובר לעשייתן.

ובשו״ת דברי מלכיאל ח״ג ס״ו תירץ לפי שיטת הרמ״א והמ״א שנמשך אחריו, דס״ל שאמירת בדין יהא שרא... מעכבת בעירוב, וא״כ כל שלא אמר הנוסח הוה עוד עובר לעשייתן, (וזהו דלא כהט״ז בשם המהרש״ל דס״ל שאינו מעכב), ולכן בע״ת אם בירך קודם הזכיה הוה עובר דעובר, דאין לברך כ״כ מקודם, משא״כ בעירוב חצירות שלכו״ע האמירה אינה מעכבת, א״ש דאם בירך אחר הזכיה לא תהי׳ הברכה עובר לעשייתן כיון שזכיית העירוב היא גמר כל המצוה, ולהכי יש לברך דוקא בשעת הזכייה כדי שיהא עובר לעשייתן (אבל לא יברך הרבה קודם הזכייה אלא רק כשמוכן האחר לזכות). והנה בשע״ת בסי׳ תקכ״ז הביא מהברכי יוסף בשם הטור ברקת שנהגו לברך קודם הזכייה גם בע״ת וכ״כ בכה״ח בשם האר״י ז״ל, אלא דבשיבולי הלקט וגם בטור כתבו כהשו״ע, וא״כ בודאי אם בירך קודם הזכייה יצא בדיעבד, וכ״כ בשו״ת דברי מלכיאל הנ״ל, אבל לכתחילה יש לעשות כמו שפסק המחבר שמזכה ע״י אחר ואח״כ מברך.

23. בשו״ע הרב סי׳ תקכ״ז בקוטר״א אות ב׳ מסתפק אם הבעה״ב כבר ייחד העירוב, והשליח רק מגביה ואומר בדין יהא שרא... אם השליח יכול לברך, וביאר את ספיקתו בזה, שתלוי אם אמירת בדין יהא שרא מעכבת או לא, דברמ״א סי׳ תקכ״ז ס״כ ס״ל שמעכבת, אבל הט״ז בס״ק ז׳ הביא דעת המהרש״ל שאין האמירה מעכבת. והיינו, דלפי דעת הרמ״א אע״פ שהשליח לא הפריש

III. Who is Included In An *Eruv Tavshilin*

Not everyone is obligated to make their own *eruv tavshilin*. It is sufficient to have just one per household. The reason is that since all cooking done for a household is usually done in one kitchen, only one reminder is needed. Therefore, anyone who is a member of the household, or even someone who is spending *Yom Tov* in the house and eating the meals together with the family, is included in the family's *eruv tavshilin*[24].

המאכל, מ"מ כיון שהאמירה מעכבת הוה האמירה חלק ממעשה מצות העירוב וא"כ יכול השליח לברך על מה שאומר בדין יהא שרא, שזהו עשיית העירוב וכנ"ל, אבל לדעת הט"ז שאין האמירה מעכבת, נמצא שהשליח לא עשה כלום, דהפרשת המאכל בלבד נחשבת עשיית העירוב. אכן, הוסיף השו"ע הרב שם, שאם השליח הוה אחד מבני הבית אז לכו"ע יכול לברך, כיון שהעירוב שייך גם בשבילו.

ובאופן שהבעה"ב לא הפריש המאכל, רק מצוה להשליח להפריש איזה מאכל שירצה והשליח מפרישו נראה ממנו שיכול לברך וכן מדייק בכף החיים אות נ"ח מהשו"ע הרב הנ"ל שאם השליח מייחד התבשיל אז לכו"ע יכול לברך.

אבל במנחת יו"ט ס' ק"ב ס"ק כ"ה הביא בשם המסגרת השולחן שכל זמן שהתבשיל הוא של המשלח אין השליח יכול לברך.

24. בשו"ע הרב סי' תקכ"ז סעי' י"ח כתב, אין צריך לזכות את העירוב אלא לאחרים, דהיינו כל אנשי העיר שאינם אוכלים מעיסתו ומתבשילו, אבל בני ביתו האוכלים מתבשילו אין צריך לזכות להם והם מותרים לעשות כל מלאכות אוכ"נ מיו"ט לשבת ע"י עירובו של הבה"ב לפי שהם טפלים לו עכ"ל. ומשמע ממה שכתב בני ביתו האוכלים מתבשילו, שגם בני ביתו ליו"ט בלבד ג"כ הם בכלל זה (דאל"כ הוה ליה למימר סתם בני ביתו).

וכ"כ באשל אברהם, להגאב"ד בוטשאטש, וז"ל, ונוטה לומר שקולא הקילו חז"ל בעירוב זה שיהיה די גם לכתחילה תמיד בעירוב אחד לאיש ולכל בני ביתו גם אם יש שם כמה שולחנות וקצת מבניו הגדולים אינם סמוכים על שולחן אביהם ויש להם נשים וכדומה שכן נוהגים ולפי הטעם שאמרו חז"ל כדי שיזכור לברור מנה יפה לשבת קודש וכו' עכ"ל. ומשמע שמי שהוא בביתו ליו"ט אע"פ שבשאר

However, someone who is staying home, but is eating the *Yom Tov* meals at someone else's house is not included in their *eruv tavshilin*. He must, therefore, make his own *eruv*, if he wishes to cook on *Yom Tov* for *Shabbos*. If he will not do any cooking in his own house, but will light candles for *Shabbos*, he should make an *eruv tavshilin* without saying the *bracha*. (See section VII.)[25]

This also applies to people who are not members of the household who wish to help out with the preparation of *Shabbos* food on *Yom Tov*. This would only be permitted if they have made their own *eruv*, which thereby allows them to cook on *Yom Tov* for *Shabbos* for themselves[26]. However, it is of no concern for someone on *Shabbos* to eat at another's home food that was prepared on *Yom Tov* (with an *eruv*), even though the guest himself may not have made an *eruv tavshilin*. The reasoning is that when the food was cooked it belonged to someone who had made an *eruv*[27].

ימים אינו סומך על שולחנו נחשב מבני ביתו ונטפל בעירובו. וכ״כ להדיא בשו״ת באר משה ח״ז עמ׳ ש״ז.

25. כ״כ בשו״ת באר משה ח״ז עמ׳ ש״ז, שבאופן זה אינם נכללים בע״ת של הבעה״ב ועי׳ בס׳ עירוב תבשילין הערוך עמ׳ פ׳ שסיפר לו הגר״ח קנייבסקי שליט״א שכשהיה אברך אכל אצל אביו הסטייפלער זצ״ל והורה לו מרן החזו״א זצ״ל לערב לעצמו אבל לא לברך אם רק מדליק נרות לצורך שבת ואינו מבשל בביתו, וע״ע בסוף ספר הנ״ל תשובה מהגר״נ געשטטנר שליט״א שגם בשביל להחם מים בביתו אין לו לברך אם אוכל אצל אחרים אלא א״כ מערב קודם שהם עירבו, ע״ש.

26. שו״ע סי׳ תקכ״ז ס״כ.

27. שם.

The *Rav's Eruv*

It is customary that the *Rav* in each city includes in his *eruv* everyone in the *techum* of his city. This is effective even for those who are not part of his household in such instances where they forgot to make an *eruv tavshilin*, lost it, or for those who are unaware that there is such a requirement as an *eruv tavshilin*. However, one who was just lazy or negligent and did not prepare an *eruv tavshilin* is not included in the *Rav's eruv*. This person, therefore, has the same *halachos* as someone who has not made an *eruv tavshilin*[28].

There is a question as to what is considered negligent. Therefore, if this is the first time one forgot to make an *eruv*, he can be included in the *Rav's*. However, if one again forgets to prepare an *eruv* for the very next *Yom Tov* requiring an *eruv tavshilin*, he cannot rely on the *Rav's eruv*. If, however, there was a *Yom Tov* in between for which he made an *eruv tavshilin*, he can then rely on the *Rav's eruv* the next time he forgets[29].

---

28. שו"ע שם ס"ז.

29. הרשב"א בעבוה"ק דף מ"ט כתב, במה דברים אמורים בשלא שכח אלא פעם אחת לפי ששוגג הוא אבל אם שכח פעם אחר פעם פושע הוא. ועי' בבינת אדם כלל ק"ב אות ה' דדייק ממה שכתב הרשב"א פעם אחר פעם, שדוקא אם היה ב' פעמים רצופים נקרא פושע. וכ"כ בכה"ח סי' תקכ"ז ס"ק מ"ח ובשו"ת בצל החכמה ח"ו ס' צ"א. וכן משמע במ"ב ס"ק כ"ב ממה שכתב וכל זה בפעם ראשונה אבל אם ברגל השני שכח עוד פעם הוה פושע, שניכר שאינו חרד לדבר מצוה, ומשמע ממה שכתב ברגל השני ולא כתב סתם ששכח פעם שני', שדוקא ברצופין אין יכול לסמוך על גדול העיר.

אבל בחיי"א ס' ק"ב ס"ז כתב אפילו אם לא היו רצופים ג"כ נקרא פושע. וע"ש בבינת אדם מה שחשש לפי' רש"י בגמ' ביצה טז: ד"ה לשנה אלא שסיים שאינו מוכח כ"כ ע"ש. וכן בב"ח רק הקל בפעם ראשונה ששכח.

IV. Restrictions That Apply To *Eruv Tavshilin*

An *eruv tavshilin* only permits cooking on the day of *Yom Tov* that is immediately prior to *Shabbos*. Therefore, if *Yom Tov* falls on Thursday and Friday, one may only cook on Friday for *Shabbos* and not on Thursday[30].

The Food Cooked on *Yom Tov* for *Shabbos* Must Be Edible On *Yom Tov* Itself

Another restriction that applies to *eruv tavshilin* is that the food being prepared on *Yom Tov* for *Shabbos* must be edible in its cooked status on *Yom Tov* itself. The reason is that *eruv tavshilin* is only a rabbinic ordinance, and can only permit cooking on *Yom Tov* for *Shabbos* if there is no Torah prohibition. However, if the food is not usable on *Yom Tov* itself there is also a Torah prohibition to cook that food for *Shabbos* on *Yom Tov* according to many opinions. This is in accordance with the principle of *ho'el*, which is beyond the scope of this work to be explained here.

Therefore, in order to be permitted to cook according to the Torah the food for *Shabbos* must be at least one-third cooked while it is still Friday. Furthermore, enough day time must be available on Friday after the food has been prepared to serve it to any possible unexpected guest. Only when these

---

ובערוה״ש סי׳ תקכ״ז ס״ק י״ח המציא דבר חדש, שמזה שלא הזכיר כלל בטור
ושו״ע סוגיית הגמ׳ של שכחת ב׳ פעמים ע״כ דהוה פשיטא להם דהאידנא
שהטרדא נתרבה בעוה״ר שא״א לומר על זה שם פושע וגם בזמן הגמ׳ אולי רק
על אדם גדול כההוא סמיא יש דין זה וע״ע בדע״ת שם אות י׳.

30. שו״ע שם סעי׳ י״ג.

conditions have been fulfilled and there is no longer a Torah prohibition can the *eruv tavshilin* permit cooking on *Yom Tov* for *Shabbos*[31].

If one did not start cooking early enough in the day for the food to be ready on time, there are still opinions that permit the cooking, even though the food will not be edible until *Shabbos*. When Friday is the second day of *Yom Tov* one can surely rely on these opinions in case of necessity[32].

---

31. פסחים (מו:) איתמר האופה מיו"ט לחול רב חסדא אומר לוקה רבה אומר אינו לוקה רב חסדא אומר לוקה לא אמרינן הואיל ומיקלעי ליה אורחים חזי ליה, רבה אומר אינו לוקה דאמרינן הואיל, אמר ליה רבה לרב חסדא לדידך דאמרת לא אמרינן הואיל היאך אופה מיו"ט לשבת, א"ל משום עירוב תבשילין, (ופריך) ומשום ע"ת שרינן איסורא דאורייתא, אמר ליה מדאורייתא צרכי שבת נעשין ביו"ט ורבנן הוא דגזרו ביה גזירה שמא יאמרו אופין מיו"ט אף לחול וכיון דאצריכוה רבנן ע"ת אית ליה הכירא, ע"כ.

ועי' במ"א ריש סי' תקכ"ז שהביא מהרבה ראשונים, ובכללם הר"ן, המרדכי, והגה"מ שאנו פסקינן כרבה, שרק מטעם הואיל מותר לבשל לשבת, ולא קיי"ל דצרכי שבת נעשין ביו"ט מן התורה, וא"כ צריך לגמור בישולו כשיש עוד זמן לאכול ממנו היום אם באו אורחים. וכתב שם שמטעם זה נהגו כשחל יו"ט בערב שבת מקדימין להתפלל מעריב כדי שיגמור צרכיו בעוד זמן ביום. וכן הוא דעת השו"ע הרב סי' תקכ"ז ס"ח ועוד אחרונים.

אבל בבה"ל ד"ה וע"י הביא מהרבה ראשונים ואחרונים שמקילים בענין זה, וס"ל שלהלכה פסקינן כר' חסדא, שצרכי שבת נעשין ביו"ט, וע"כ סיים הבה"ל דאף דלכתחילה בודאי צריך להזהר, מ"מ בשעת הדחק י"ל דכדאי הם רבותינו הראשונים האלה לסמוך עליהם בענין סמוך לחשיכה, וגם כי הרא"ש והטור לא העתיקו דבר זה, וכן בש"ס סתם דין זה דבעירוב תבשילין מותר בכל גווני, אפי' בשליכא שהות ביו"ט ליהנות מיניה. וכ"ש ביו"ט שני יש לסמוך להקל. וכן נוטה להקל בפמ"ג בפתיחתו להלכות יו"ט פ"א אותיות ט"ז וי"ז. וכן הסכימו בשו"ת שואל ומשיב מהד"ב ח"ב ס"י ובתשובת ערוגת הבושם ס' קכ"ב. וגם בערוה"ש סעי' ג' כתב שהעולם אין נזהרין בזה. וע"ע בשו"ת אבן ישראל להגר"י פישר שליט"א ח"ז סי' כ"ד.

32. עי' הע' הנ"ל.

V. Someone Who Forgot To Make An *Eruv Tavshilin*

A. If One Is No Longer Home

Someone who has left his home before *Yom Tov*, and has not yet made an *eruv tavshilin*, can ask someone else to do it for him. For example, one who already went to *shul* can telephone and ask anyone of his household members to make the *eruv*. He can also send a messenger to his house to make an *eruv* for him. (Regarding the *bracha* see Section II C.) If both these solutions are not possible, he must return home to make it himself.

Some *poskim* are of the opinion, that one may make the *eruv tavshilin* by just having in mind the food in his house that he will then separate when he comes home[33]. Others argue that an *eruv tavshilin* can only be made with food that is actually in front of the person[34]. Even one who wants to rely on the lenient view, should not make a *bracha* when he makes his *eruv*[35]. If

---

33. בתפארת ישראל ביצה פ״ב כתב שמי שהוא כבר בבהכנ״ס ואין לו פנאי לחזור לביתו יכול לערב על דעת הפת ותבשיל שיש לו בביתו. והובאו דבריו בשו״ת דברי מלכיאל ח״ג סי׳ ח׳, ובשו״ת ארץ צבי ח״א סי׳ קכ״ב ובשו״ת באר משה ח״ג סי׳ צ״ה. וכן כתב בשו״ת מנח״י ח״ז סי׳ ל״ו, וצירף לזה עוד סברא, דבאופן שיעבור זמן מנחה, שיש לכתחילה לסמוך על עירובו של גדול העיר (לצד הספק שלא מהני העירוב שעושה באופן הנ״ל).

34. בשו״ת חיים שאל להחיד״א סי׳ כ״ט כתב שצריך ליקח העירוב בידו בשעת עשיתו ואם לאו לא קיים מעשה עירוב. ומדייק זה מלשון הבה״ג, וכן ממה שכתב המ״א סי׳ תקכ״ז סק״א שמי שכבר הלך לבהכנ״ס ואם יחזור לביתו לעשות העירוב יעבור זמן מנחה, יש להקנות קמחו לאחרים, דמשמע שאין עצה לעשותו שם בבהכנ״ס, והובאו דבריו בשו״ת מהרש״ם ח״ב סי׳ ל״ו, וע״ע בשו״ת קנין תורה ח״ג סי׳ כ״א אות ב׳ ובשו״ת שבט לוי ח״ח סי׳ קכ״ג מש״כ בזה.

35. אלף המגן סי׳ תרכ״ה ס״ק נ״א, ושו״ת מנחת יצחק ח״ז סי׳ ל״ו.

returning home to make the *eruv* will cause one to miss davening *minchah* in the proper time, a person may rely on the lenient opinion, but should not make a *bracha*[36].

In a situation where one is able to get food for the *eruv* in the place where he is, all *poskim* agree that this can be used to make the *eruv*, even though it is not being made in the place where the cooking will be done. Furthermore, one is not required to bring that food home, but may leave it in the place where the *eruv* was made[37].

B. How Late In the Day Can the *Eruv* Be Made

If one did not remember to make an *eruv* until after sunset, one can still make it during *bein hashmashos* and say the *bracha*[38]. However, if the *shul* where he is *davening* has already accepted the *Yom Tov* by starting to *daven maariv*, he may no longer make an *eruv tavshilin*. In a case of great necessity, however, he can rely on those who permit making the *eruv* up until the *minyan* starts the *shemoneh esrei* prayer itself.[39]

If it is already after sunset and one has accepted upon himself the *Yom Tov* before the rest of the congregation, or in the case of a woman who has already lit candles for *Yom Tov*,

---

36. שו״ת מנחת יצחק הנ״ל.

37. מטה אפרים סי׳ תרכ״ה סעי׳ ל״ג ול״ז.

38. רמ״א ס׳ תקכ״ז. ועי׳ במ״ב סי׳ רס״א ס״ק י״א ובבה״ל שם שמברכין ג״כ, וכ״כ בשו״ת אבני נזר ח׳ יו״ד סי׳ שס״ח ושו״ת דברי מלכיאל ח״א ס״א ובשו״ת חלקת יואב מהדו״ת ס״א.

39. מ״ב סי׳ תקכ״ז סק״ד.

there is a question if an *eruv* can still be made. In these cases, a
Rav should be consulted[40].

C. Someone Who Did Not Make An *Eruv Tavshilin*

Someone who did not make an *eruv tavshilin* is not only
forbidden to cook for himself, but for others as well. Similarly,
others who have made an *eruv* may not cook his food for him,
unless he gives it to them as a present. They may then give the
food back to him to eat[41].

D. If One's *Eruv* Gets Eaten Or Lost

If one made an *eruv tavshilin* but it was eaten or lost,
before the Shabbos meal was prepared one may not cook on
Yom Tov for *Shabbos*. (See Chapter 6 Section IV for permitted
ways which one may cook for *Yom Tov* and have extra for
Shabbos.) However, if only part of the *eruv* got eaten or lost
and a portion of the cooked food the size of an olive remains,
one can still cook for *Shabbos*[42]. Furthermore, if one had
already started cooking a particular dish for *Shabbos*, and then
one's whole *eruv* was eaten, it is permissible to finish making
that particular dish[43].

40. מ"ב הנ"ל ובה"ל ד"ה ספק חשיכה ועי' בשו"ת באר משה ח"א סי' צ"ה
ובשו"ת שרגא המאיר ח"ז ס"נ.

41. שו"ע סי' תקכ"ז ס"כ.

42. שם סעי' ט"ו.

43. שם סעי' ט"ז.

VI. *Eruv Tavshilin* Only Permits Preparation for the *Shabbos* Meal

Even though *eruv tavshilin* permits preparation on *Yom Tov* for *Shabbos*, this only applies to preparation that enhances the *Shabbos* meal[44]. For example, one is permitted to engage in all types of cooking, wash dishes[45], and even light candles[46] on *Yom Tov* in preparation for *Shabbos*. Other preparations however, such as carrying one's siddur to shul on *Yom Tov* for use solely on *Shabbos* or rolling a *Sefer Torah* to the correct place for the *Shabbos* reading are not permitted, even if one made an *eruv tavshilin*.[47]

---

44. בשו״ע סי׳ תקכ״ח ס״ב כתב יו״ט שחל להיות בערב שבת אין מערבין לא עירובי חצירות ולא עירובי תחומין והוסיף שם הרמ״א שזהו אפילו אם הניח עירוב תבשילין וע״ש במ״א סק״ב הובא במ״ב סק״ג שפי׳ בשם הר״ן הטעם משום שע״ת מתיר רק צרכי סעודה. ואע״ג דבסי׳ ש״ב ס״ק י״ז כתב המ״ב בשם הא״ר שמותר לקפל טליתו באופן של התיר מיו״ט לשבת אם הניח ע״ת כבר חילקו האחרונים בין הני שני ציורים עי׳ מש״כ בדעת תורה סי׳ תקכ״ח ובשו״ת באר משה ח״ד סי׳ מ״ה.

45. בשו״ע הרב סי׳ תק״ג ס״ג כתב שאע״פ שע״ת מתיר רק צרכי סעודה אפ״ה מותר להדיח כלים מיו״ט לשבת, ונראה שסבר שהוה בכלל צרכי סעודה וכן פסק בשו״ת שבט הלוי ח״ד סי׳ נ״א. ובשו״ת קנין תורה ח״ג סי׳ ע׳ ובשו״ת להורות נתן ח״ו סי׳ ל״ד ע״פ דבריו.

46. בלבוש סי׳ תקכ״ח ס״ב כתב והדלקה בכלל צורך הסעודה היא שאין אוכלין בלא נר בליל שבת עכ״ל וע״ע במש״כ הגרש״ז אויערבך זצ״ל בענין זה בתשובה הנדפס בסוף ספר עירוב תבשילין הערוך.

47. בשו״ע הרב סי׳ תק״ג ס״ג כתב שאין לגלול ס״ת מיו״ט לשבת אע״פ שהניח ע״ת וכ״כ בשערי תשובה סי׳ תרס״ז בשם המחזיק ברכה. אמנם בהגהות רע״א שם משמע שחולק על זה ועי׳ במ״ב בשער הציון שם אות ז׳ שהביא הני שני דעות ולא הכריע ביניהם. ובשו״ת קנין תורה ח״ג סי׳ ע׳ כתב עצה להשתמש בו היום וא״כ נראה שיש לעשות כן וכ״ש בענין הוצאה שהוא מלאכה ממש ולא רק הכנה.

These preparations are permitted however, if benefit is derived from these actions on *Yom Tov* itself. For example, one may bring a siddur to shul for use on *Shabbos* if he makes sure to also use it before sunset on Friday. Similarly, a *Sefer Torah* may be rolled to the correct place if one makes a point of reading from it when he is finished rolling it.[48]

There is, however, an exception to this *halachah*. It is permitted to straighten up on *Yom Tov* even those rooms in the house which will no longer be used on that *Yom Tov* day solely in preparation for *Shabbos*.[49]

VII. If One Does Not Wish To Cook

There is disagreement among the *poskim* if an *eruv tavshilin* is required for someone who does not wish to cook on *Yom Tov* for *Shabbos* but will light candles on *Yom Tov* for *Shabbos*. An example is someone who is eating all the *Shabbos* meals in another's home but will light candles and sleep in his own. In such a situation an *eruv tavshilin* should be made but the *bracha* should not be recited.[50]

---

48. עי' הע' הנ"ל.

49. עי' במחצית השקל סי' ש"ב סק"ה ובמ"ב שם ס"ק י"ז ובשער הציון שם אות כ"ג.

50. כן כתב בכף החיים סי' תקכ"ז ס"ק קי"ג ובשו"ת מנחת יצחק ח"ז סי' ל"ו. ועי' בספר עירוב תבשילין הערוך עמ' פ' שהביא מהגר"ח קנייבסקי שליט"א שכשהיה אברך שאל ציור זה ממש להחזון איש זצ"ל והור לו לעשות ע"ת אבל לא לברך.

17/ *Muktza*

The *halachos* of *muktza* apply to *Yom Tov* in the same way that they apply to *Shabbos*[1], except regarding the *muktza* of *nolad* which means something that is newly produced or changed. Even though some forms of *nolad* are not *muktza* on *Shabbos*, they are still *muktza* on *Yom Tov*.

The Sages implemented this stricter status of *muktza* because of the many permitted *melachos* on *Yom Tov* that are forbidden on *Shabbos*. They were therefore afraid that people would become less scrupulous with *Yom Tov* observance in general. They added this stringency to show the importance of the observance of *Yom Tov*[2].

---

1. ברמב״ם פ׳ כ״ד מהל׳ שבת הל׳ י״ב כתב הטעם שאסרו חכמים לטלטל מקצת דברים בשבת כדי שלא יהיה כיום חול בעיניו ויבא להגביה ולתקן כלים מפינה לפינה וכו׳ ובטל הטעם שנאמר בתורה למען ינוח, וע״ש עוד טעמים אחרים, ובראב״ד שם השיג עליו דמוכח בגמ׳ שבת (קכד:) שאסרו חז״ל מוקצה גזירה אטו איסור הוצאה וע״ש במ״מ מה שתירץ לשיטת הרמב״ם.

והקשה הבית מאיר בסי׳ תמ״ו והבית יעקב לכתובות (ז.) דלפי טעמו של הראב״ד, שמוקצה היא גזירה משום הוצאה א״כ למה אסרו לטלטל מוקצה ביו״ט, הא ביו״ט אפי׳ הוצאה עצמה מותרת היא. ובשש״כ פ׳ כ״א הע׳ א׳ הביא מהגרש״ז אויערבך זצ״ל שתירץ שאעפ״כ גזרו אף ביו״ט אטו הוצאה שלא לצורך כלל או לצורך מחר או לצורך עכו״ם שגם ביו״ט אסור.

2. ברי״ף סוף מס׳ ביצה וכן ברמב״ם פ״א הל׳ י״ז מהל׳ יו״ט כתבו שאע״פ דבשבת פסקינן כר׳ שמעון דלית ליה מוקצה (ר״ל דמתיר בכמה מוקצות) ביו״ט קיימ״ל כר׳ יהודה דאית ליה מוקצה, פי׳ כר״י שאוסר גם הני מוקצות כמו מוקצה מחמת מיאוס וכן דברים שהכניסם לאוצר, כדמבואר באו״ח סי׳ ש״י (אבל מוקצה מחמת גופו וכלי שמלאכתו לאיסור גם לר׳ שמעון אסור לטלטל). ונפסק כן בשו״ע, סי׳ תצ״ה ס״ד. אבל ברמ״א שם הביא שיטת הרא״ש בסוף מס׳ ביצה שכתב בשם הבה״ג והרבה ראשונים שגם ביו״ט פסקינן כר׳ שמעון. אלא שבאיסור נולד אף לדבריהם אסור גם בשבת אע״פ שדין זה הוא רק אליבא דר׳

I. The *Muktza* of *Nolad*

There are two forms of *nolad* that are *muktza*. One, absolute *nolad*, is something that did not exist before *Yom Tov*, such as ashes of wood that were burnt on that day. This form of *nolad* is *muktza* even on *Shabbos*[3].

The other form of *nolad*, which is somewhat less stringent, applies to an object that did already exist before *Yom Tov* but has now taken on a new status. An example of this would be the bones of chicken and meat. These bones, although inedible, are considered as part of the food as long as they remain attached to it. Once the food is removed from the bones, those that are fit for animal consumption, take on the new status of animal food. This form of *nolad* is not *muktza*, according to many authorities, on *Shabbos* but is deemed *muktza* on *Yom Tov*.[4] (Bones that are not fit even for animal consumption are *muktza* even on Shabbos.)

This would have practical application when one is clearing the table after a meal. Bones which no longer have any meat attached to them but are fit to give to animals are not *muktza* on *Shabbos*. They may, therefore, be cleared off the table on *Shabbos* in the normal manner. On *Yom Tov*, however, they

---

יהודה. וע"ש במ"א סק"ז שכתב שזהו שלא בדקדוק, שיש פוסקים המתירים נולד
גם ביו"ט, כמבואר ברא"ש שם, אלא שהרמ"א ס"ל שאעפ"כ יש להחמיר באיסור
נולד. וע"ש במ"ב ס"ק י"ז שכתב בשם אחרונים שבשבת נקטינן להיתר באיסור
נולד אבל ביו"ט מחמירים.

והטעם לזה כתוב ברמב"ם הנ"ל, מפני שיו"ט קל משבת אסרו בו המוקצה שמא
יבא לזלזל בו, ע"כ. ואף שהרמב"ם כתב זה לשיטתו שאוסר כל מוקצה ביו"ט
כר' יהודה, נפ"מ גם לנו לענין איסור נולד, כמו שמוכח ממה שהתירו הפוסקים
באיסור נולד כשיו"ט חל בשבת.

3. סי' תצ"ה בשעה"צ אות כ"ו ובסי' תצ"ח במ"ב ס"ק ע"ז.

4. עי' במ"ב סי' תצ"ה ס"ק י"ז.

must be treated as any other *muktza*, such as nut shells, and cleared accordingly.[a]

II. Items That Are *Muktza* on *Shabbos* But Not On *Yom Tov*

Even though the laws of *muktza* apply on *Yom Tov* as on *Shabbos*, there are nevertheless many items which may be moved on *Yom Tov* but not on *Shabbos*. The reason is that many items which have no use on *Shabbos* do have a use on *Yom Tov*, since certain *melachos* are permitted for which those items are needed.

An example would be cooking utensils, such as pots and pans. On *Shabbos*, when cooking is forbidden, these utensils perform a forbidden function and are classified as a *kli shemilachto l'issur*[5]. They may, therefore, be moved only if the utensil itself is needed for a permitted purpose or if one needs to move the utensil out of the way to make use of it's location[6].

On *Yom Tov*, however, when cooking is permitted, cooking utensils have a permitted use and are classified as a *kli shemilachto l'heter*. They may, therefore, be moved for any purpose[7]. Similarly, on Shabbos candlesticks are deemed a vessel with a forbidden function. On *Yom Tov*, however, when it is permissible to transfer

---

[a] *This means that one should preferably have a small amount of edible food on the same plate along with the bones. The plate may then be cleared in the normal manner. If the bones are on the table itself however, and one needs to use their place, they may be brushed onto a plate which has some food on it using a utensil. The plate may then be removed in the normal manner.*

---

5. סי' ש"ח ס"ג וע"ש בביה"ל ד"ה קורדום לחתוך.

6. שם.

7. מנחת יו"ט סי' צ"ט ס"א.

fire, candlesticks have a permitted function and may therefore be moved for any purpose[8].

A further application of this rule affects items such as raw potatoes and raw meat, according to many *poskim*, since they are not utensils at all. These items have no use on *Shabbos* since they are not edible and cannot be cooked. They are, therefore, intrinsically *muktza* and may not be moved on *Shabbos* for any purpose. On *Yom Tov* however, when cooking is permitted, these types of items may be moved for any purpose[9].

Summary

The *halachos* of *muktza* are similar on *Shabbos* and *Yom Tov*, except for the *muktza* of *nolad*. Yet there are many items that are *muktza* on *Shabbos* because they do not have a permitted use, while on *Yom Tov* are not considered *muktza* because they have a permitted use.

---

8. בשו״ע סי׳ רע״ט ס״א כתב נר שהדליקו בו באותו שבת אע״פ שכבה אסור לטלטלו ובמ״ב שם סק״א פי׳ הטעם שנעשה בסיס להשלהבת וא״כ אפילו לצורך גופו ומקומו אסור לטלטלו אמנם אם לא הדליקו בו באותו שבת כתב בשו״ע שם בסי׳ ו׳ שמותר לטלטלו ופי׳ המ״ב שם ס״ק י״ט שזהו רק לצורך גופו ומקומו ככל כלי שמלאכתו לאיסור. אבל עי׳ בערוה״ש שם ס״א שהמציא יסוד חדש שכיון שאין הנר ראוי לשום תשמיש של היתר הרי הוא מוקצה כצרורות ואבנים ואסור לטלטלו כלל וכן כתב בפמ״ג בא״א סי׳ ש״ח ס״ק י״ב. אמנם כל זה בנוגע איסור שבת אבל ביו״ט מותר לטלטל אפילו נר דלוק כמפורש במ״ב סי׳ תקי״ד ס״ק ל״ו ועוד הרבה מקומות.

9. בשש״כ פ׳ כ״א הע׳ י״ז כתב בשם הגרש״ז אויערבך זצ״ל שאף בשעה האחרונה של יו״ט שכבר אסור לבשל וא״א ליהנות מהני מאכלים עוד היום, ג״כ אינם מוקצה, שלא גזר עליהם כלל.

III. When *Shabbos* and *Yom Tov* Occur Simultaneously

When *Shabbos* and *Yom Tov* occur simultaneously, the less stringent category of *nolad*, normally forbidden on *Yom Tov*, is permitted.

The reason for this leniency is based on the understanding as to why the Sages were more stringent with this form of *muktza* on *Yom Tov* in the first place. This is because people tend to treat *Yom Tov* more leniently, as explained above, due to its many permitted *melachos*. However, when the day also has the stringent status of *Shabbos* the Sages were lenient regarding *muktza*[10].

IV. *Muktza* For Food Preparation

Just as we find that certain *melachos* are permitted on *Yom Tov* for food preparation, so too there is a special leniency regarding the *issur* of *muktza*[11]. This leniency, though, only applies to the act of moving a *muktza* item when it is needed for food preparation. To actually use a *muktza* item, even for food preparation, is forbidden[12].

For example if the key to the pantry had been left in a drawer that is full of *muktza* items it would be permitted to open that drawer in order to remove it[13]. Yet, one may not use a rock to crack

---

10. שו"ת רב פעלים או"ח ח"א ס"ל. שו"ת אלף לך שלמה או"ח סי' של"ב. ובספר טלטולי מוקצה עמ' 218 בשם מרן הגר"מ פיינשטיין זצ"ל. וע"ע בשש"כ פ' כ"א הע' כ"א מש"כ בשם הגרש"ז אויערבך זצ"ל.

11. רמ"א סי' תק"ט ס"ז.

12. שם מ"ב ס"ק ל"א.

13. ח"א כלל ק"א ס"ה, והובא במ"ב סי' תקי"ח ס"ק כ"ד.

open a nut on *Yom Tov*, since that involves the use of the *muktza* item itself. Similarly, when the food item itself is *muktza*, such as an egg that was laid on that *Yom Tov* day it may not be eaten[14].

Practical Applications

A. Cooking Utensils

Cooking utensils are considered a *kli shemilachto l'heter* on *Yom Tov*, and may therefore be moved for any purpose.

B. Candlesticks

Candlesticks are considered a *kli shemilachto l'heter* on *Yom Tov* and may therefore be moved for any purpose.

C. Matches

Matches may be used on *Yom Tov* to transfer fire from an existing flame (see Chapter 9 Section 1)[15].

---

14. מ״ב סי׳ תק״ט ס״ק ל״א.

15. הנה בענין טלטול גפרורים ביו״ט לשאר צרכים יש כאן ב׳ שאילות. אחד, אם הוא נידון ככלי ועוד אם נחשב כדבר שמלאכתו לאיסור כיון שאסור להדליק אש חדש ביו״ט, או כיון שמשתמשין בו גם להעביר אש ממקום למקום נחשב כדבר שמלאכתו להיתר. והנה בתהלה לדוד סי׳ שכ״ב סק״ד דן אם מותר לחצוץ שיניו בגפרור בשבת אם נחשב ככלי שמלאכתו לאיסור ומותר לצורך גופו ומקומו או לא. וכן בספר מאורי אש דף ל״ז חוקר אם נחשב גפרורים ככלי וכתב שהמנהג להקל להחשיבו לכלי. וא״כ ביו״ט מותר לשאר צרכים. אמנם בספר מנחת שבת סי׳ פ״ח ס״ק ל׳ כתב שראוי להחמיר בזה. ועי׳ בערוך השולחן סי׳ תק״ב ס״ו שכתב שאינם מוקצה כיון שנוהגין להשתמש בהם ביו״ט להעביר מאש אחרת וא״כ אפילו אם אינם נחשבים ככלים יש מקום להתיר טלטולם במקום צורך כמש״כ לקמן בהע׳ 16. וע״ע בשו״ת שאלי ציון סי׳ י״א וסי׳ כ״ה.

D. Candles

Candles may be used on *Yom Tov* for the purpose of lighting.[16]

E. Raw Potatoes, Meat, Fish, etc.

Foods that are inedible when they are raw are not *muktza* on *Yom Tov* since they can be cooked. They may, therefore, be moved for any purpose.

F. Opening Muktza Drawer

It is permitted to open a drawer that has mostly *muktza* items in order to remove something needed for food preparation (e.g. a vegetable peeler).

---

16. ובענין טלטול נרות שעוה שלא לצורך הסקה כגון אם הם מונחים על השולחן ורוצה להציעם עי' במ"ב סי' ש"ח ס"ק ל"ד שהביא מחלוקת המ"א והמ"ור וקציעה אם נחשבים ככלים או לא וא"כ לשיטת המ"א שנחשב ככלי ממילא ביו"ט דינם ככלי שמלאכתו להתיר ואפילו לפי המחמירים שאינם נחשבים ככלים יש לצרף מה שכתב השו"ע בסי' תק"ב ס"ג בענין בקעת (שהוא דבר שיש לו תשמיש של היתר אבל אין עליו שם כלי) שמותר לטלטלו רק לצורך הסקה וכתב שם המ"ב ס"ק כ"א שדעת כמה אחרונים שזהו רק סברת המחבר לשיטתו בענין מוקצה ביו"ט אבל לדידן מותר לטלטל בקעת לכל צורך וכתב שם בשם הבית מאיר דבשעת הצורך יש לסמוך להקל וא"כ כ"ש בנר שעוה דלשיטת המ"א נחשב ככלי יש מקום להקל בשעת הדחק.

18/ *Kovod, Oneg,* and *Simcha*

I. The *Mitzvos* of *Kovod* and *Oneg*

The Sages derived from the words "*mikro kodesh*" that, just as we have the *mitzvos* of *kovod* / to honor and *oneg* / to enjoy the *Shabbos*, so too we are required to honor and enjoy the *Yom Tov*[1]. The *mitzva* of *kovod* / honoring is manifested by washing in warm water on *erev Yom Tov*[2] and wearing special clothes on *Yom Tov* as we do on *Shabbos*. We are even taught that the clothes worn on *Yom Tov* should be more special than those worn on *Shabbos*[3].

Furthermore, the Sages teach us that everyone should personally try to involve themselves in preparing for *Yom Tov*. This can be done by partaking in the activities needed such as cooking and cleaning or anything else required for *Yom Tov*[4].

---

1. רמב״ם פ״ו מהל׳ יו״ט הל׳ ט״ז וז״ל כשם שמצוה לכבד שבת ולענגה כך כל ימים טובים שנאמר לקדוש ה׳ מכובד וכל ימים טובים נאמר בהם מקרא קדש וכבר בארנו הכיבוד והעונג בהלכות שבת עכ״ל נראה שדיני שבת ויו״ט שווים בענין זה וכ״כ בשו״ע סי׳ תקכ״ט ס״א.

2. מ״ב סי׳ תקכ״ט ס״ק ג׳ ועי׳ בסי׳ ר״ס ס״א כל הפרטים בזה.

3. שו״ע סי׳ תקכ״ט ס״א והוא מהגהות מיימונית (הל׳ יו״ט פ״ו הל׳ ט״ז) בשם הירושלמי וטעם לדבר זה כתב המ״ב שם ס״ק י״ב משום שביו״ט נוסף מצוות שמחה אבל בסי׳ תע״א ס״ג כתב הרמ״א שמצוה ללבוש בגדים נאים ביו״ט כמו בשבת ומשמע שאין חילוק ביניהם. ובספר מחזיק ברכה להחיד״א סק״ד כתב לתרץ שגם הרמ״א סובר שבגדי יו״ט צריך להיות יותר טובים משל שבת וכוונתו במה שכתב כמו שבת הוא שיש מצוה ללובשם מבעוד יום ככל ערב שבת כמו שכתב הרמ״א בסי׳ רס״ב ס״ג והובא דבריו בכה״ח שם ס״ק מ״ב.

4. מ״ב שם סק״ג ועי׳ בסי׳ ר״נ כל הפרטים בזה והנה ברמב״ם בהל׳ שבת פ״ל כתב שחייב לעשות כל אחד דבר לצורך שבת ועי׳ בביה״ל שם ד״ה ישתדל שרוצה לדחות לשון הרמב״ם שאינו חובה ממש והניח בצ״ע.

One fulfills the *mitzva* of *oneg* / enjoyment by eating special *Yom Tov* foods[5].

The Sages further derived that on *Yom Tov*, just as on *Shabbos*, one is required to change his speech and the way he conducts himself. For this reason, one may not discuss business matters or engage in conversation regarding anything that is forbidden to be done on *Yom Tov*[6].

II. A Special *Mitzva* of *Simcha*

The Torah states "*v'somachta b'chagecha*" "you shall rejoice on the *Yom Tov*". From this we learn a specific obligation pertaining to *Yom Tov*: that one must be happy on these days. Based on this, the Sages explain that it is a *mitzva* for the head of each household to buy items that will bring enjoyment to each family member. Therefore, one should buy candy and special *Yom Tov* treats for the children and a new article of clothing or a piece of jewelry for the women. Men fulfill the obligation to rejoice by eating meat and drinking wine at each *Yom Tov se'udah*[7].

A. Eating Meat

In the time of the *Beis Hamikdosh*, the way to fulfill one's Torah obligation of rejoicing was to eat meat from a sacrificial offering. Even in our times, when to our sorrow, we can only yearn to bring the offerings soon again, many *poskim*

---

5. עי' סי' רס"ב במ"ב סק"א.

6. בביה"ל סי' תקכ"ט ד"ה לכבדו לומד מדברי הרמב"ם שהאיסור ממצוא חפצך ודבר דבר נוהג ג"כ ביו"ט.

7. שו"ע סי' תקכ"ט ס"ב ועי' בביה"ל שם ד"ה כיצד.

are of the opinion that one can still fulfill the obligation of rejoicing by eating meat[8]. Furthermore, since according to many *poskim* women are also included in the obligation to rejoice, they too should eat meat at all the *Yom Tov* meals, even if they also received gifts of clothing or jewelry for *Yom Tov*[9]. However, in order to fulfill this *mitzva*, one must eat meat from an animal and not only chicken[10].

B. Drinking Wine

Our Sages have also told us that one is required to drink wine at each *Yom Tov se'udah*, in addition to the wine that was

---

8. ברמב״ם פ״ו מהל׳ יו״ט הל׳ י״ח כתב והאנשים אוכלין בשר ושותין יין שאין שמחה אלא בבשר ואין שמחה אלא ביין והנה בב״י בסי׳ תקכ״ט הקשה על דברי הרמב״ם שלמה הצריך שיאכלו בשר וישתה יין הלא מבואר בפ׳ ערבי פסחים (קח.) שרק בבשר שלמים יש מצות שמחה ועכשיו שאין שלמים רק יש שמחה ביין. אבל בב״ח כתב שאע״פ שעכשיו בשר בהמה אינו עיקר השמחה מ״מ מקיים בו מצות שמחה והביאו ראיה לזה וכן כתב בנמוקי או״ח סי׳ תקכ״ז ובשו״ת דברי משה ח״א סי׳ י״א. וע״ע בשו״ת ויברך דוד סי׳ קס״ד.

9. בשו״ע סי׳ תקכ״ט ס״ב כתב חייב אדם להיות שמח וטוב לב במועד ובמ״ב שם ס״ק ט״ו הביא בשם השג״א סי׳ ס״ו שנשים ג״כ בכלל מצוה זו ועי׳ בשו״ת רע״א ח״א סי׳ א׳ ובהשמטות שם שכתב שדבר זה תלוי במחלוקת הרמב״ם והראב״ד בפ״א מהל׳ חגיגה ה״א שכתב שם הרמב״ם ״והשמחה האמורה ברגלים היא שיקריב שלמים יתר על שלמי חגיגה... ונשים חייבות במצוה זו״ ומסיג שם הראב״ד שאין חיוב עליהם אלא על בעלה לשמחה.

10. בשו״ת חוות יאיר סי׳ קע״ח כתב דאינו יוצא שמחת החג בעופות אלא דוקא בבשר בהמה והובא דבריו ביד אפרים יו״ד ס״א וכן כתב בדרכי תשובה יו״ד סי׳ פ״ט ס״ק י״ט בשם הה״ק הדברי חיים מצאנז זי״ע ובשו״ת דברי משה ח״א סי׳ י״א בשם הישב״ש ביצה פ״ב ועי׳ גם במ״א סי׳ תקנ״א ס״ק כ״ח שכתב בשם הב״ח שמי שאינו יכול לאכול מאכלי חלב מר״ח אב עד התענית יש לו לאכול בשר עוף שאין שמחה אלא בבשר בהמה ולכן כשא״א לאכול מאכלי חלב יותר טוב רק לאכול בשר עוף עכ״ל נראה מזה ג״כ שאינו מקיים מצות שמחה אלא בבשר בהמה אבל עי׳ בשאגת אריה סי׳ ס״ה שכתב שיכול לקיים מצות שמחה בכל מה שנהנה ממנו.

drunk for *kiddush*[11]. This is because the nature of wine is to put people in good spirits, thereby fulfilling the *mitzva* of *Simcha*. If one only drinks grape juice, however, he does not fulfill this obligation[12]. With regard to women, even though they are also obligated to rejoice, according to many *poskim*, they are exempt from drinking wine. Since they are not accustomed to this beverage, it is not considered an enjoyment for them[13].

III. Eating *Erev Yom Tov*

We learned above that one is required to rejoice and enjoy on *Yom Tov*. Therefore, it is a *mitzva* to refrain from partaking in a meal on *erev Yom Tov* during the last three hours[a] of the day[14]. In this way one will not enter *Yom Tov* already full and thus have no appetite for the *Yom Tov se'udah*. However, this only applies to a full meal. If one wishes to eat something during this period to suppress his hunger, it is permitted[15].

---

[a] *These hours do not refer to sixty minute clock hours, but to Torah hours. This is computed by dividing the amount of daylight time on any given day into twelve parts with each part equaling one Torah hour. It is in the last three of these portions that one should not partake in a meal erev Yom Tov.*

---

11. מ"ב סי' תקכ"ט ס"ק י"א.

12. פר"ח סי' תפ"ג ד"ה ומ"ש. וס' חוה"מ כהלכותו פ"א הע' כ"ד בשם הגר"מ פיינשטיין זצ"ל.

13. עי' בשו"ת שאגת אריה סי' ס"ה ובמועדים וזמנים ח"ז סי' קי"א.

14. רמ"א סי' תקכ"ט ס"א.

15. בביה"ל סי' רמ"ט סעי' ב' כתב זה לענין ערב שבת וה"ה כאן.

A. When *Erev Yom Tov* Falls on *Shabbos*

When *erev Yom Tov* falls on *Shabbos* and there is a special *mitzva* to eat the third *Shabbos se'udah*, one should do so before the last three hours of the day[16]. If one forgot or was negligent and did not eat the third meal in time it may still be eaten during the last three hours of the day[17]. However, in this case a full meal should not be eaten. One should eat less than he is normally accustomed to eat so that he will still have an appetite to eat on *Yom Tov*[18].

B. Eating in the Afternoon of the First Day

Some *poskim* are of the opinion that on the first day of *Yom Tov*, just as on *erev Yom Tov*, one should refrain from eating a meal during the last three hours of the day. The reason is that the first day of *Yom Tov* is also *erev Yom Tov* of the second day, and one should not spoil his appetite for the

---

16. בקיצור של"ה עמ' קנ"ו כתב שנוהגין לחלק סעודת שחרית לשתים באופן שמברכים וחוזרים ונוטלים ואוכלים פעם שנית כדי לקיים סעודת ג' בעוד היום גדול ובלבד שיהיה אחר זמן מנחה גדולה וכן כתב בספר דרכי חיים ושלום אות תקי"ח ובשערים מצוינים בהלכה סי' ק"ג בקונט"א סק"ב. והנה באמת יש לדון בזה שבתוס' שבת (קיח.) ד"ה במנחה כתב שאין לחלק סעודת שחרית לשתים משום שגורם ברכה שאינו צריכה בזה שחוזרים ומברכין פעם שנית המוציא וברכת המזון אמנם בשו"ת הרא"ש כלל כ"ב אות ד' כתב שכיון שעושה לכבוד שבת כדי לקיים סעודת ג' אינו נחשב ברכה שאינו צריכה וכ"כ המ"א בסי' רט"ו סק"ו שיכול לחלק סעודת שחרית כדי לקיים סעודת ג' ולא קיימ"ל בזה כתוס' עכ"ל.

17. רמ"א סי' תקכ"ט ס"א ומ"ב שם סק"ח.

18. שעה"צ שם אות י'.

evening meal. If one does not eat a full meal but only satisfies his hunger, he will still adhere to this opinion[19].

IV. *Tosfos Yom Tov*

There is a special mitzva regarding *Shabbos* known as *Tosfos Shabbos*. It means that we accept upon ourselves the *halachos* of *Shabbos* even before sundown Friday, and delay the conclusion of *Shabbos* for a small period of time at its finish. On *Yom Tov*, there is a similar obligation. Therefore, one should refrain from anything forbidden on *Yom Tov* for a small period of time before *Yom Tov* begins and also after it concludes[20].

V. Lighting Candles

The *mitzva* to light candles for *Yom Tov* is similar to that of *Shabbos*[21]. However, due to the fact that it is permitted

---

19. במ״א סי׳ תקכ״ט סק״א כתב שכמו שאסור לאכול בערב יו״ט מן המנחה ולמעלה ה״ה ביו״ט ראשון מפני שהוא ערב יו״ט שני אמנם בביה״ל שם ד״ה בערב יו״ט הקשה שאחרי שבאמת יו״ט ראשון עיקר משום דאנן בקיאין בקביעא בירחא א״כ אע״פ שמחמירין בי״ט שני בכל החומרות זהו רק לענין יו״ט שני גופה אבל כאן שתאב לאכול ביו״ט ראשון איך ימנע משמחת יו״ט ביום שהוא ודאי קודש משום יו״ט שני שהוא רק מנהג אבותינו בידינו.

אבל בשו״ע הרב שם ס״ב ובערוה״ש שם ס״ג ובכה״ח שם ס״ק י״ד הביא דברי המ״א בלא פקפוק ועי׳ בדעת תורה שם שכתב שאם מאחרין סעודת הלילה ביו״ט שני משום שצריך לבשל אין קפידה לאכול בסוף היום שהמהרי״ל רק אוסר זה בפסח שממהרין לאכול כדי שלא יישן התינוקות וכ״כ באורחות חיים שם סק״א.

20. מ״ב סי׳ רס״א ס״ק י״ט ועי׳ בשו״ע הרב סי׳ תצ״א ס״ג שכתב שכל דין תוספת מחול על הקודש נאמר רק לענין עשיית מלאכה שזה נלמד ממ״ש ״תשבתו שבתכם״ אבל דברים התלוים בקדושת היום כגון מה שנלמד ממה שאמר הכתוב מקרא קודש אין דין הוספה מחול על הקודש בהם.

21. שו״ע סי׳ תקי״ד סעי׳ י״א.

216 CHAPTER EIGHTEEN

to transfer fire on *Yom Tov* but not on *Shabbos* we will see that there are differing customs regarding the procedure for lighting.

A. Time of Lighting

On *Shabbos*, when any form of kindling is forbidden, the candles must be lit before the day commences. On *Yom Tov* however, when kindling is permitted, some have the custom to light the candles on *Yom Tov* itself.[22] Others are of the opinion that one should not change from the *Shabbos* procedure so as to not make mistakes[23].

> Note: This only applies to the first night of *Yom Tov*. On the second night one may only light the *Yom Tov* candles after dark, since it is forbidden to do any *melachah* on one day for the next.[24]

B. When to Make the *Bracha*

For the above reason there is also a difference of opinion concerning when the *bracha* is to be made. The general rule is that the *bracha* on a *mitzva* is made before the actual *mitzva* is performed. On *Shabbos* when a woman recites the *bracha* on the candles she is obligated in all the halachos of the day and therefore, she first lights the candles and then recites the *bracha*.

On *Yom Tov* however, when it is permitted to transfer a flame, many *poskim* hold that it is best to make the *bracha*

---

22. מטה אפרים סי׳ תרכ״ה סעי׳ ל״ג חידושי חתם סופר (שבת כד:) הגהות הגרי״ש נטנזון שו״ע סי׳ רס״ג.

23. בהקדמה לספר דרישה ופרישה ליו״ד כתב זה בשם אמו וכ״כ בשו״ת פרי יצחק ח״א סי׳ ו׳.

24. פרישה הנ״ל.

before lighting the candles. This would make the procedure of candle lighting similar to all mitzvos when the *bracha* is recited before the actual *mitzva* is performed[25]. Others hold that one should not change from the *Shabbos* method, so as not to make a mistake[26].

C. The *Bracha* of *Shehechiyanu*

It is customary for women to recite the *bracha* of *Shehechiyanu* when they light the *Yom Tov* candles[27]. This applies to all the days of *Yom Tov* except for the last two days of *Pesach*.[28]

On the second night of Rosh Hashanah, however, there is doubt regarding the obligation of this *bracha*. This is because we consider both days of Rosh Hashanah as one long day. It is, therefore, best to wear a new garment or have a new fruit present when lighting and have in mind that the *bracha* is being said for this as well. If this was not possible, the *bracha* may still be recited.[29]

---

25. כ״כ הדגול מרבבה סי׳ רס״ג ובהגהות רע״א שם והחיי״א כלל ה׳ סעי׳ י״א והערה״ש סעי׳ י״ג ועי׳ במ״ב שם ס״ק כ״ז שכן משמע שנוטה דעתו.

26. כ״כ המ״א סי׳ רס״ג ס״ק י״ב ושו״ע הרב שם ס״ח ובקצור שו״ע סי׳ ע״ה ס״ד.

27. בשאילת יעבץ סי׳ ק״ז הובא בשע״ת סי׳ רס״ג ובמ״ב שם ס״ק כ״ג כתב שאין צריך הנשים לברך זמן על הדלקת הנרות מיהו במקום שנהגו אין למחות בידם אבל במועדים וזמנים ח״ז סי׳ קי״ז כתב בשם הגרי״ז מבריסק שאין להם לברך. אמנם במטה אפרים סי׳ תקפ״א ס״ד ובסי׳ תרי״ט ס״ד ובאלף למטה שם כתב שכבר נתפשט המנהג לאומרו וכ״כ בא״ר סי׳ ת״ר ועי׳ גם בשו״ת התעוררות תשובה בהגהות לאו״ח ח״ג סי׳ רס״ג ובערוך השולחן סי׳ רס״ג סעי׳ י״ב ובשו״ת אג״מ ח״ד סי׳ ק״א שכתבו שכבר נהגו הנשים לברך זמן בשעת הדלקת נרות.

28. שו״ע סי׳ ת״צ ס״ז.

29. שו״ע סי׳ ת״ר ס״ב.

D. Mistake in the *Bracha*

If a woman recited the *bracha* for *Shabbos* instead of
the *bracha* for *Yom Tov* she must recite again the correct
bracha.[30] However, if *Yom Tov* falls on *Shabbos* and she
mentioned in the *bracha* either *Yom Tov* or *Shabbos* but forgot
the other, another *bracha* need not be said[31].

VI. *Kiddush* and *Havdalah*

Just as there is an obligation to sanctify the *Shabbos*
with words upon its arrival and at its departure so too on *Yom
Tov*. For this reason one is required to recite *Kiddush* and
Havdalah on *Yom Tov* as on *Shabbos*[32]. However, even though
Kiddush Friday night is a Torah obligation on *Yom Tov* it is
only a rabbinic decree[33]. With regard to women, most opinions
hold that even though it is a positive *mitzva* which is bound by
time, they are still obligated[34].

---

30. ספר הליכות ביתה סי' י"ד הל' מ"ז.

31. כ"כ בשו"ת מהר"ם בריסק ח"ב סי' מ"ה וע"ע בשו"ת התעוררות תשובה ח"א
סי' קי"ב.

32. רמב"ם פכ"ט מהל' שבת הל' י"ח.

33. במגיד משנה פ' כ"ט מהל' שבת הל' י"ח כתב שאין קידוש של יו"ט דבר
תורה והובא דבריו במ"א סי' רע"א סק"א ובמ"ב שם סק"ב וכן כתב בשו"ע הרב
שם ס"ד ובערוך השולחן שם ס"ד אמנם כתב המ"א הנ"ל שאפילו הכי יש לו כל
דין קידוש של שבת, וכל זה דלא כמש"כ השיטה מקובצת ביצה (ד:) דהבדלה
ביו"ט הוא מן התורה וכתב על זה הפמ"ג סי' רצ"ו בא"א ס"ק י"א שלפי דבריו
כש"כ קידוש הוה מדאורייתא וע"ע בדעת תורה סי' רע"א ס"א.

34. כ"כ בשו"ע הרב סי' רע"א ס"ה וכן הוא בשו"ת מהרש"ם ח"ג סי' רכ"ו
ובשו"ת אג"מ או"ח ח"ד סי' ק' וע"ע בשו"ת רע"א בהשמטות לסי' א' שכתב
שנשים פטורים ממצוה זו אלא שכבר נהגו רוב נשים לקיימא והוה כקיבלו
עלייהו.

VII. The *Yom Tov* Meal

Part of one's obligation to enjoy *Yom Tov* is to partake in two festive meals[35]. According to many opinions this applies to women as well[36]. Therefore one must say the *bracha hamotzie* on two loaves of bread and eat bread at each meal[37]. The third meal however, which is eaten on *Shabbos* is not required on *Yom Tov*[38]. There is also no obligation to eat *melava malka* after *Yom Tov* even though there is after *Shabbos*[39].

VIII. *Birchas Hamazon*

When the *birchas hamazon* is said after the meal, "*ya'aleh v'yavo*" is inserted to mention the *Yom Tov*. If one omitted "*ya'aleh v'yavo*", the *benching* must be recited again[40]. However, this only applies to a man who is obligated according to all opinions to eat bread on *Yom Tov*. A woman who forgot "*ya'aleh v'yavo*", need not recite *benching* again. Since according to some opinions, women are not obligated to eat bread on *Yom Tov*, they do not have the requirement of

---

35. שו"ע סי' תקכ"ט ס"א.

36. בשו"ת רע"א ח"א סי' א' ובהשמטות שם כתב שנשים אינם בכלל מצות כבוד ועונג אמנם לדעת הפתחי תשובה בסי' קפח ס"ו חייבות וע"ע בשדי חמד אסיפת דינים מערכת יו"ט ס"ב אות ו'.

37. שו"ע הנ"ל ומ"ב שם ס"ק י"ג.

38. שו"ע הנ"ל, אבל בסידור יעבץ כתב שהעיקר כדברי הרמב"ם בפ"ו מהל' יו"ט הי"ט שכתב שיש חיוב סעודת ג' ביו"ט ועי' במועדים וזמנים ח"ז סי' קנ"ז בהגהה שכן נהג החזו"א ובמ"ב סי' תקכ"ט ס"ק י"ג כתב שיש נוהגין מטעם זה לאכול תבשיל אחד יותר בשחרית במקום סעודה זה אע"פ דבשבת אינו יוצא בזה.

39. שש"כ פ' ס"ג ס"ד.

40. שו"ע סי' קפ"ח ס"ו.

mentioning *Yom Tov* during *benching*[41]. On *Pesach* night, however, since everyone is obligated to eat *matzo* at the *seder*, a woman who forgot "*ya'aleh v'yavo*" in *benching* must recite it again[42].

41. שו״ת רע״א ח״א סי׳ א׳ ועי׳ גם בשו״ת באר משה ח״ג סי׳ ל״ח.

42. שם.

19/ The Second Day
of *Yom Tov*

In the time of the *Sanhedrin*, the Jewish high court, the new month was established by witnesses who would come and testify that they had seen the new moon[1]. The court would then send out messengers to inform everyone concerning the date on which the new month was proclaimed[2]. However, since the messengers were not able to reach the more distant Jewish communities in time for *Yom Tov*, the people in those outlying communities always kept a second day of *Yom Tov*. This was because they did not know whether the new month had begun after the twenty ninth day of the previous month or after the thirtieth, consequently causing doubt as to the actual date of *Yom Tov*[3].

---

1. ספר החינוך מצוה ד'. ועי' ברמב"ם פ"א מהל' קדה"ח לכל הפרטים במצוה זו. [אולם גם בזמן הסנהדרין פעמים קידשו ב"ד את החודש ע"פ החשבון, ולא ע"פ הראייה, כמבואר ברמב"ם שם פי"ח הל"ו דהקשה הרמב"ם שאם מקדש את החודש על פי ראיית העדים בלבד, וכל זמן שלא באו העדים ביום ל' לחודש עושין אותו חודש מלא, הא יתכן שיהיה הרבה חדשים רצופים שהחדשים יהיו מלאים, כגון שלא נראית הלבנה מחמת העבים המכסים אותה, וא"כ בסוף השנה יתכן שכשתראה הלבנה בחידושה יהיה ביום כ"ה או כ"ו לחודש שעבר, וזה א"א שכל חדשי הלבנה הם רק כ"ט או ל' ימים, ואע"כ, כ' הרמב"ם, דבמקרה שב"ד רואים על פי חשבון שא"א להיות עוד חדש מלא, אז מקדשין ב"ד את החודש על פי חשבון אפילו בלא ראיית עדים כדי לתקן השנה].

2. רמב"ם פ"א מקדה"ח ה"ז, וכתב שם שזהו ג"כ בכלל המצוה.

3. בספר יו"ט שני כהלכתו במבוא פ"ב הביא מספר עיה"ק והמקדש שהיו ד' תקופות במשך הדורות באופני הנהגה בקדה"ח: 1) מתחילה כשבאו עדים שראו הלבנה קידשו ב"ד את החודש והשיאו משואות אש כדי להודיע מהר להר

Even after the *Sanhedrin* was disbanded and the Sages established the calendar in which the beginning of the month was based on mathematical calculation, those outlying communities continue to follow the custom of their forefathers and observe two days of *Yom Tov*. For this reason, communities inside the Land of Israel keep the six days of *Yom Tov* that the Torah proclaimed holy, while the communities outside the Land of Israel observe an additional day for each of these days[4].

Regarding the *Yom Tov* of *Rosh Hashanah* two days are kept even in the Land of Israel for reasons we will not go into here[5].

למקומות הרחוקים שקידשו ב״ד את החודש, ולא היתה מציאות כזאת שבמקומות מסוימים נהגו ב׳ ימים אם ידעו מתי בי״ד קידשו את החודש, אלא כל מקום שידעו באיזה יום קידשו ב״ד את החודש נהגו רק יום אחד יו״ט, אע״פ שבשנה שעברה לא ידעו ונהגו אז ב׳ ימים מספק, דהכל היה תלוי באותו חודש אם ידעו או לא. וכך נהגו בכל ישראל אפילו אחר חורבן בית שני עד שר׳ יהודה הנשיא ביטל המשואות מפני שקלקלו הכותים. 2) אז התקין רבי יהודה הנשיא שיהיו שלוחים יוצאים להודיע לעם באיזה יום קידשו ב״ד את החודש, וכבר מהתחלת תקנה זו היו מקומות מסוימים שרק אליהם יכלו השלוחים להגיע קודם יו״ט, אלא דמ״מ לעוד מאה שנים תקנה זו לא נתקבלה ב״תורת תקנה״ ועוד נהגו שכל מי שידע מתי קידשו ב״ד את החודש נהג יום אחד אפילו חוץ למקומות הללו. 3) אבל אח״כ בתקופת דור שני של האמוראים אמרו בגמ׳ ביצה (ד:) ״שלחו מתם הזהרו במנהג אבותיכם״... ומאז נתקבלה לתקנה קבועה שכל מקום שאין השלוחים מגיעים באופן רגיל נהגו ב׳ ימים וזה נמשך כל זמן התלמוד. 4) עד שעמד הלל הנשיא האחרון שהיה בישראל ותיקן הלוח, ומאז אף שהכל ידעו מתי היה ראש חודש, מ״מ כבר הונהג במקומות הרחוקים להמשיך לנהוג ב׳ ימים משום מנהג אבותיהם.

4. רמב״ם הל׳ קדה״ח פ״ה ה״ה.

5. עיין רמב״ם שם ה״ח.

I. Differences Between the First and Second Day

The Sages were very stringent with the custom of observing the second day of *Yom Tov*. Therefore, all *halachos* that apply on the first day of *Yom Tov* apply equally on the second day as well[6]. There are, however, two exceptions:

1) It is permitted to transgress a Rabbinic prohibition to heal an ailment on the second day of *Yom Tov*.

2) On the second day of *Yom Tov* it is permitted to bury a dead person.

1. Healing An Ailment

It is forbidden on *Shabbos* or *Yom Tov* to transgress even a Rabbinic prohibition for a sick person whose ailment does not encompass his whole body or force him to go into bed[7]. On the second day of *Yom Tov*, however, the Sages were lenient and permitted one to transgress a Rabbinic prohibition for any type of ailment[8]. For example, it is permitted to take a pain reliever to relieve a headache or other ailment, even though it does not affect one's whole body[9].

---

6. שו"ע סי' תצ"ו ס"ב.

7. שו"ע סי' שכ"ח ס"א וסי"ז.

8. שו"ע סי' תצ"ו ס"ב.

9. בשו"ת תשורת שי מהדורה ב' סי' קע"ד הקשה, דכיון שהחמירו חז"ל כ"כ שלא לחלק בין יו"ט ראשון לשני כדי שלא יזלזלו בו, א"כ למה בהני ב' דברים דרפואה וקבורת המת הקילו ביו"ט שני. וכן הקשה בשו"ת התעוררות תשובה ח"א סי' ס"א. ותירץ לחלק בין דבר שנעשה בקביעות כגון מה שאמרו הגמ' שאין מבדילין במוצאי יו"ט ראשון ובין רפואה וקבורה שאינו נעשה באופן רגיל ולא אתי לזלזולי ביו"ט שני בשבילם. אולם בשו"ת בצל החכמה ח"ב סי' ס"ח

The Second Day of *Rosh Hashanah*

The above leniency does not apply to the second day of *Rosh Hashanah*. Therefore, even with regard to healing, whatever halachos apply on the first day of *Rosh Hashanah* apply to the second day as well[10].

2. Burying a Dead Person

It is permitted on the second day of *Yom Tov* to prepare whatever is needed to bury a person who died. This includes even violating a Torah prohibition, such as digging the grave and sewing the shrouds when a non-Jew is unavailable for these tasks[11]. However, since there are many outside factors involved, there are different customs pertaining to this *halachah*. Therefore, a competent *halachic* authority must be consulted in each case[12].

הוכיח שגם בדברים שאינם נעשים ברגילות גזרו רבנן בהם ביו״ט שני. ועי׳ בשו״ת כתב סופר או״ח סי׳ י׳ שחילק באופן אחר, בין דבר המפורסם כמו תפילין להנך שאינם מפורסמים כ״כ, שבמקום צער וכבוד המת לא החמיר רבנן בהני שאינם כ״כ מפורסמים.

10. שו״ע ס׳ תצ״ו ס״ב, דשני ימים קדושה אחת אריכתא הן.

11. עי׳ בשו״ע ס׳ תקכ״ו ס״ד וברמ״א שם ובבה״ל ד״ה אסור להלינו.

12. בשו״ת אג״מ או״ח ח״ג סי׳ ע״ו כתב שעכשיו שאינם בני תורה יש לאסור עשיית קבורה ביו״ט שני כדעת ר״ת בתוס׳ ביצה (ו.) ד״ה והאידנא, ואפשר שגם הר״י שחלק על ר״ת שם יודה בזמננו, דחזינן שיוצא מזה תקלות רבות, שעוברים על כמה איסורים בהודעת הלויה בקריאה בטעלעפאן שהקרובים והמכירים יבואו ללוות את המת והרבה מהמלוים נוסעים במאשינעס מבתיהם עד מקום הלויה ואח״כ לבית הקברות וזה איסור גמור, וסיים שם שמסדרי הלויה הרי גרמו להם לעבור, ואיכא משום לפני עור, וגם הוא בזיון היותר גדול להמת שחללו יו״ט בשבילו, ולכן פשוט וברור שעל הנהלת עדת ישראל להודיע שאין מסדרין שום קבורה ביו״ט שני אף כשעי״ז יהיו ג׳ ימים שלא יוכלו לקבור עכ״ל.

II. Who Observes Two Days of *Yom Tov*

The laws pertaining to who observes two days of *Yom Tov* and who observes only one are very involved. It is therefore imperative to consult with a halachic authority if a doubt arises.

Below we will attempt to give some basic guidelines:

1) Individuals who permanently dwell in the land of Israel observe only one day of *Yom Tov*, except for *Rosh HaShanah* when everyone observes two days[13].

2) Individuals who permanently dwell outside the land of Israel always observe two days of *Yom Tov*[14].

3) If a person leaves his permanent country to spend *Yom Tov* elsewhere, he observes *Yom Tov* as he would at home[15].

אמנם בשו״ת באר משה ח״ב סי׳ מ״ה כתב שהמנהג בארצה״ב לקבור מת ביו״ט שני, (ואפילו כשמת ביום ראשון שהוא נגד השו״ע והרמ״א, וטרח שם ליתן טעם לזה). ונראה שיש מנהגים חלוקים בענין זה. ולדינא, יעשה שאלת חכם.

13. שו״ע סי׳ תצ״ו ס״ג.

14. שו״ע שם.

15. בשו״ת אבקת רוכל להבית יוסף סי׳ כ״ו כתב שמי שבא מחו״ל לא״י ודעתו לחזור נוהג ב׳ ימים כמקומו. וכן כתב בשו״ת חיים שאל סי׳ נ״ה ובשו״ת שאלת יעבץ ח״ב סי׳ קס״ח. וכ״כ במ״ב סי׳ תצ״ו ס״ק י״ג. אמנם בשו״ת חכם צבי סי׳ קס״ז כתב דאין דין יו״ט שני מילתא דרמיא אגברא, אלא הוא חיוב דתלוי במקום, וא״כ באיזה עיר שנמצא נוהגין כאותו מקום, וא״כ מי שבא מחו״ל לא״י ודעתו לחזור אעפ״כ נוהג רק יום אחד כמו בני א״י, והובאו דבריו בשו״ע הרב סי׳ תצ״ו ובשו״ת שואל ומשיב מהדורה ג׳ סי׳ כ״ח. ועי׳ בשו״ת מנחת יצחק ח״ח סי׳ נ״ט שכן פסק הגה״צ מוה״ר ממ״ח לנדא זצ״ל. אמנם כבר הכריעו גדולי פוסקי זמנינו כדעת הב״י, שכל אחד נוהג כמקומו אם דעתו לחזור, עי׳ שו״ת אג״מ ח״ד סי׳ ק״א ושו״ת מנחת יצחק ח״ד סי׳ א׳-ד׳, וכן בספר יו״ט שני כהלכתו פ״ב הע׳ ה׳ הביא שכן סבר הגרש״ז אויערבך זצ״ל ויבלחט״א הגרי״ש אלישיב שליט״א, הגר״ש ואזנר שליט״א והגרב״צ אבא שאול שליט״א.

4) If one decides to move from Israel to another country or vice versa, he retains his old status until he arrives in his new place of dwelling[16]. Once he arrives, he takes on the status of the new place immediately[17].

5) One who travels from Israel to another country or vice versa, even for an extended period of time (i.e. to study in the new place) but definitely plans to return, retains his original status[18].

6) One who travels from Israel to another country or vice versa for an indefinite period of time, or has doubts about returning, must consult with a competent halachic authority[19].

16. כ״כ בשו״ת אג״מ ח״ד סי׳ ק״ח שבמחשבה בלבד אינו משתנה דינו, ועי׳ בספר יו״ט שני כהלכתו פ״ד הע׳ י״ד שהביא כן גם מהגרש״ז אויערבך זצ״ל, וכתב שם שבאמת הדבר מפורש בתשובת הרשב״א ח״ג סי׳ תי״ד, שכתב בענין מי שנשבע לעקור מקומו ולדור במקום אחר שאינו נוהג כמקום החדש עד שיכנס לאותו מקום ממש.

17. שו״ע סי׳ תצ״ו ס״ג.

18. בערוך השולחן ס׳ תצ״ו ס״ה כתב שבן חו״ל הבא לא״י או להיפך, ודעתו להיות שם יותר משנה אחת נעשה כמותם מיד. וכן כתבו בשו״ת אבני נזר או״ח סי׳ תכ״ד ובשו״ת ציץ אליעזר ח״ט ס״ל אות ג׳ ובשו״ת יחוה דעת ח״ג סי׳ ל״ה ובשו״ת שבט הלוי יו״ד סי׳ ס״ה. אמנם מסתימת לשון המג״א סי׳ תס״ח ס״ק י״ב בשם המהרי״ל משמע שכל שדעתו לחזור נידון כמקומו הראשון, וכן העתיק במ״ב סי׳ תצ״ו ס״ק י״ג בסתמא שכל שדעתו לחזור נידון כמקומו, ומשמע אפי׳ כשישהה שם לשנה ויותר דנידון כעיקר מקומו. וכ״כ בשו״ת ארץ צבי סי׳ מ״ב, ובשו״ת אג״מ ח״ג סי׳ ע״ד, ובשו״ת דובב משרים ח״ג ס׳ פ״ג ובשו״ת בצל החכמה ח״א ס״ס בשם שו״ת מהריב״ל. ועי׳ בספר יו״ט שני כהלכתו פ״ה הע׳ ח׳ שכן סברו הגרש״ז אויערבך זצ״ל ויבלחט״א הגרי״ש אלישיב שליט״א.

19. רבו הפרטים בענין זה וצריך לעשות שאלת חכם.

III. One Should Not Differ From the Local Practice

Someone who finds himself in a place that has a different custom than his own regarding a *mitzvah* observance is prohibited from practicing his own custom. This is to avoid any arguments that may arise[20]. Therefore, someone who keeps only one day of *Yom Tov*, but is outside the Land of Israel where two days are kept, or vice versa, must adhere to both the stringencies of the place he comes from and the place where he presently is[21].

A. An Israeli Spending *Yom Tov* Abroad

For the above reason, an Israeli who is spending *Yom Tov* abroad is forbidden to do any *melachah* on the second day of *Yom Tov*. This is true even if he is in a place where no one will observe his actions[22]. Furthermore, he must dress in *Yom Tov* garments to make it appear as if he too observes two days of *Yom Tov*[23].

1. Prayer and *Tefilin*

In actuality, when someone observes only one day of *Yom Tov* the second day is really *chol*. Therefore, on the second day he must pray the regular weekday prayer and put on *tefilin*

---

20. שו"ע סי' תס"ח ס"ד.

21. שו"ע סי' תצ"ו ס"ג.

22. שו"ע שם ומ"ב סק"ט.

23. מ"ב שם ס"ק י"ג.

as he normally would[24]. However, so as not to publicly differ from the custom of the place he is in, he should put on *tefilin* only in the privacy of his home[25].

Furthermore, it is forbidden for those who observe only one day of *Yom Tov* to have a *minyan* of their own for weekday prayers. This would be considered publicly practicing a different custom[26]. However, it is best for each individual to go to shul along with everyone but to pray the weekday prayer in a way that it is not obvious that he is differing from them[27].

---

24. שם.

25. שם.

26. כ״כ בשו״ת אבקת רוכל להב״י סי׳ כ״ו. וכן נראה משו״ת הרדב״ז ח״ד סי׳ ע״ג. וכ״כ בשו״ת הר צבי ח״ב סי׳ ע״ח ובשו״ת בצל החכמה ח״ב סי׳ ע״ו. וטעם הדבר, משום שנוהג מנהג חול בפרהסיא.

ועי׳ בכף החיים סי׳ תרס״ט אות ל״ג שכתב בשם החיד״א שאסור גם לבני א״י הנמצאים בחו״ל לעשות הקפות ביו״ט ראשון שהוא שמיני עצרת לבני חו״ל, שזה פרהסיא ממש. אמנם בספר יו״ט שני כהלכתו בהוספות לפ״א הע׳ ל״א הביא מהגרש״ז אויערבך זצ״ל שבמקומות שעושין גם בני חו״ל הקפות בשמיני עצרת, אין קפידה לבני א״י לעשות הקפות (דלא נראה כמעשה בני א״י אלא כמעשה חסידים בני חו״ל). וכן כתוב בתשובות והנהגות ח״א סי׳ שי״ז.

27. בחיי אדם כלל ק״י ס״ד הביא דברי הפרי חדש בסי׳ תצ״ו ס״ק כ״ה שכתב על עצמו, שכשהי׳ דר בא״י והלך למצרים ליו״ט והיה דעתו לחזור הניח תפילין ביו״ט שני בביתו בצנעה וקרא בהם ק״ש ואח״כ חלצם והלך לביהכנ״ס להתפלל שמו״ע של חול ביחד עם הציבור באופן שלא הרגישו שמתפלל של חול. אכן בשו״ת אג״מ ח״ג סי׳ צ״ב כתב, אם יש הרבה בתי כנסיות במקומו, שאז אינו נרגש אם אינו הולך להתפלל (דבכל בהכנ״ס יחשבו שהלך לבהכנ״ס אחר), יכול להתפלל בביתו. ומשמע דעתו, שאין מעלה להתפלל דוקא בציבור באופן שאינם מרגישים שהוא אינו בא להתפלל תפילה של יו״ט. וכן הביא בספר שש״כ פ׳ ל״א הע׳ פ״ט מהגרש״ז אויערבך זצ״ל, שטוב יותר להתפלל שמו״ע בתפילין בביתו מלילך לביהכנ״ס להתפלל עם הציבור, בפרט שהציבור מתפלל של יו״ט והוא מתפלל של חול. וי״ל במעשה הפרי חדש, שרק הלך לביהכנ״ס משום שאם לא הלך יהי׳ הדבר מפורסם. אמנם בספר יו״ט שני כהלכתו פ״ג הע׳ כ״ז כתב מהגרי״ש אלישיב שליט״א שאפילו אם מתפלל של חול נחשב כתפילה בציבור ויש מעליותא להתפלל שם, אפילו אם הציבור אינם מרגישים אם אינו בא להתפלל.

When praying in the morning, however, one is required to put on *tefilin.* He should therefore recite the *shema* at home while wearing his *tefilin*[28].

Regarding *Sh'moneh Esrei*, there is a difference of opinion amongst the *poskim*. Some hold it is better to recite it at home as well, while wearing *tefilin*. Others hold that it should be recited in shul without *tefilin*, along with the rest of the minyan[29].

2. Other Applications

Someone who observes only one day of *Yom Tov* and is spending *Yom Tov* outside the Land of Israel:

a) Should recite *havdalah* in *Sh'moneh Esrei* when he davens *ma'ariv* the second night[30]. Regarding *havdalah* on a cup of wine, there is disagreement amongst the *poskim*. One should, therefore, follow his custom[31].

b) Women should light candles on the second night without saying a *bracha*[32].

c) The second Pesach *seder* must be observed along with everyone else unless one can avoid it in a way that others will assume he has participated in a *seder*

---

28. כן נהג הפרי חדש מובא בחיי"א כלל ק"י ס"ד.

29. עי' לעיל הע' 27.

30. שו"ת אג"מ ח"ג סי' ע"ב.

31. בשו"ת שאלת יעבץ ח"א סי' קס"ח כתב שלא להבדיל על הכוס. וכן פסק בשו"ת אג"מ הנ"ל. וכתב, שאעפ"כ מותר לאכול, שדומה למי שאין לו כוס. אמנם בשו"ת בצל החכמה ח"א סי' כ"ב כתב שהוה כמו דבר שבצנעה, ויש להבדיל גם על הכוס. וכ"כ בספר יו"ט שני כהלכתו פ"ח הע' ח' בשם הגרש"ז אויערבך זצ"ל, ויבלחט"א הגרי"ש אלישיב שליט"א והגר"ש וואזנר שליט"א.

32. אג"מ ח"ג סי' ע"ב.

elsewhere[33]. (When participating in the *seder*, one should not make the *brochos* himself but should hear them from someone who is obligated. However, he should say the "*hagefen*" on the first and third cups of wine. The *matzoh* and *marror* are also eaten without a *bracha*, and one is not required to eat the full amount[34].

d) It is forbidden to eat *chometz* on the last day of *Pesach*[35].

e) On the eighth day of *Sukkos* one should eat in the *sukkah* with everyone else, and have in mind not to fulfill the *mitzvah*[36]. Some opinions hold that in a place where even some people who observe two days of *Yom Tov* don't eat in the *sukkah* on the eighth day, someone who observes only one day is not required as well. This is true even though he is among people who do eat in the *sukkah*[37].

B. An Outsider Who Spends *Yom Tov* in Israel

Someone who observes two days of *Yom Tov* but is spending *Yom Tov* in Israel observes the second day as he normally would abroad.

There is one exception to the *halachos* that we have learned above. It is permitted to gather a special *minyan* on the

---

33. בחיי"א כלל ק"ג ס"ד כתב שאם אינו בחברת בני חו"ל, ולא ירגישו, לא יערוך הסדר כלל. וביו"ט שני כהלכתו פ"ג הע' ל"ח כתב בשם הגרש"ז אויערבך זצ"ל שה"ה אם יכול להשתמט באופן שיחשבו שעושה סדר במקום אחר.

34. כ"כ בשו"ת אג"מ ח"ג סי' ע"ב.

35. ערוה"ש סי' תצ"ו ס"ה.

36. שערי תשובה סי' תרס"ח סק"ג בשם הברכי יוסף.

37. ספר יו"ט שני כהלכתו פ"ג הע' מ"ה בשם הגרש"ז אויערבך זצ"ל.

second day of *Yom Tov* for those who observe two days. Even though we learned that this is considered as publicly differing from the custom of the place one is in, it has been an accepted practice for many centuries with various reasons given for its legitimacy[38].

---

38. שו"ת אבקת רוכל להרב"י סי' כ"ו, וכתב שמנהג זה נעשה מימי קדם בפני גדולי עולם ולא פקפק אדם מעולם בדבר זה.

Index

לעילוי נשמת הורינו

אוד מוצל מאש
בזמן המלחמה השניה
ונטע בתוכינו
ללמוד תורה ולעבוד את ה׳ באהבה

אבינו ר׳ יהודה מאיר בן ר׳ דוד הלוי הורוויץ
ט׳ אדר תשמ״ה
אמנו מרת רייזל בת ר׳ שלמה הכהן
כ״ד שבט תשנ״ד
דודנו ר׳ יוסף מרדכי בן ר׳ שלמה הכהן
פריידמאן
ב׳ דר״ח חשון תשנ״ד

שלמה דוד הורוויץ ומשפחתו

ישעי׳ ראזענבערג ומשפחתו

אליעזר נייהוז ומשפחתו

מנדי הורוויץ ומשפחתו

נטע הורוויץ ומשפחתו

לע״נ

האשה החשובה

נעטל ביבער ע״ה

בת הרה״ג ר׳ אברהם זאב זצ״ל

בן הרה״ג ר׳ מרדכי ראטטענבערג זצוק״ל הי״ד

אב״ד דק״ק אנטווערפען יצ״ו

נפטרה ב׳ טבת (זאת חנוכה) תשנ״ד

Dedicated in memory of our beloved wife and mother

Nety Beeber ע״ה

May the זכות engendered by the learning of this ספר be לעילוי נשמתה

ת.נ.צ.ב.ה.

Robert Beeber

Sarah Beeber

Avrohom Zev, Brocha, and Yehudis Nettie Beeber

לזכר נשמת

ר' אברהם אבא בן ר' אהרן צבי דן (פיטסבורג)

פזר נתן לאביונים, צדקתו עמדת לעד

נפ' כ"ד טבת תשכ"ט

הרב שלום חיים בן מאיר נדב

ירושלים - שיקאגו- ירושלים

שימש ברבנות בקהילת הספרדים בשיקאגו כיובל שנים

נפ' י"א מנחם אב תשמ"ו

הרבנית מזל בת מנשה נדב

נפ' כ"א ניסן תשמ"ו

הרב יצחק יעקב בן הרב שלום חיים נדב

שימש ברבנות למעלה מארבעים שנה

נפ' י"ג ניסן תשנ"ב

הרבנית שושנה בת הרב שלום חיים נדב ע"ה

Max Deakter

Coral Gables, Florida

**A giving human being and
a friend to everyone**

ת.נ.צ.ב.ה.

לזכר נשמת

הרב ר' אברהם
בן ר' אליעזר נייהוז ז"ל

הר' יהודה ליב
בן ר' אברהם נייהוז ז"ל

הונצח ע"י
אהרון ושילה ראטענבערג ומשפ'

לזכר נשמת

שלמה זאב בן שמואל דוד ז"ל

הענא בת אברהם אבא ע"ה

שלום בן חיים רפאל ז"ל

רחל בת אלעזר ע"ה

הונצח ע"י
בנימין ושושנה כ"ץ ומשפ'

In Loving Memory of our
Parents / Grandparents / Great-Grandparents

ר' דב ב"ר מנחם ז"ל

אסתר בת שלמה ע"ה

Reb Dov "Ben" and Estelle Rutta

and

ר' יעקב יהודה ב"ר אברהם מאיר הלוי ז"ל

Reb Yaakov Yehuda HaLevi Aloof

Dedicated by
Harry and Maxine Aloof
Jerry, Ruchie, Shaynde, Daniella, and Dov Yosef Aloof

———————————

In Loving Memory of

Harry Asher
Chaya Golda & Moshe Dov-Ber Charlup
Rifka & Samuel Markowitz
Josef & Baila Meppen
Morris & Adele Meppen
Abraham & Miriam Esther Pitt
Yechezkel Chaim & Lena Reichman
Mildred & Maurice Roseman
Mordechai Yoel & Vitke Shapiro
Chaya Laya (Lillian) Siegel
Sarah & Dov-Ber Wanggrofsky
Azriel Zelig & Chava Leah Widelitz
Jack & Stella Widelitz

לזכר נשמת

יהושע ארי' בן יצחק משה ז"ל הי"ד
פעסיל בת שמואל יוסף ע"ה הי"ד
Berger

אברהם בן צבי דוב ז"ל
איידל בת יצחק משה ע"ה
Mermelstein

הונצח ע"י
משפחת בעריש Berger
משפחת יהושע ארי' Berger
משפחת מאיר Gross
משפחת פישעל Strenger
משפחת חנינא Nadoff

לזכר נשמת

In Loving Memory of my Dear Parents

Yehuda and Shaindel Goldman
ר' יהודה ב"ר מנחם מנדל ז"ל
מרת שיינדל בת ר' טובי' ע"ה

and In Memory of my Dear Brothers

Eliezer Goldman and Josef Goldman
אליעזר ליפא ב"ר יהודה ז"ל
יוסף ב"ר יהודה ז"ל

and all beloved relatives
who perished* עקה"ש *in the Holocaust

Dedicated by Mr. Manny Goldman